유아교육개론

김수향 · 이경하 · 이용주 · 이위환 · 임영심
공저

청목출판사

머리말

1897년 부산유치원의 설립으로 시작된 우리나라 유아교육의 역사는 110년 남짓으로 그리 길지 않지만, 시대적 사회적 요청에 의해 그 어느 때보다 유아교육에 대한 관심이 높은 실정이다. 사회구조의 변화와 맞벌이 가정의 증가로 인한 보육문제와 조기교육에 대한 높은 관심은 유아교육에 대한 인식의 변화와 교육수준의 질적 고양을 요구하고 있다. 뿐만 아니라 최근에는 다문화가정의 자녀교육, 장애유아와 비장애 유아의 통합교육 등 유아기 교육에 대한 폭넓은 이해와 사회적 인식의 변화가 요청되고 있고 이들 가정과 유아를 위한 체계적인 접근이 이루어지길 모두가 소망하고 있다.

2004년 유아교육법이 제정되면서 유아교육은 새로운 전기를 맞이하였으며, 공교육화로 나아가기 위한 여러 가지 변화들이 이루어지고 있다. 따라서 교육의 시발점인 유아교육에서부터 이들을 위한 교육적 배려가 이루어져야 할 필요가 있다. 이러한 시대적, 사회적 다양한 변화와 요청을 반영하는 차원에서 유아교육에 대한 이론을 체계화하여 유아교육을 공부하는 학생들에게 유아교육을 전반적으로 이해하는 데 도움을 주고자 하는 목적으로 이 책을 집필하였다.

이 책은 유아교육에 막 입문한 학생들이 한 학기 동안 충분히 소화해 낼 수 있도록 유아교육의 가장 기초가 되는 내용을 중심으로 총 11장으로 구성되어 있다. 1장은 유아교육의 개념과 중요성을 중심으로 유아교육의 기초를 다루었으며, 2장은 우리나라 유아교육의 역사, 3장은 유아교육사상을 서양과 동양으로 나누어 기술하였다. 4장은 유아의 발달이론을, 5장에서는 유아교육과정, 6장은 놀이, 7장은 부모교육, 8장은 유아교사로 구성되어 있다. 9장에서는 현장에서 많이 요구되는 유아교육프로그램을 다루었으며, 10장은 유아평가, 11장은 유아교육기관의 운영관리로 구성되어 있다.

이 책이 유아교육을 공부하는 학생들에게 도움이 될 수 있는 흥미로운 교재가 되기를 바라면서 출판이 되기까지 도움을 주신 분들에게 감사드린다.

저자 일동

차 례

제 1 장

유아교육의 기초

본 장에서는 유아교육의 개념과 중요성에 대해 살펴보았다. 유아교육의 개념은 과거에서부터 현대에 이르기까지 사용해온 개념 중심으로 살펴보며 유아교육의 중요성은 정범모의 4가지 교육의 기본 원리를 통해 살펴보았다.

1. 유아교육의 개념

유아기는 인간의 기본적 성향이 발달되고 그 어느 시기보다 모든 발달이 급격하게 이루어지며 유아기의 발달은 성인기에 이르기까지 지대한 영향을 끼친다. 따라서 유아기 경험은 중요하며 성인들이 유아기 경험을 어떻게 안내하고 교육하느냐의 문제는 한 인간의 인생을 어떻게 방향 설정하느냐의 문제와 직결되어 있다고 해도 과언이 아니다. 그러나 역사적으로 유아교육의 개념은 그 시대의 아동관, 양육관의 인식변화와 함께 다양하게 변화되어 왔다. 과거 영유아교육의 역사를 돌이켜볼 때 자녀를 성장 발달하도록 맡아 키운다는 용어만 살펴보더라도 양육, 보육, 조기교육, 준비교육 등 많은 유사한 용어들이 있었다. 용어의 의미는 그 시대의 교육관을 반영하고 있다. 양육이라는 용어가 사용되어 왔던 시절 그 의미는 보호의 의미가 강하였다. 마가렛 리블(Margaret Ribble)이 2차 세계대전 당시 유아들이 모성박탈이 되었을 경우 아동의 성장과 발달에 심각한 영향을 끼칠 수 있음을 알리는 마라스무스(marasmus)라는 희귀한 병을 발표하였다. 중세기 부모

교육관은 기독교적 입장에서 엄격하게 훈련을 하여 악한 심성을 바로잡아 주어야 한다고 보았다. 당시 엄격한 훈련은 모든 가정의 정당한 육아 방식이었다. 이처럼 유아교육의 개념은 시대의 변화에 따라 그 의미도 변화되어간다. 과거 고전적 유아교육개념에는 양육으로서의 유아교육개념, 훈육으로서의 유아교육개념을 내재하고 있다.

현대 우리나라 유아교육은 미국의 영향을 지대하게 받아 왔다. 1965년에는 미국의 헤드 스타트(Head Start: 조기교육) 운동의 여파로 조기교육으로서의 유아교육개념이 탄생하였다. 헤드스타트는 미국 정부에서 저소득층 자녀들을 위해 무상으로 제공한 유아교육프로그램이다. 이의 원래의 취지는 저소득층 자녀들과 중상계층의 자녀들 간의 문화적 차이로 인해 생겨나는 지적 능력의 결손을 조기에 발견하여 적기에 교정하거나 치료함으로써 발달적 결함의 누적을 막고 정상적으로 성장하도록 도와주는데 그 목적이 있었다. 유아기는 발달의 가소성이 그 어느 시기보다 크기 때문에 문제가 될 수 있는 요인들을 조기에 발견하여 예방하고 교정하는 것이 보다 효과적이기 때문이다. 그러나 우리나라에서는 먼저 출발(Head Start)하는 교육의 의미의 조기교육에 관심을 기울이기 시작하였고 이는 그 원래의 취지와 다소 동떨어진 대상의 식별 없이 앞서서 교육을 시키자는 열풍으로 몰고 가는 왜곡된 사회적 분위기로 몰아가 일각에서는 조기교육의 개념에 내재한 이러한 근본 취지와는 다르게 모든 유아들에게 조기에 지적 자극을 주면 모두가 빠르게 성장 발달할 수 있다고 생각하였다. 그리하여 조기교육을 마치 영재아를 만드는 교육으로 왜곡되게 사용하였던 것이다. 영재교육과 조기교육을 강조하는 사회적 풍토는 유아들에게 발달에 적합하지 않은 학문적인 활동을 하도록 강요하여 유아기 스트레스의 원인이 되어 그 결과 유아들은 여러 형태의 스트레스 행동을 보일 수 있다. 유아교육은 조기교육이 아니라 적기교육이 되어야 할 것이다.

이외에도 준비교육으로서의 유아교육의 개념이 있는데, 이 역시 우리교육의 왜곡된 현실이 파생시킨 개념이기도 하다. 우리나라 모든 교육은 다음 단계의 교육을 준비하기 위한 개념으로 잘못 사용하는 경우가 많다. 이는 모든 교육기관이 최종 학제의 대학교육을 위해 준비하는 교육기관으로 전락해 버리게 하는 사회적 풍토가 있기 때문이다. 준비교육은 초등학교의 집단적 생활, 경쟁적 생활에 적응하는 데 필요한 생활적응기능을 유아기부터 익히는 데 그 목적이 있으며, 유아교육을 초등학교 입학을 위한 준비교육으로서의 개념으로 잘못 사용해 왔던 것이다.

현대유아교육은 발달적으로 적합한 유아교육의 개념을 강조한다. NAEYC (National Association for the Education of Young Children)가 언급하는 발달의 적합성의 개념은 3가지 원리를 내포한다. 첫째, 발달에 적합한 유아교육의 실제는 연령의 적합성을 반영해야 한다. 이는 연령별 보편적 발달을 의미하는 것으로 각 집단의 유아들의 연령별 발달에 대한 일반적 기대치가 유아교육의 실제에 반영되어야 한다는 것이다. 둘째, 발달에 적합한 교육의 실제는 개인차를 고려해야 한다. 이는 개별 유아들에 관한 관찰 자료를 근거로 하는 다양한 정보를 기반으로 유아교육의 실제를 계획해야 한다는 의미이다. 셋째, 발달에 적합한 유아교육의 실제는 문화적으로 적합한 유아교육의 실제를 계획해야 한다. 이는 가족과 지역사회에 관한 지식을 기반으로 한다는 의미이다. 이처럼 NAEYC는 유아들의 발달과 학습의 원리를 제시하여 전인격적 아동의 개념을 지원하고자 하였다. 발달적으로 적합한 유아교육의 실제는 구체적으로 다음 원리에 근간을 둔다 (Bredekamp & Copple, 1997).

- 발달 영역은 상호관련이 있다.
- 발달은 순서 또는 패턴을 수반한다.
- 발달의 속도는 유아마다 다르다.
- 초기 경험은 누적적이며 동시에 지속적으로 영향을 끼친다.
- 발달은 보다 큰 복잡성(complexity)을 향해 예측 가능한 방향으로 진행한다.
- 사회문화적 요인을 포함하는 복잡한 요인들이 발달에 영향을 미친다.
- 유아는 능동적 학습자이다.
- 유아는 환경과의 상호작용 함으로써 배운다.
- 놀이는 발달과정의 중요한 영역이다.
- 발달은 실제와 도전을 통해 더 높은 수준으로 나아간다.
- 유아들은 청각, 시각, 촉각을 통해 배운다.
- 유아들은 지역사회의 안전하다고 느끼는 상황에서 가장 잘 학습한다.

현대유아교육은 통합적 유아교육개념을 강조한다. 이는 하나의 주제를 중심으로 사회, 정서, 인지, 언어, 신체발달이 통합적으로 이루어질 수 있도록 교육활동을 전개하는 교육방식을 강조하는 개념으로 5개 발달 영역을 골고루 경험하도록 하는 발달의 조화와 균형을 강조한다.

현대유아교육은 보호·교육적 유아교육개념을 강조한다. 초기 보육의 개념은 역기능가족의 유아를 대상으로 기본적 욕구를 충족시켜 양육하는 것에 초점을 맞추고 있다. 영·유아보육법에서 규정하고 있는 '보육시설'이라 함은 보호자가 근로 또는 질병, 기타 사정으로 영·유아를 보호하기 어려운 경우에 보호자의 위탁을 받아 영유아를 보육하는 시설이라고 되어 있는 것을 보면 알 수가 있다. 그러나 사회경제구조의 변화와 함께 유아교육은 개별적 가정의 문제해결 차원을 넘어서서 전체적이고 국가적 차원에서 다루어지게 되었다. 그리하여 현대사회는 보육과 교육의 이분법적 사고로부터 점점 벗어나기 시작하였다. 영·유아는 보호와 교육 모두의 서비스를 필요로 한다. 때문에 이를 구분하여 생각하는 모순으로부터 탈피하고자 노력하지 않으면 안 된다. 영·유아를 대상으로 하는 모든 서비스의 주목적은 영·유아의 건강, 안전을 보장하는 가운데 전인적 발달을 도모하는 것에 있기 때문이다. 영·유아기는 모든 측면의 성장 발달이 왕성한 시기이다. 보육과 교육의 기능 모두가 통합된다는 의미로 보육(educare)의 개념은 점진적으로 보편화되어야 할 우리의 과제이다. 영·유아보육법은 1997년 개정되어 취학 전 1학년 유아에 대한 보육은 무상으로 하되 대통령령에 따라 순차적으로 실시하게 되었다. 2005년 여성가족부에서는 표준보육과정을 개발하여 2007년부터 전국 어린이집에 보급하고 있는데 여기서 강조하는 보육의 개념에는 건강, 영양, 안전, 교육, 부모교육과 지역사회의 연계의 요소 등이다.

현대유아교육은 연계적 유아교육개념을 강조한다. 이는 유아기와 학령기는 발달의 분절된 시기가 아니라 연속선상에 있음을 강조하는 개념이다. 따라서 유아교육기관과 초등교육기관간의 연결되는 교육을 시행하여 교육의 일관성, 연속성, 전이성을 유지하고자 해야 한다.

이상으로 설명한 현대 영유아교육은 발달적 교육, 통합적 교육, 보육(보호와 교육), 연계적 교육을 강조하며 이들은 모두 과정 지향적 특성, 비형식적 또는 잠재적 교육과정의 특성, 상호작용의 특성, 발달적 적합성의 특성, 아동중심적 특성, 비구조화된 자료의 특성, 놀이중심의 특성을 내재하고 있다.

최근 상당수의 인지과학자나 신경과학자들은 인간의 정신이 상대적으로 분리된 여러 가지의 기능들로 조직화되어 있다는 인지에 관한 다원적 관점을 내놓았는데,

가드너Gardner, 1983)는 이를 다중지능(multiple intelligence)이라고 하였으며, 이는 '한 가지 혹은 그 이상의 문화권에서 가치 있는 산물을 생산하거나 문제를 해결하는 능력'이라고 정의하였다. 다중지능 이론은 인간의 지능이 하나의 요인에 의해서가 아니라 여러 가지 요인들로 구성되며, 각 지능이론은 결합 형태에 따라 특성이 결정된다는 것이다. 또한 다중지능이론의 관점에서는 한 영역의 지능이 높다고 다른 영역의 지능이 높다고 볼 수 없으므로 직관적이고 넓은 시야로 여러 가지 지능 모두를 보아야 한다고 본다(김명희 · 신화식, 2001).

다중지능이론의 관점에서 같은 종류의 지능들이라 할지라도 그것이 조화되는 과정에서 인간능력의 차이점이 나타난다고 보며 어떤 개인이 각 지능에서는 뛰어나지 않아도 그것이 잘 조합될 경우에는 뛰어난 능력을 발휘할 수 있다고 보았다. 이러한 이론에 의하면 유아에게 다양한 학습의 기회를 제공하고 모든 인간이 소유하고 있는 다양한 지능을 교과과정에 투입하여 유아기 때부터 각 개인이 지닌 우수한 지능 영역을 발견하게 하고, 연습을 통하여 성인이 되었을 때 그들의 기능을 잘 수행할 수 있도록 다중지능 이론을 유아교육에 적용하는 것은 중요한 의미가 있다(정태희, 1998). 따라서 다중지능 이론에 기초한 교육은 모든 지능 영역을 고루 발달시키는 전인교육 접근법이라고 할 수 있으며, 개인의 뛰어난 지능 영역을 집중적으로 발달시킬 뿐만 아니라 강점 지능 영역의 개념이나 상징을 사용하여 약점 지능 영역을 보완 · 향상시킨다(신화식 · 김명희, 2006).

유아교육의 최근 동향을 살펴보면, 다중지능 이론을 적극적으로 도입하여 교육효과를 극대화하고 타고난 자질을 충분히 발휘할 수 있도록 조력하는 것을 강조한다. 그 외에도 자연친화적인 생태 교육적 관점에서의 유아교육이론이 강조되고 있다. 이는 유아의 입장에서 행복한 교육적 환경에서의 교육을 강조한다.

2. 유아교육의 중요성

가드너의 일란성쌍둥이 실험은 부모와 자녀의 관계가 신체발달에 영향을 끼치는 예를 잘 보여주고 있다. 좋은 부모의 관계는 유아들의 신체발육을 돕고 안정된 환경 속에서 영유아기 발육에 필요한 영양소를 잘 공급하도록 도울 것이다.

블룸(Bloom)은 인간 지능의 80%가 유아기 이전에 결정된다고 하였다. 따라서 부모는 영유아기 발달을 잘 이해하여 아이들의 인지적 결손이 일어나지 않도록 해야 할 것이다. 좋은 환경을 제공하고 영 유아와 함께 환경을 탐색하므로 지적 활동이 활발히 일어날 수 있도록 도와야 할 것이다. 프로이트(Freud)는 인간 성격 발달의 대부분이 어린시절 형성된다고 한다. 뿐만 아니라 언어발달의 결정적 시기 역시 유아기다. 인간의 언어는 울음, 쿠잉, 옹알이, 한 단어 시기, 두 단어시기를 거치면서 발달되며, 일반적으로 생후 2세까지 다른 사람들과 의사소통이 가능한 정도의 양을 습득한다. 울음, 쿠잉, 옹알이 시기를 언어 전 단계로 구분하는데 이 시기 영아와 양육자의 상호작용은 영아기 언어발달에 상당한 영향을 미친다. 특히 옹알이는 사용 가능한 모국어가 갖는 기호형태를 소리를 통해 실험하는 시기로 영아의 옹알이에 대한 부모의 반응의 질적 수준은 이후 영아들의 언어발달에 아주 중요한 영향을 미치게 된다. 영아가 옹알이를 하고 부모가 그에 대한 반응을 보이는 것은 영아나 부모의 한 쪽이 반응을 하는 동안 다른 상대는 기다려야 하는 주고받는 행위의 연속을 유발한다. 주고받는 행위와 기다림의 행위는 사회성발달의 기초를 다지게 하는 초보적 사회 규칙의 학습을 위해 기본이 된다. 뿐만 아니라 언어는 사고발달을 촉진시키고 자신의 욕구나 감정 상태를 적절하게 표현하도록 돕는다.

정범모는 다음의 교육의 4가지 기본 원리를 강조하였는데, 이 원리를 통해 유아교육의 중요성을 알 수 있다(이영석 · 이항재, 2000).

① 적정성의 원리

유아들은 모든 발달 과정에서 매 발달 단계마다 적절히 이루어야 하는 발달적 과업이 있다. 미국 심리학자인 해비거스트(1948)에 의해 창안된 개념으로 개인의 생애 중 어떤 특정 시기에 나타나는 과업으로 잘 성취하면 행복을 누릴 수 있고 그렇지 못하면 불행을 초래할 수 있다고 한다. 따라서 유아기에 발달과업은 잘 성취해야 한다.

② 기초성의 원리

유아기 경험이 후기 발달의 기초가 된다. 이 시기에는 유아의 신체발달, 감성(EQ)발달, 기본 생활 습관형성, 친구 사귀는 기술의 발달, 뇌 발달, 학습 태도 형성, 지적 능력의 발달이 이루어지는 중요한 시기이다. 이 시기에는 질적 수준이 높은 유아교육을 받는 것은 중요하다. 신체발달의 측면에서 보면 이 시기 유아의 신체는 몸무게, 키, 뼈, 치아, 뇌, 신경조직 모든 면이 놀라운 속도로 성장한다. 감성발달의 측면에서 보면 자기 자신과 다른 사람의 감정(자기신뢰, 자기 억제, 새로운 것을 받아들이는 개방된 마음, 감정이입하는 능력, 타인과의 교제능력)을 지혜롭게 다룰 줄 아는 능력이 이 시기에 형성된다. 기본 생활 습관 형성의 측면에서 보면, 예절 지키기, 청결 유지하기, 질서 지키기, 절제하기 등과 같은 기본 습관이 이 시기에 이루어진다. 친구사귀는 기술의 발달도 형성한다. 친구의 이야기를 끝까지 듣고 말하기, 고운말 사용하기, 도움 받았을 때 '고맙습니다', '죄송합니다', '미안합니다' 등 적절한 말 사용하기, 친구를 방해하지 않기, 친구의 물건을 함부로 만지거나 가져가지 않기 등 친구와 사이좋게 지내는 기술을 이 시기에 습득한다. 그 외에도 이 시기동안 뇌세포 발달의 90%가 유아기에 이루어진다. 이 시기 유아는 생각하는 능력 및 문제 해결 능력 등 지적 능력의 발달을 왕성하게 이루게 된다. 학습태도 형성의 측면에서도, 주위에서 일어나는 사건에 관심 가지기, 주의 집중하기, 스스로 학습하는 태도 등이 이 시기에 이루어진다.

③ 누적성의 원리

한 단계의 발달이 잘못되면 이는 다음단계 발달에 나쁜 영향을 미쳐서 초기 잘못은 성장해 갈수록 누적적으로 커지게 된다. 이는 마치 바늘도둑이 소도둑이 되는 현상과 유사하다. 유아들의 올바른 성장발달에 저해가 되는 부분을 가급적 조기에 발견하여 교정해 주는 일이 무엇보다 중요하다.

④ 불가역성의 원리

초기에 잘못된 경험으로 발달에 나쁜 영향을 미쳤을 경우, 그 이후에 초기의 잘못을 알고 그것을 보상하여 충분한 자극과 경험을 제공하여도 원래의 상태로 되돌리기 어렵다. 유아기의 발달이 잘못되면 후에 아무리 노력을 많이 해도 그 결손을 바꾸기 어렵다. 일단 발달에서 결손이 발생하면 회복이 어렵지만 유아의 발달에 적합한 유아 교육을 받으면 고쳐질 수도 있다.

이러한 영유아발달의 원리를 기초로 할 때 유아기 교육의 방법은 놀이 중심의 질 높은 유아 교육이 필요하다고 하겠다. 놀이중심교육을 제공하면 유아의 잠재력이 계발될 수 있다. 유아 발달에 적합한 놀잇감을 갖추고 우수한 교사가 지도

하면 유아의 능력을 최대한으로 계발할 수 있다. 교사는 유아의 문제는 유아기에 발견하여야 치료가 쉽다. 유아가 부적절한 발음을 허거나, 같은 또래 친구와 전혀 사귀지 못하거나 그 또래 유아들이 할 수 있는 것들을 제대로 하지 못하는 등 문제 행동을 보일 때 유치원에서 여러 가지 방법으로 치료할 수 있다. 이 때 유치원 교사와 부모가 협력하여 특수아도 조기에 발견할 수 있도록 도와야 할 것이다.

토의과제

-. 현대유아교육에서 중요하게 다루는 개념들은 어떤 교육적 시사점을 제시하는지 토의해 보시오.

-. 유아교육의 중요성에 대해 토의해 보시오.

제 2 장

우리나라 유아교육의 역사

본 장에서는 우리나라 유아교육의 발전사를 유치원과 보육시설로 나누어 관련 법규 및 제도를 중심으로 알아보았다. 또한 유치원교육과 보육의 통합의 필요성을 제도적 측면과 교사 측면, 교육과정 측면에서 살펴봄으로써 통합을 위한 공감대를 형성하고자 하였다.

1. 한말과 일제 강점기 유치원 교육

1) 유치원 교육 도입기

19세기 후반 우리나라의 근대 교육의 발전은 개화세력을 중심으로 하여 계몽사업의 일환으로 이루어졌다. 우리나라는 개방 이후 새로운 교육사조와 제도를 수용하기 시작하였고, 서양의 새로운 문물이 도입되고 상류계층에 속하는 지식인들이 외국에서 교육을 마치고 귀국하면서 우리나라에서도 서서히 유아교육에 대한 관심이 조금씩 나타나기 시작했다. 또한 선교사들에 의해 설립된 기독교계의 미션스쿨은 우리나라 교육의 근대화를 촉진하는 계기가 되었다. 이러한 시대적 분위기 속에서 1897년에 유아를 위한 우리나라 최초의 유치원인 '부산유치원'이 개설되었다(부산시학사편찬위원회, 1965). 그러나 부산유치원은 개항이후 우리나라에 들어와 살던 일본인의 자녀를 위한 유치원으로 일본인에 의해 설립되었으며 일본인 교사가 일본어로 가르치는 일어 유치원이었다. 그 뒤를 이어 1900년에 '경자기념 유치원'이 개설되었으며, 이 유치원은 1922년 '경자기념 경성공립유치원'으로 명칭이 변경되었다. 그 후 1900년에 '인천기념공립유치원', 1906년에 '대구유치원', 1908년에 '원산유치원', 1909년에 '나남유치원'과 '군산유치원', 1913년에 '대전유치원', 1914년에 '평양유치원', 1915년에 '진해유치원' 등 전국에 걸쳐 일본인 자녀를 위한 유치원이 설립되었다(김옥련, 2000).

2) 유치원 교육 성립기

갑오개혁(1894년) 이후 우리나라에도 근대적인 학교제도가 실시되기 시작했지만 유치원 교육에 대한 학제관계법령은 제정되지 않았다. 1907년 '학부관제'가 개정되면서 비로소 유치원 교육에 관한 사무를 담당하게 되었는데, 이는 우리나라 유아교육사상 처음으로 정부가 유치원 교육을 위한 사무를 관장하게 되는 기점이 되었다. 1908년에는 '고등여학교령'이 제정되어 고등여학교에 부속유치원을 설립할 수 있는 법적인 근거를 마련하였으며, 이에 따라 우리나라 최초의 여자관립학교인 한성고등여학교와 부속유치원이 탄생하게 되었다. 한성고등여학교 부속유치원은 우리나라 유아를 한국어로 가르치는 최초의 유치원으로 취원 연령과 정원, 교육내용, 1일 보육시간, 보모 1인당 유아수 등 보육과 관련된 기타 규정을 정한 학칙이 존재하였다. '관립한성고등여학교 학칙'은 우리나라 유치원 교육사상 처음으로 명문화된 유치원 관계 학칙으로서 이후 유치원의 개설과 운영에 커다란 영향을 미쳤다. 1910년에는 밀양에 우리나라 최초의 사립유치원인 해원이 설립되었다. 관립한성고등여학교의 유아교육관련 학칙을 살펴보면 다음과 같다(김옥련, 2000 재인용).

제2조 본교에 부속유치원을 설치함
제18조 유아의 연령은 만 4세부터 보통학교에 입학하기 전까지로 함
제19조 유아의 정원은 80명으로 함
제20조 보육의 항목은 유희, 창가, 담화로 함
제21조 보육일수는 일일 다섯 시간 이내로 함
제22조 보모 1인이 보육하는 유아 수는 40명 이하로 함
제23조 보육료는 징수하지 아니함

제24조 휴업일과 입원과 퇴원 절차는 본교규정에 준함

3) 유치원 교육 확산기

이 시기에는 교육의 목적을 달리하는 친일, 민족독립, 기독교 세력에 바탕을 둔 세 종류의 유치원이 존재하였다. 1910년 한일합방 이후 일본은 식민지 교육정책을 노골화하였으며 유치원 교육도 식민지 교육정책의 영향을 받게 되었다. 1913년에 친일파 자녀를 위해 설립된 '경성유치원'은 일본인 교사 밑에서 일본의 풍습과 습관을 가르치는 식민지 동화 정책을 위한 조기 교육을 실시하였다. 또한 선교사에 의한 유아교육이 활발한 시기로 우리나라 유아교육의 발전에 커다란 영향을 미쳤다. 선교사에 의한 최초의 유아교육기관은 1898년 홀(Hall)이 평양에 개설한 '맹아학교'이다. 그 후 1914년 현존하는 우리나라의 가장 오래된 유치원인 '이화유치원'이 브라운리(Brownlee)에 의해 설립되었으며, 1915년에는 우리나라 최초의 유치원 교사 양성기관인 '이화유치원 사범과'가 설치되었다(이기숙 · 장영희 · 정미라 · 엄정애, 2002). 선교사에 의해 설립된 유치원은 지방으로 확산되었으며, 대부분 프뢰벨식의 유치원 교육을 실시하였고, 성경과 찬송가, 기도를 통한 선교활동에 목표를 두고 있었다. 1916년에 3 · 1운동의 33인 민족대표의 한 사람인 박희도를 비롯하여 장낙호 · 유양호 3인에 의해 '중앙유치원'이 설립되었다. 독립운동가를 중심으로 설립된 중앙유치원은 민족독립정신의 고취를 교육목표로 하였다. 중앙유치원은 설립의 주체와 교육의 대상, 교육의 목적이 모두 우리 자신의 것으로 명실상부한 우리나라 최초의 유치원으로 평가받기도 한다(중앙교육연구원, 1976).

1919년 3 · 1운동 이후 일본의 문화말살정책에도 불구하고 1920년대 유치원은 전국적으로 확산되어 선교사와 한국인 교인을 중심으로 한 유치원과 민족계 유치원이 설립되었다. 1922년에는 '조선교육령'과 '소학교령'이 공포되었으며, 소학교령 속에 식민통치하에서의 유치원에 관한 규정이 처음으로 포함되었다. 우리나라 첫 유치원 관계법령인 1908년의 고등여학교령과 비교할 때, 소학교령은 설립인가와 시설기준, 유아수, 보모 1인당 유아수, 보육내용, 유치원 운영 등에 관한 사항을 포함하는 보다 구체적인 법령이라고 할 수 있다. 또한 이 법령은 광복 후 교육법이 제정되기 전까지 우리나라 유치원 교육의 유일한 법적 근거가 되었다.

1922년에는 '중앙유치원 사범과'가 만들어졌으며, 1926년에는 '경성보육학교'와 '평양 숭의여학교'가 설립되어 많은 유치원 교사를 양성하기 시작하였다. 1922년 총독부령 제11호로 공포된 '소학교령'(조선총독부학무국, 1942)의 유치원 규정의 주요 조항을 살펴보면 다음과 같다(김옥련, 2000).

제1조 유치원은 연령 3세부터 7세까지의 유아의 보육을 목적으로 한다.

제2조 유치원은 부학교조합 또는 학교비의 부담 또는 개인의 비용으로 이를 설립할 수 있다. 부학교조합 또는 학교비의 부담으로 설립하는 것을 공립유치원으로 하고, 개인의 비용으로 설립하는 것을 사립유치원으로 한다.

제3조 유치원을 설립하려고 할 때는 다음 사항을 도지사의 인가를 받아야 한다.

1. 명칭, 위치
2. 유아의 정원 및 반의 편성
3. 보육의 시간 수 및 휴업일
4. 개원 년, 월, 일
5. 원지, 원사의 평면도, 평수 및 부근의 정황을 기재할 것
6. 유지방법

제4조 유치원을 폐지할 때는 그 사유, 유아의 처분방법 및 폐지기일을 지체없이 도지사에게 계출하여야 한다.

제5조 유아를 보육하는데 그 심신을 건전히 발달시키고 선량한 습관을 길러 가정교육을 보완함을 요한다.

제6조 유아보육의 항목은 유희, 창가, 담화 및 수기로 한다.

제7조 유아 수는 약 120명 이하로 한다. 특별한 사정이 있을 때는 약 200명까지 증가할 수 있다.

제8조 보모 1인의 보육하는 유아 수는 약 40명 이하로 한다.

제9조 유아원의 설비는 아래의 표준에 의한다.

1. 건물은 단층집으로 하고, 보육실, 유희실, 기타 필요한 제실을 갖춘다.
2. 보육실의 면적으로는 유아 50명에 대하여 1평 이상으로 한다.
3. 유원장은 유아 1명에 1평의 기준으로 갖출 것을 상례로 한다.

4. 은물, 회도, 유희도구, 악기, 흑판, 책상, 걸상, 시계, 온도계, 난방기, 기타 필요한 기구를 갖춘다.
5. 부지, 음료수 및 채광실 등은 도덕상 및 위생상 해가 되지 않을 것을 요한다.

제10조 유치원에서 보육료를 징수할 수 있다.

제11조 원장은 유아가 정당한 사유 없이 장기에 걸쳐 결석할 때는 제명할 수 있다.

제12조 원장은 전염병 질환에 걸리거나 그 우려가 있는 또는 성품이 불안해서 다른 유아의 교육에 방해가 된다고 인정되는 유아의 출석을 정지시킬 수 있다.

제13조 전염병 예방의 필요가 있을 때, 기타 비상변재가 있을 때는 임시휴업을 할 수 있다. 전항의 사유가 있을 때는 감독관청은 임시휴업을 명할 수 있다.

1920년대 유치원 교육은 확대되었지만 교육의 기회는 일부 상류층에 제한되어 있었고 대부분의 유아들은 유교적 사회통념에 의해 멸시받는 존재였으며, 유아의 성장과 발달을 위한 교육적 혜택은 거의 받지 못하였다. 더구나 집안 사정에 따라 어릴 때부터 힘든 노동에 시달리는 경우가 많았다. 1922년 방정환을 중심으로 한 색동회는 5월 1일을 어린이 날로 정하고 유치원 교육을 받지 못하는 일반 유아들에 대한 인권과 자유, 권익을 보호하고자 노력하였다.

그러나 1931년 만주사변과 1937년 중일전쟁, 그리고 제2차 세계대전의 영향으로 해방 때까지 일본의 식민지 수탈이 강화됨으로써 학교교육이 정상적으로 운영될 수 없는 상황이었다. 이러한 시대적 혼란 속에서 유치원 교육에 대한 관심은 점차 약화되었으며, 교육의 내용도 유아의 정상적 발달을 위한 교육은 무시되었으며 군국주의적 교육을 강조하는 실정이었다(김옥련 · 박찬옥, 1990).

우리나라에 유치원이 도입될 때부터 일제시대를 거쳐 광복이 될 때까지 유치원 교육의 변화과정을 정리하면 다음과 같다.

연 도	체제 및 정책	내 용
1897	부산유치원	최초의 유치원, 일본인 자녀만 입학, 교사도 모두 일본인
1907	학부관제 개정	학무국에서 유치원교육에 관한 사무를 담당
1908	조선 여학교령	고등여학교에 부속유치원설립의 법적 근거 마련
1913	경성유치원	서울인사동에 위치, 백인기 설립, 친일파 자녀를 일본인화하려는 목적, 만 3~학령전, 3학급 120명, 한국인 교사 3명, 일본인 교사 1명
1914	이화유치원	미국인 기독교 선교사 브라운 리 설립 *브라운 리의 공헌 ① 전문가에 의한 본격적인 유아교육 도입 ② 유치원 교사교육의 틀 마련 ③ 유아교육관련 교재소개 및 개발
1915	이화유치원사범과	최초의 유치원교사 양성기관
1916	중앙교회 부설 중앙유치원	박희도 · 장낙호 · 유양호 3인 설립
~1921		유치원의 전국적 보급, 47개소
1922	조선 교육령 (소학교령)	유치원 설립 인가절차와 시설기준 마련, 광복 후 교육법이 제정되기까지 우리나라 유치원의 유일한 법적근거

2. 광복 후 유치원 교육

광복 후 대한민국 정부를 수립하고 교육체제를 정비하기도 전에 6 · 25 사변이 일어나 국토와 민족의 분단과 경제적 문제 등으로 우리나라는 커다란 어려움을 겪게 되었다. 이후 국가 재건에 박차를 가하면서 여러 교육제도와 정책을 정비해 나갔다. 광복 후 현재까지의 유치원 교육을 관련된 법령과 정책을 중심으로 살펴 보았다.

1) 교육법에 따른 유치원 교육

광복 이후 1950년대까지는 사회전반의 혼란과 전후의 불안과 유아교육의 중요성에 대한 인식의 부족, 문교당국의 소극성, 현실성이 떨어진 유치원 시설 기준령 등으로 인하여 유치원 교육은 부진한 상태였다. 1949년 12월 31일 우리나라 교육의 기본법인 '교육법'(문교부, 1974)이 제정, 공포되었고, 유치원 교육과 관련된 조항은 교육법 제5장 제10절에 포함되어 있었다. 교육의 목적과 목표를 제시하고 있는 제146조, 제147조, 제148조의 내용을 자세히 살펴보면 다음과 같다.

제146조 유치원은 유아를 보육하고 적당한 환경을 주어 심신의 발육을 조장하는 것을 목적으로 한다.

제147조 유치원 교육은 전조의 목적을 실현하기 위하여 다음 각 호의 목표를 달성하도록 노력하여야 한다.

1. 건전하고 안전하고 즐거운 생활을 하기에 필요한 일상의 습관을 기르고 신체의 모든 기능의 조화적 발달을 도모한다.
2. 집단생활을 경험시키어 즐기어 이에 참가하는 태도를 기르며 협동, 자주와 자립의 정신을 싹트게 한다.
3. 신변의 사회생활과 환경에 대한 바른 이해와 태도를 싹트게 한다.
4. 말을 바르게 쓰도록 인도하고 동화 그림책 등에 대한 흥미를 기른다.
5. 음악, 유희, 회화, 수기, 기타 방법에 의하여 창작적 표현에 대한 흥미를 기른다.

제148조 유치원에 입원할 수 있는 자는 만 4세로부터 초등학교 취학 시기에 달하기까지의 유아로 한다.

1950년에는 문교부에서 '국립유치원 설치계획'을 발표하고 유아교육의 확대를 계획하였으나 6·25사변으로 실현되지 못하였다. 1952년에는 '교육법 시행령'이 제정되었으며, 이 시행령에는 유치원의 설립인가와 원아 수, 보육과목, 보육일수 등이 정해져 있었다. 그러나 1950년대의 유치원교육은 사회적 어려움과 국가적 지원 부족으로 부진한 상태였다.

2) 유치원 시설 기준령에 따른 유치원 교육

1962년에 '유치원 시설 기준령'이 공포되어 유치원의 위치와 원사, 시설 설비,

완구와 교구, 소방시설 등 최소한의 시설 기준을 정함으로써 유아교육을 위한 교육적 환경을 마련하는 법적인 근거가 되었다. 1969년에는 국가수준의 '유치원 교육과정'이 제정, 공포됨으로써 취학전 교육의 중요성을 고취시키고 교육 내용을 정비하는 계기가 되었다. 제1차 유치원 교육과정은 건강한 신체와 정신으로 생활하는 유능한 한국인 양성을 목적으로 하였으며, 건강과 사회, 자연, 언어, 예능의 다섯 가지 생활 영역으로 나누어 교육의 내용이 조직되었다. 연간 보육일수는 200일 이상이고 일일 교육시간은 3시간을 기준으로 하였으며, 생활과 경험, 놀이 중심의 교육을 강조하는 교육과정이었다(문교부, 1980).

1970년대는 국가 경제 발전에 총력을 기울이던 시기로 산업화와 도시화가 급격하게 진행되었지만 유아발달에 적합한 사회 환경이 제공되지는 못하는 실정이었다. 그러나 1976년에는 서울에 4개, 부산에 1개의 공립유치원이 설치됨으로써 한국 유치원 역사상 사설기관의 차원을 넘어 국가차원의 공교육이 시작되었다. 1978년부터 1981년까지는 UNICEF(국제연합아동기금)의 재정적 지원을 받아 제4차 경제개발 5개년 계획의 일환으로 취학전 교육 강화 계획이 수립되어 진행되었다. 1978년 한국교육개발원은 '한국교육의 장기 전망과 과제'라는 보고서를 통해 유아교육의 기회확대와 공립유치원의 설립확대를 계획하였다(이기숙 · 장영희 · 정미라 · 엄정애, 2002). 1979년에는 유치원 교육과정이 제정된 지 10년 만에 개정되어 제2차 유치원 교육과정이 공포되었다.

3) 유아교육진흥법에 따른 유치원 교육

1981년 제5공화국이 들어서면서 우리나라 유아교육은 새로운 전기를 맞이하게 되었다. 정부의 행정적, 재정적 지원을 바탕으로 유치원 교육을 비롯한 취학전 교육의 공교육화가 활성화되었다. 정부의 유아교육 확대 방침에 따라 1980년부터 문교부 주관으로 유아교육자료를 본격적으로 개발, 보급하였으며, 1982년에는 유아교육의 진흥을 정책적으로 추진하기 위하여 '유아교육진흥법'을 제정 · 공포하였다. 1983년에는 문교부의 보통교육국에 '유치원 교육담당관실'이 신설되어 유아교육에 관한 행 · 재정적 업무와 유아교육 시설설비 확대, 유아교육 기본계획 수립 등의 제반업무를 담당하였다. 또한 문교부가 관장하던 '공 · 사립 유치원'과 내무부가 관장하던 '새마을 유아원', 보건사회부 산하의 '어린이집', 농촌진흥청이 관장하던 '농번기상설유아원'을 통합하여 문교부 산하의 '공·사립유치원'과 내무부 산하의 '새마을 유아원'으로 이원화하였다.

제2차 유치원 교육과정이 개정된 지 2년 만인 1981년에 초중등교육과정의 4차 개정과 함께 제3차 유치원 교육과정이 개정되었다. 이는 유치원과 초등학교 교육의 연계성을 고려한 것으로 유아교육의 공교육화를 위한 조치의 일환으로 볼 수 있다. 이후 1987년에 제4차, 1992년에는 제5차, 1998년에는 제6차 유치원교육과정의 개정이 이루어졌다.

4) 유아교육법에 따른 유치원 교육

우리나라 유치원 교육의 공교육화 문제는 지속적으로 논의되어 왔다. 1978년 '한국교육의 장기 전망과 과제'에서 공립유치원의 확대를 통한 유아교육의 보편화를 계획하였고, 1987년 교육개혁심의위원회는 '유아교육진흥방안'을 확정하고 유아교육의 공교육화를 추진하였다. 1994년에 대통령 자문기관으로 '교육개혁위원회'가 설치되면서부터 유아교육의 공교육화를 위한 본격적인 논의가 전개되었으며, 1997년에는 '공교육 체제 확립을 위한 유아교육개혁 방안'을 마련하고 공청회를 개최하였다. 유치원을 유아학교 체제로 정비하고 공교육화하려던 정책은 유치원과 보육시설 종사자들 간의 입장 차이와 정부 부처간의 입장 차이로 무산되었다.

그 후 2차에 걸쳐 유아교육법이 국회에 상정되었으나 15대 국회의 폐회로 자동 폐기되었고, 교육부는 2000년에 유아교육발전추진위원회를 구성하고 다시 유아교육법을 추진하였다. 2000년에는 이재정 의원이, 2003년에는 김정숙 의원이 '유아교육법안'을 입법 발의하였으며, 2003년 12월 11일 국회 교육위원회에서 의결되었고, 2003년 12월 26일 국회 법제사법위원회를, 2004년 1월 8일 본회를 통과하였으며, 2004년 1월 29일 공포되었다(이원영, 2004). 우리나라 유아교육은 '유아교육법'이 제정, 공포됨으로써 마침내 공교육으로서의 법적 근거를 마련하게 되었다.

광복 이후부터 현재까지 우리나라 유치원 교육의 발전사를 관련 법령과 정책을 중심으로 정리하면 다음과 같다.

연 도	체제 및 정책	내 용
1949	교육법	유치원교육의 목적, 방법, 유치원의 유형, 설립인가, 감독권자, 교원의 임무 규정, 취원연령 만 4~취학전 규정
1950	국립 유치원설치계획	6·25전쟁으로 수포로 돌아감
1952	교육법 시행령	유치원 설립인가와 원아수, 교육과목, 교육일수 정해짐
~1960년대		전쟁후 사회가 안정, 교회·개인·단체가 많은 유치원 설립, 유치원교육의 확장
1962	유치원 설치 기본령	최소한의 유치원 시설기준 마련
1969	제1차 유치원 교육과정	취학전 교육의 중요성을 고취시키기 위한 보다 의도적이고 조직적인 취학전 교육실시
1976	공립유치원 설치	서울 4개, 부산 1개, 유아교육이 민간주도에서 정부주도로 전환
1978	한국교육의 장기 전망과 과제	한국교육개발원, 유아교육의 보편화 추진, 취학전 교육에 대한 장기계획이 논의되면서 유아교육발전의 전기 마련
1982	유아교육진흥법	유아교육관련 부처의 담당부서 신설 '유아교육 담당관실', 유아교육 담당장학사 배치, 유아교육체제 정비-문교부산하 공사립 유치원, 내무부산하 새마을 유치원으로 이원화, 유아교육의 급속한 확대
1987	유아교육진흥방안	유아교육의 공교육화 논의
1994	유치원 입학연령과 관련한 교육법 개정	입학연령을 만 4세에서 만 3세로 하향
1994	교육개혁위원회	대통령 자문기관으로 유아교육개혁안 집중 연구, 원장자격 기준 개정(원장자격 추천기준으로 개정)
1997. 3	공교육체제 확립을 위한 유아교육 개혁방안	교육개혁위원회, 공청회 개최 1안-현행유치원에 대한 행·재정지원확대, 공교육체제 확립 2안-유치원과 어린이집을 새로운 유아교육체제로 일원화, 공교육체제 확립 3안-유치원을 새로운 유아학교 체제로 전환, 문호개방
1997. 6	교육개혁 위원회 4차 개혁안	유아학교 체제의 단계적 구축, 초등학교 취학전 유아에 대한 1년의 유아교육권리 보장, 유아교육 개혁추진 체제 확립을 구현하기 위해 '유아교육법'등 관련법 재정비=>유치원과 보육시설 종사자들 간의 입장 차이, 정부부처간 입장 차이로 무산
1997. 11	제1차 유치원 교육법 상정	유치원을 유아학교로 전환, 보육시설의 전환 인정
1997. 12	유아교육 개혁방안 확정	유치원을 유아학교로 전환, 수요자의 선택에 의해 중장기적으로 보육시설과 통합, 유치원관련 및 만 5세아 무상교육을 초중등교육법 제정에 포함
1998. 9	유아교육진흥법개정	취학직전 1년 유아교육 무상교육, 사립유치원에 대한 소요경비 보조
1999. 9	제2차 유아교육법 상정	15대 국회 폐회로 자동폐기

연 도	체제 및 정책	내 용
2000. 5	유아교육발전 추진위원회	유아교육법 추진
2001. 12	유아교육법안 의원입법 발의	이재정 의원
2003. 4	유아교육법안 의원 입법 발의	김정숙 의원
2003.12.11	유아교육법	국회 교육위원회에서 의결
2003.12.26	유아교육법	국회 법제사법위원회 통과, 유치원과 보육시설 갈등 심각
2004.1.8	유아교육법	국회 본회 통과
2004.1.29	유아교육법 공포	공교육으로서의 기본 틀 마련

3. 한국 보육시설의 발전사

1) 보육시설의 발전사

우리나라의 보육 사업은 1921년 서울 태화 기독교 사회관에서 탁아프로그램을 실시하면서 가난한 가정의 영유아를 위한 성격을 띠게 되었으나 1961년 영유아복리법이 제정・공포되면서 영유아의 복리를 증진하는 방향으로 성격이 변화, 발전되어 왔다. 그러나 취업여성의 자녀 양육문제와 핵가족화로 인한 사회적 변화에 탄력적으로 대응하기 위해 그동안 여러 부처에서 제각기 관리・운영되어 오던 영유아 보육사업을 보건복지부로 일원화하였고 종전의 단순 '탁아' 사업에서 보호와 교육을 통합한 '보육' 사업으로 확대・발전하게 되었다.

이후 보육시설의 양적 발전과 더불어 질적 수준 향상에 대한 요구가 대두되었고 2004년 1월 영유아보육법이 전면 개정되어 보육에 대한 공적 책임 강화를 강조하였으며 2004년 6월 영유아보육사무가 보건복지부에서 여성부로 이관되었다. 보육시설 종사자의 자격 기준을 강화하고, 영유아 보육시설 설치・운영을 종전 신고제에서 인가제로 전환하는 등 영유아보육에 대한 공공성을 강화하도록 하는 한편, 영유아 보육 제도의 운영상 나타난 일부 미비점을 개선・보완하려는 노력은 표준보육과정 개발을 요구하기에까지 이르렀다. 또한 2008년에는 영유아보육

사무를 여성부에서 보건복지가족부로 이관되었다.

이러한 보육시설의 발전의 역사를 연대별로 구체적으로 살펴보면 다음과 같다.

연도	법령 및 정책상의 변화
1962~1981	아동복리법에 의거 보사부 주관으로 탁아사업 실시
1981. 4.	아동복지법(법률 제3438호로 아동복리법을 전문개정함)
1982년 이후	유아교육 진흥법에 의거 '어린이집' 691개소를 '새마을 유아원'으로 흡수 운영, 법 제정 및 장학지도는 교육부가 맡고 시설운영은 내무부가 담당
1988. 12	남녀고용평등법에 의한 직장탁아제 도입
1989. 9.	아동복지법 시행령에 탁아사업 실시 근거 부활
1990. 1.	탁아시설 설치·운영규정 제정
1991. 1.	영유아보육법 제정·공포, 보육사업을 보건복지부로 일원화, 종전의 단순 '탁아'에서 보호와 교육을 통합한 '보육'의 기능으로 확대
1991. 8.	영유아보육법 시행령 제정 공포
1998. 3.	만 5세아 유치원 무상교육시행(초·중등 교육법)
1998. 7.	보육시설 신고제 전환
2004. 6.	영유아보육사무를 보건복지부에서 여성부로 이관
2004. 10.	한국여성개발원내 '보육시설평가인증사무국' 설치
2005.	보육시설평가인증 시범운영실시
2005. 11.	표준 보육과정 개발
2008.	영유아보육사무를 여성부에서 보건복지가족부로 이관

2) 여성가족부 중장기 보육계획 : 새싹 플랜(2006~2010년)

• 여성 가족부는 2006년 5월 12일 제1차 중장기보육 발전계획 일명 새싹 플랜을 제시하였다.

『함께 키우는 건강한 아동』을 비전으로 제시하고 보육의 공공성을 강화하고 양질의 보육서비스 제공을 정책목표로 설정하였다.

• 정책과제로 5개 추진과제에 20개 세부과제를 제시하였다. 정책과제는 공보육 기반 조성, 부모육아부담 경감, 다양한 보육서비스 제공, 아동중심의 보육환경 조성, 보육서비스 관리 체계 강화를 제시하였다. 구체적으로 살펴보면 다

음과 같다.

여성가족부 중장기 보육계획 : 새싹플랜(2006~2010년)

과 제	세 부 과 제
공보육 기반 조성	-중장기 수급계획에 따른 시설 확충 -국공립보육시설확충 -기본보조금 제도 도입
부모의 육아부담 경감	-보육비용 지원확대 -영아보육 활성화 -취업부모에 대한 지원 강화
다양한 보육서비스 제공	-보육시설 이용시간 다양화 -장애아 보육 활성화 -농어촌 보육서비스 확대 -방과 후 보육프로그램 활성화 -포괄적 보육서비스 활성화
아동중심의 보육환경 조성	- 보육시설 환경개선 - 건강, 영양, 안전관리 강화 - 보육인력 전문성 제고 및 처우 개선 - 표준보육과정 개발 보급
보육서비스 관리 체계 강화	- 보육시설 평가인증 시스템 구축 - 보육행정 시스템 구축 - 지자체 보육정책 활성화 - 지역사회 참여 및 시설 운영 투명성 제고 - 보육사업 추진 관련 인프라 확충

※ 자료 : 여성가족부, 『새싹 플랜: 중장기 보육계획(2006-2010)』

4. 유아교육 · 보육 통합

우리나라의 유아교육은 100여 년간 많은 성장을 해왔고 시대의 흐름과 요구로 유아교육이 공교육화되었으며, 영유아보육 또한 보육의 질적 제고와 공공성 신장을 위해 많은 노력을 하고 있다. 이는 아이들을 양육하고 교육하는 일이 개인만의 문제가 아니며 국가가 관여해야 할 중요한 정책이 되었음을 의미하는 것이다.

그리고 한편으로 국가의 유아교육과 보육 정책이 양분되어 실시되고 있는 우리나라의 현실에서 국가정책의 효율적 시행과 유아교육과 보육의 수혜자에 대한 공평성 제고를 위한 유아교육과 보육의 통합 필요성 또한 그동안 꾸준히 제기되어 왔다. 따라서 유아교육 및 보육의 질적 제고와 공평성을 확보하기 위한 통합 방안을 한국열린유아교육학회의 춘계학술대회에서 제시한 내용을 중심으로 살펴보고자 한다.

학술대회에서는 법규, 비용지원 측면에서 통합의 필요성(이일주, 2007), 교사양성, 현직 교육 측면에서 통합의 필요성(박은혜, 2007), 교육과정, 보육과정 측면에서 통합 방안(이미화, 2007)을 제시하고 있다. 본고에서는 위에서 제시한 내용을 중심으로 통합의 필요성을 제시하고자 한다.

1) 법규 · 비용지원 측면에서 통합의 필요성

① **법규측면에서 통합** : 2004년 '유아교육법' 및 '영유아보육법'이 전면 개정된 이후 유아교육과 보육의 일대 변혁을 가져올 것으로 기대하였다. 그리고 사회적으로 저출산과 고령화 문제로 유아교육과 보육지원정책이 수립 추진되고 있으며, '저출산' 문제가 반드시 해결해야 하는 국가적 정책과제라고 하는 국민적 지지를 얻고 있다. 따라서 범국가적으로 다양한 육아지원정책을 수립추진하고 있는데, '유아교육법'과 '영유아보육법'이라고 하는 두 개의 법령이 존재하고 있어 육아지원 정책을 추진함에 있어 오히려 걸림돌로 작용할 수 있다. 이제는 국민에게 제공되는 사회적 기능이 매우 유사한 두 법령을 하나의 단일 법령으로 통합해야 할 필요성을 절실히 느끼고 있다.

② **비용지원 측면에서의 통합** : '유아교육법'과 '영유아보육법'에 규정된 유아교육과 보육비용 지원 근거를 살펴보면 '유아교육법'과 '영유아보육법'의 공통점은 초등학교 취학 직전의 1년 유아를 대상으로 무상교(보)육을 하되 순차적으로 실시하고 비용은 국가 및 자치단체가 부담하도록 규정하고 있다. 또한 국민기초생활보장법의 규정에 따른 수급권자 등 저소득층에 대한 유아교육 비용 보조 및 지원은 양법 모두 부모의 소득수준에 따라 차등 지원 방식을 명기하고 있다. 즉 지원과 보조 내용의 경우, '영유아보육법'은 보육시설의 설치 및 인건비 등 운영경비, 보육정보센터 설치 및 운영, 보육시설종사자의 복지증진, 취약보육의 실시 등 보육사업에 소요되는 비용의 일부 또는 전부를 보조하도록 명시하고 있고, 특히 보육시설 운영비에 대한 세제 지원 혜택이 있다. 반면 '유아교육법'에는 사립

유치원과 종일제에 대한 지원을 명기하고 있고, 무상교육비용은 유아의 보호자에게 보조하도록 규정하고 있다.

이상의 내용을 종합하면 양법 간에 비용 지원 근거가 유사한데도 실제 유아교육과 보육비용 지원 규모 간에 불균등 현상이 심화되고 있음을 잘 알 수 있는데, 이 점이 유아교육과 보육제도를 통합해야 하는 필요성이다.

2) 교사양성, 현직 교육 측면에서 통합의 필요성

유치원 교사자격증과 보육교사 자격증을 취득하는 경로는 각기 다르나 우리나라 유치원과 보육시설의 기능이 점점 유사해지고, 보육시설 종사자 가운데 상당수는 유치원 교사 자격증 소지자이며, 서비스 대상이 중복되기 때문에 유치원 교사와 보육교사는 당연히 같은 역할을 한다고 가정한다. 이런 점으로 볼 때 교사양성 및 현직 교육의 측면에서 통합은 필수 불가결한 요소이다.

따라서 통합이 되기 위해서는 다음과 같은 합의가 필요할 것이다.

① **유치원 교사와 보육교사의 역할 및 성격에 대한 합의**: 우리나라의 경우 제도적으로 유치원교사와 보육교사의 역할이나 성격이 같다고 할 수 없으며, 유아교육·보육의 통합에 관한 논의는 정책, 현장의 실태, 그리고 국민의 의식 모두의 접점을 찾는 것이 우선되어야 할 필요가 있다. 그러나 이에 따르는 문제 역시 수반된다. 즉 유치원교사 자격증을 소지한 교사들은 보육시설에 취업하는 것을 제약해야 하는가?, 3~5세 유아들은 유치원과 보육시설에 산재되어 있는데, 단지 기관의 선택을 어떻게 했는가에 따라 동일한 연령의 아이들이 다른 교육과 보육을 받게 할 것인가?, 이런 상황이라면, 유치원에서는 만 3~5세 유아들만 종전대로 교육하고, 보육시설에서는 0~2세까지의 아이들만 담당하여 보육하게 하는 것이 타당하지 않을까? 이럴 경우 발생하게 되는 보육시설의 반발을 어떻게 설득할 것인가? 하는 문제점들을 안고 있다(임영심, 2007).

② **유아기 어린이들을 위한 무상교육에 대한 합의**: 무상교육이 이루어진다는 것은 이를 위한 교원의 인건비가 공적으로 지불된다는 의미이며, 오전시간 동안에 학교시설에서 무상교육을 제공하고 오후에 실시하는 보호서비스는 유상으로 실시되어야 한다.

③ 유치원 교사 자격 및 복지에 대한 합의:

- 유치원 교사나 보육교사들의 복지 향상을 위해 급여와 근무시간에 대한 제고가 우선적으로 실시되어야 한다. 유치원교사나 보육교사의 임금 최저치는 우리나라 여성의 전문대 졸 여성의 초봉보다 낮지 않다고 보고하고 있다(박은혜, 2007 재인용). 그러나 월평균 임금은 법적으로 보장된 근무시간에 해당되는 것이다. 그러나 유치원 교사나 보육교사들의 경우에는 법적으로 제시되어 있는 시간보다 훨씬 더 많은 시간을 근무하지만 이에 대한 보상이 주어지지 않는다는 것이다.

- 유치원 교사 혹은 보육교사의 사회적 지위 역시 자신의 직업에 대한 만족도에 중요한 영향을 미친다. 그러나 우리나라의 경우 법적측면에서의 지위를 보면 국공립 유치원 교사는 교육공무원으로서의 위치가 확고한 반면, 사립유치원 교사는 그 신분에 대한 규정이 명확하지 않고 보육교사의 경우는 그 신분 규정이 교원의 범주에 들지 않는다. 유치원 교사의 경우도 사회경제적 지위가 높은 것은 아니지만 가부장적 이념이 강한 우리사회에서 여성의 일로 인식되는 보육교사는 그보다 더 낮다(박은혜, 2007 재인용). 특정 직업에 대한 사회적 인식이 낮다는 것은 낮은 보수로 연결되며, 이는 잦은 이직으로 연결되고, 곧 유아들의 삶의 질의 저하로 이어진다. 보육에서 교육의 기능이 당연히 강조되어야 한다면 자격기준 강화를 전제로 보육교사에 대한 신분 규정을 교원으로 재개념화하고 이에 따른 제도적 조치를 취하는 일을 적극적으로 고려해 볼 필요가 있다.

- 유치원 교사나 보육교사의 학력을 향상시키는 것은 두 가지 방향으로 진행될 수 있는데, 하나는 직전교육부터 정리되는 것이고, 하나는 이미 배출된 교사들의 학력을 높이는 방안이다. 유치원 교사나 보육교사 공히 4년제 학사를 가진 교사의 배출은 상대적으로 매우 낮다. 그렇다고 해서 당장 4년제 대학에 유아 관련학과를 증설하거나 유아교육 관련학과의 비사대교직 과정을 확대하는 문제가 용이한 것은 아니다. 이러한 현실적인 이유로 2, 3년제 대학의 졸업생들이 방송통신대학을 포함한 4년제 대학의 편입을 제안하고 있는데, 현재 이루어지고 있는 편입제도를 고려해 볼 때 4년제 대학의 정원문제, 편입 시험의 문제, 편입 후 교육과정의 문제, 편입 후 학점 인정범위의 문제와 같은 행정적인 문제가 해결되어야 한다.

3) 교육과정, 보육과정 측면에서 통합의 필요성

유아교육과정과 보육과정의 통합에 대해서는 유아교육전문가들이 4가지 의견을 제시하였는데, 다음과 같다.

① 부처 통합을 제안한 경우에는 대부분 영유아의 발달 시기별 교육적 경험들은 동일해야 하므로 만 3-5세 대상으로 하는 교육·보육과정은 공통적인 부분이 필요하다고 보고, 이러한 전제에 기초하여 유치원 교육과정과 표준보육과정의 통합을 위해 부처 통합이 이루어져야 할 과제라고 하였다.

② 연령별 부처 일원화를 제안한 경우에는 유치원교육과정과 표준보육과정을 서로 다르게 규정하는 것은 바람직하지 않으며 국가 수준의 교육과정은 연령별로 동일하여야 하며, 실제 두 교육과정은 내용상 큰 차이가 없으므로 통합하는데 무리가 없다고 보고, 연령별 소관 부처가 다른 경우, 해당부처에서 유아교육과정과 표준보육과정이 일원화 작업이 필요하다고 하였다.

③ 기능별 부처 일원화를 제안한 경우에는 유치원교육과정과 표준보육과정을 통합하여야 하며, 필요한 경우 영아와 유아를 구분하여야 한다.

④ 통합이 불필요하다고 한 경우에는 현재 이원화된 교육·보육과정이 큰 무리가 없다고 보았으며, 현 유치원 교육과정과 표준보육과정에서 부족한 점을 상호보완하고, 고유한 특성과 역할을 강화하는 것이 중요하다고 하였다. 필요하다면 두 교육과정이 연계성을 갖도록 하는 것이 바람직하다는 견해였다.

등등 다양한 의견을 제시하였지만, 교육·보육과정을 구성하는 일은 사회문화적, 정치, 철학적 가치의 맥락 속에서 발달의 적합성을 고려하는 교육적인 가치를 추구해 나가는 일이다. 그러므로 각 나라마다 교육과정이 나오게 된 국가적 배경과 맥락이 다르기 때문에 교육내용과 목적도 달라진다. 우리나라의 유치원 교육과정과 표준보육과정은 모두 우리나라의 영유아의 발달과 성장을 지원한다는 동일한 목적을 위한 것이다. 영유아의 전인적 발달과 성장을 위하여 영유아 시기에 어떤 경험을 하여야 하고, 영유아에게 무엇을 가르쳐야 하는지에 대한 심도있는 논의를 거쳐야 하며, 필요한 보육·교육내용이 교육·보육과정에 체계적으로 포함되어야 한다

지금까지 유아교육과 보육의 통합 필요성에 대해서 살펴보았는데, 이처럼 유치

원과 보육시설이 함께 공존해야 하고 국가예산이 이중으로 낭비되는 상황에서 먼저 교육·보육과정의 연계를 통해 운영상의 혼란을 피하고, 바람직한 교육, 보육 환경을 마련하여 질적인 내실화를 도모해 나가야 한다. 그러기 위해서는 법규, 비용측면의 통합의 필요성뿐만 아니라 국가 수준의 유치원 교육과정과 표준보육과정의 연계성이 확보되어야 하며, 아울러 교사양성 및 현직교육의 차원에서도 통합이 이루어져야 한다.

앞으로도 유아교육계와 보육계에서는 끊임없이 통합에 대한 찬성과 반대, 절충안 등의 논의가 계속될 것이다. 누구를 위한, 무엇을 위한 통합인지 숙고하면서 변화하는 사회 속에서 각자 속해 있는 집단의 당면 실익보다는 중장기적인 발전 방향을 향해 한걸음씩 나아가야 한다, 그러기 위해서는 유아교육과 보육의 유사성과 상이성에 대한 논의, 영유아를 위한 교육·보육과정 개발, 다른 나라의 사례 참고 등을 통하여 유치원 교육과정과 표준보육과정의 통합은 지속적으로 연구, 해결되어야 할 과제이며, 아울러 꼭 이루어져야 할 당위성을 가지고 있다.

토의과제

-. 광복 전후 우리나라 유치원 교육의 발전사를 관련 법령과 정책을 중심으로 설명하시오.

-. 우리나라 보육시설의 발전사를 설명하시오.

-. 우리나라 유치원과 보육시설의 통합을 위한 방법에 대하여 토의하시오.

제 3 장

유아교육 사상

본 장에서는 유아교육의 사상적 배경을 서양과 우리나라로 나누어 살펴보았다. 서양의 유아교육사상은 유아교육에서 선구자적인 역할을 한 코메니우스와 로크, 루소, 프뢰벨, 몬테소리, 듀이를 중심으로 하였으며, 우리나라 유아교육 사상은 당대 정치, 사회, 문화적으로 지대한 영향을 미친 종교, 즉 불교와 유교, 동학을 중심으로 살펴보았다.

1. 서양 유아교육사상

1) 코메니우스

(1) 유아관과 교육

근대 교육을 대표하는 교육 사상가인 코메니우스(Comenius, 1592~1670)는 유아교육에 있어서 선구자적인 역할을 하였다. 그는 인간의 궁극적인 목적을 '내세에서의 신과의 합일'로 보고 이를 위해서 현세에서는 지성과 덕성, 신앙심을 구비해야 하며, 이것을 획득하기 위해서는 반드시 교육이 필요하다고 주장하였다.

코메니우스는 유아를 성인의 축소판으로 보았던 중세의 유아관에서 완전히 벗어나 신에 의해 태어난 유아를 보호하고 교육을 통해 참된 인간을 형성해야 한다

코메니우스

고 하였다. 또한 인간의 발달에 따른 교육제도와 교육방법을 제시한 『대교수학』에서 "인간의 형성은 인생의 최초의 시기에 행하는 것이 가장 적절하고, 그 시기를 잃고서는 행할 수 없다"고 하여 유아기 교육의 중요성을 강조하였다(쇼우지 마사코 편저, 팽영일 역, 1995).

출생에서부터 6세까지의 유아기에는 '어머니 무릎학교', 7세에서 12세까지의 아동기에는 '모국어 학교', 13세에서 18세까지의 소년기에는 '라틴어 학교', 19세에서 24세까지의 청년기에는 '대학'에서 교육을 담당해야 한다고 하여 유아 교육을 교육의 출발점으로 제시하고 있다. 유아기는 어머니로부터 일생동안의 삶의 과정에서 필요한 다양한 지식의 기초를 습득하는 교육을 받아야 한다고 하면서 어머니의 역할을 강조하였다.

또한 지식의 형성은 감각을 통해 시작되어야 한다고 하면서 유아기의 실물을 통한 감각교육을 강조하였으며, 그림과 그림에 대한 설명으로 구성된 세계 최초의 그림책인 『세계도회』를 저술하였다. 이 책은 현대 시청각 교육의 효시로 평가받고 있다.

(2) 유아교육의 내용과 방법

유아교육의 내용은 지성과 덕성, 신앙심을 기르기 위한 것으로 학예 교육, 도덕교육, 종교 교육, 건강 교육으로 구성된다. 학예 교육에는 지식 교육과 기술 교육, 언어교육이 포함된다. 지식교육은 시각과 청각을 이용하여 자연과 사회의 모든 사물과 현상에 대한 지식을 습득함으로써 올바른 사고력을 기르는 것을 목적으로 한다. 기술교육은 유아들이 위험하지 않은 물건을 옮기고 조립하는 등의 놀이 과정에서 일상생활에 필요한 여러 가지 기술을 익히게 하는 것을 의미한다. 즉 특정한 직업을 준비하기 위해 필요한 기술이 아니라 예를 들면, 읽기, 쓰기, 셈하기와 같은 인간의 보편적인 기초능력을 길러주기 위한 것이다. 사물과 현상에 대한 지식과 기술을 얻기 위해서는 언어능력이 반드시 필요하다고 하였으며, 개별 유아의 발달적 차이를 고려한 언어교육과 실물을 통한 언어교육을 강조하였다.

인간에게는 도덕적 본성이 내재되어 있기 때문에 교육을 통하여 인간의 본래 덕성이 부패하는 것을 막고 생활 속에서 도덕성이 실천될 수 있도록 할 필요가 있다고 하였다. 도덕 교육의 방법으로는 모범적인 행동을 통한 유아들의 모방과 적절한 훈육과 연습을 주장하였다.

코메니우스 교육의 핵심인 종교교육은 인간의 내면에 존재하는 신앙심을 길러 주는 것으로 6세가 될 때까지 신의 존재, 신의 가호, 신의 축복, 신에 의한 벌, 신에 대한 두려움과 애정, 신에 대한 복종, 신과의 합일 등을 유아의 마음에 새기도록 하는 것을 말한다.

노동의 가치를 높이 평가하는 종교적 신념에서 유아의 건전한 심신의 발달은 교육의 중요한 내용이 되었다. 코메니우스는 모유 수유와 놀이는 유아들의 규칙적인 생활 습관과 심신의 건전한 발달을 위해 필요하다고 하였다.

2) 로크

(1) 유아관과 교육

영국의 고전적 경험론의 시조인 로크(Locke, 1632~1704)는 인간의 생득적인 관념을 부정하고 감각적인 경험과 반성이 모든 인식의 원천이라고 주장한 경험론자이다. 로크의 경험에 대한 인식을 대표적으로 설명해 주는 백지설(tabula rasa)은 인간은 본래 백지와 같은 존재이기 때문에 원하는 형태로 만들 수 있다는 것으로 경험, 즉 후천적 교육의 중요성을 주장하였다.

로크

『교육에 관한 고찰』에서 로크는 민감한 유년기의 경험이 이후의 인간 발달에 지속적인 영향을 미치기 때문에 경험과 연습을 통하여 조기에 올바른 습관을 형성하도록 하는 것이 중요하다고 하였다.

(2) 유아교육의 내용과 방법

로크의 교육 목적은 지, 덕, 체의 조화를 이룬 이상적인 인간을 육성하는 것이다. 신체교육을 유아 교육의 가장 기초적인 영역이라고 보았으며 사계절 내내 얇은 옷입기, 찬물에 발씻기, 냉수욕하기, 간소한 식생활, 충분한 수면 등의 습관 형성을 통해 건강을 유지하고 체력을 강화시키고자 하였다.

덕성교육은 유아들이 자신의 과도한 욕구 충족을 스스로 억제할 수 있는 힘을 기르고자 하는 것이다. 유아들이 욕구를 억제할 수 있는 힘을 기르기 위해서는 두려움과 잔혹함, 나태함을 버리고 정직과 성실, 절제, 자연스러운 행동이 습관화 될 수 있도록 조기에 덕성 교육을 할 필요가 있다.

신체 교육을 통해 건강의 기초가 확립되면 지식교육을 행하게 된다. 지식교육은 단순히 지식의 습득을 강조하는 것이 아니라 지적 능력을 증진시키는데 목적이 있다. 모든 교육의 기초가 되는 언어 교육을 지식교육의 출발점으로 보았으며, 유아들에게 읽기를 가르치기 위해 자모음을 붙인 주사위나 실물 삽화가 든 이솝 이야기나 성서를 이용하는 등의 감각 기관을 통한 교수방법을 제시하였다. 또한 모든 교육의 내용은 쉬운 것에서 어려운 것으로, 낮은 것에서 높은 것으로 나아가는 것이 유아의 발달 단계나 능력, 흥미에 부합될 뿐만 아니라 학습의 전이효과도 높일 수 있는 방법이라고 하였다.

로크의 교육방법은 크게 다섯 가지로 정리할 수 있다. 첫째, 유아들의 건강과 체력 강화를 위해 유희를 권장하였다. 유희는 재미있고 즐거운 경험으로 유아들이 자유롭고 기쁜 마음으로 배울 수 있도록 하는 장점이 있다. 둘째, 칭찬과 격려를 통하여 올바른 습관이 형성될 수 있도록 하였으며 엄한 체벌을 금지하였다. 셋째, 대화를 통하여 유아들의 생각하는 능력을 키워줌으로써 반성적 사고를 통해 스스로 자신의 욕구를 억제할 수 있는 힘을 길러주고자 하였다. 즉 주입식 교육이 아니라 유아의 능력과 흥미에 맞는 교육을 전개하고자 하였다. 넷째, 유아의 호기심을 중시하였다. 호기심은 궁금한 것에 대하여 알고자 하는 마음으로 유아의 지적 성장을 촉발시키는 요인이다. 유아의 호기심을 자극하는 질문을 통해 유아들이 스스로 탐구하고자 하는 지적 자발성을 발달시킬 수 있다. 다섯째, 아버지의 엄격한 교육적 권위를 강조하였다. 아버지는 영유아기 때에는 엄한 교육을 통해 권위를 확립해야 하고, 아이가 성장함에 따라서는 엄격함을 줄이고 충고자와 상담자의 역할을 해야 한다고 하면서 유아교육에 있어서 아버지의 역할을 강조하였다.

3) 루소

(1) 유아관과 교육

루소

루소(Rousseau, 1712~1778)는 인간의 자유롭고 선량한 본래의 모습을 손상시키는 당대의 사회와 문화에 대하여 비판하면서 참된 인간의 모습을 회복해야 한다고 주장한 프랑스 사상가이다. 루소는 그의 사상의 핵심을 이루고 있는 성선설을 바탕으로 유아는 성인의 축소판이 아니라 각각의 성장단계마다 완성해야 할 독자적인 세계를 지니고 있는 존재라고 하였다. 이러한 루소의 유아관은 유아를 하나의 인격체로 존중해야 한다는 오늘날 유아교육에서 바라보는 유아에 대한 생각과 일맥상통한다.

루소의 교육목적은 사회의 악으로부터 유아를 보호하고 인위적인 제한과 훈련에서 벗어나 인간의 본성을 개발하여 유아들이 자유롭게 성장하고 발달하도록 보호하는 것이다. 그는 유아기를 성인을 위한 준비기가 아니라고 주장하면서 유아 나름의 독자적인 세계를 인정하였다.

(2) 유아교육의 내용과 방법

루소의 자연주의 교육론은 그의 저서인 『에밀』에 잘 나타나 있다. 이 책은 주인공 에밀의 성장과정을 통하여 자연주의 교육의 원리와 이론을 담고 있다. 루소의 자연주의 교육의 특징을 정리해 보면 다음과 같다.

첫째, 인간을 교육하는 방법은 자연에 의한 교육과 사물에 의한 교육, 인간에 의한 교육으로 나누어볼 수 있는데, 자연에 의해 주어진 인간의 본성과 발달단계를 이해하고 그에 적합한 사물과 인간에 의한 교육이 이루어질 때 성공적인 교육이 가능하다고 하였다. 즉, 유아의 자연스런 발달단계에 맞는 교육을 해야 한다는 것이다.

둘째, 유아들이 이해하지 못할 지식을 전달하는 것이 아니라 잘못된 관념을 갖지 않도록 보호하는 것을 목적으로 하는 소극적 교육방법을 주장하였다. 이것은 유아의 발달단계에 적합한 교육이 이루어져야 한다는 합자연의 원리를 의미한다.

셋째, 구체물을 이용하고 감각적이고 직접적인 경험을 통하여 유아들의 개념형성과 판단능력의 계발을 강조하였다. 이러한 감각적 이성 계발은 유아들로 하여금 행위의 자연스러운 결과를 경험하도록 함으로써 도덕성 발달에 도움을 줄 수 있다고 하였다.

넷째, 모든 배움에는 적절한 시기가 있다는 학습 준비설을 주장하였다. 학습 준비란 성공적인 학습이 이루어지기 위해서는 학습의 내용을 이해할 수 있는 정신의 발달이 선행되어야 한다는 것이다.

다섯째, 루소는 남성과 여성은 자연에 의해 다른 성향을 갖고 태어나기 때문에 서로 다른 형태의 교육을 받아야 한다고 하였다. 여성은 가정생활을 원만히 해나갈 수 있도록 재봉, 자수, 봉사하는 태도, 2세를 위한 체육 등의 교육을 통해 보다 여성스러워질 수 있도록 해야 한다고 하였다.

4) 페스탈로치

(1) 유아관과 교육

페스탈로치

빈민구제와 교육을 통해 사회를 개혁하고자 노력했던 교육자 페스탈로치(Pestalozzi, 1746~1827)는 루소의 자연주의의 영향을 받아 교육은 자연의 섭리에 따라야 한다고 하였다. 인간이 본래 가지고 있는 지적, 도덕적, 기능적 능력을 조화롭게 발달시키기 위해서는 외부로부터 지식을 주입하는 전통적 사상을 배척하고 인간의 능력을 내부로부터 발전시켜야 한다고 주장하였다. 즉 교육은 인간의 내적인 능력을 끌어내어 잘 키워주는 것이다.

페스탈로치는 『유아교육서한』에서 유아를 아직 싹이 트지 않은 씨앗에 비유하면서 발달의 가능성을 가진 존재로 보았으며, 모든 아동은 진정한 행복을 누리기 위해서 교육을 받을 권리를 가지고 있다고 주장하였다.

(2) 교육내용과 방법

페스탈로치는 모든 아동은 교육을 받을 권리를 가지고 있으며, 모든 민중이 진정한 행복을 누리기 위해서는 체험을 통한 학습이 기본이 되어야 한다고 주장하였다. 페스탈로치는 인식의 가장 기초가 되는 직관을 교육의 근본원리라고 하였으며, 직관을 발전시키기 위해서는 구체적인 경험의 대상인 실물을 이용한 수업이 효과적이라고 하였다.

또한 페스탈로치는 가정은 사회의 원형으로서 감각적인 것과 정신적인 것이 만나서 이루어지는 통일체이고, 지극히 자연적인 생명충동에 기인하면서도 동시에 질서와 사랑으로 가득 찬 도덕적 통일체라고 하면서 인간을 감각적 존재에서 정신적 존재로 발전되게 하는 최적의 교육의 장이라고 하였다.

5) 프뢰벨

(1) 유아관과 교육

프뢰벨

유치원을 창시한 프뢰벨(Froebel, 1782~1852)은 유아를 위한 프로그램과 유구를 개발하고 유치원 교사교육에 평생을 바친 대표적인 유아교육자이다. 프뢰벨은 인간은 태어날 때부터 신에게서 받은 무한한 가능성인 '신성'을 가지고 있으며, 인간의 본질인 신성이 잘 발휘될 수 있도록 하는 것이 교육의 역할이라고 하였다. 즉 프뢰벨은 유아를 자기 속에 성장과 발전을 위한 에너지를 갖고 있는 존재로 보았으며, 자기 자신의 내적 동기에 의해 스스로를 발전시킬 수 있는 자발성을 지니고 있다고 하였다. 따라서 교육은 외부에서 단순히 지식을 전달하거나 불필요한 간섭을 배제하고 내부로부터의 조화로운 성장이 이루어지도록 해야 한다는 것이다.

(2) 교육내용과 방법

창조적 활동의 근간이 되는 자발성 내지 자기 활동을 위해 프뢰벨은 유아들의 놀이와 노작교육을 강조하였다. 프뢰벨은 『인간교육』에서 노는 것은 유아가 자기 내면의 요구와 필요에 따라 스스로 자유롭게 표현하는 것이기 때문에 유희는 그 자체가 기쁨이고 자유이며 만족이고 평정으로 모든 선의 원천이라고 하였다. 즉 유희는 유아 스스로에 의해서 이루어지기 때문에 자연적 성장, 발달의 근본 요소로서 그 자체가 교육이라고 하였다. 또한 프뢰벨은 내면의 세계를 창조적으로 표현하는 행위로서 노작교육을 강조하였다. 일, 행위, 창조의 의미를 지니는 노작은 인간의 본성을 외계에 발현시키는 것이라고 하였으며, 유아를 위한 11가지 작업을 만들어 유아들도 하루에 몇 시간씩 노작활동에 참여하도록 하였다.

또한 프뢰벨은 유아들의 놀이와 작업을 위한 교구인 은물(Gifts of God)을 만들었으며, 1은물부터 10은물은 형체, 면, 선, 점의 4가지 영역으로 나누어진다. 은물은 단순한 것에서 복잡한 것으로, 기본적인 것에서 응용적인 것으로, 구체적인 것에서 추상적인 것으로, 가벼운 것에서 무거운 것으로, 잘 알려진 것에서 덜 알려진 것으로 구성되어 있다. 최초의 교육적 장난감인 은물은 유아의 신체발달뿐만 아니라 정신적인 발달을 촉진하기 위한 것으로서, 유아들은 은물을 통하여 형태와 수, 감각과 인지를 조화롭게 발달시킬 뿐만 아니라 유아의 본능적인 창조의 충동을 만족시켜 주는 교육적 가치를 지니고 있다.

6) 몬테소리

(1) 유아관과 교육

몬테소리

이탈리아 최초의 여성 의학 박사인 몬테소리(Montessori, 1870~1952)는 병원에서 정신지체아를 치료하면서 교육에 관심을 갖게 되었다. 1907년 세계 최초의 어린이집(Casa dei Bambini)을 개설하였으며, 정신지체아를 대상으로 한 교육방법을 정상아에게 적용하여 커다란 교육적 성공을 거두었다.

몬테소리는 유아를 내적인 능동성과 창조적인 잠재능력을 가진 존재로 보았으며, 유아기의 발달적 특성을 민감기와 흡수정신으로 설명하였다. 민감기란 특별한 자극에 대하여 예민하게 반응하여 자기 것으로 만들려는 능력이 왕성한 시기를 의미한다. 몬테소리는 유아기는 언어와 운동능력, 감각능력 발달의 민감기로 이 시기에 제대로 자극받지 못하면 그 이후에 아무리 노력해도 그러한 능력을 얻을 수 없다고 하면서 유아기 교육의 중요성을 강조하였다. 흡수정신은 마치 스펀지가 물을 빨아들이듯이 민감기의 유아가 무의식적으로 환경으로부터 학습하게 되는 심리적 특성을 말한다.

(2) 교육내용과 방법

몬테소리교육의 내용은 크게 5가지로 요약할 수 있다.

첫째, 일상생활연습은 일상생활에서 유아들에게 필요한 기본적인 개인적, 사회적 기술을 발달시키기 위한 것이다.

둘째, 감각교육은 유아들이 감각기관을 통해 주변세계를 이해하는데 도움을 주기 위한 것으로 시각, 촉각, 청각, 후각, 미각 교구를 이용하여 유아들의 감각발달을 도모한다.

셋째, 수교육은 유아들로 하여금 논리적으로 생각하는 힘을 길러주어 지적 발달을 자극하기 위한 것이다.

넷째, 언어교육을 통해 모국어를 정확하게 이해하고 표현할 줄 아는 기본적인 능력을 기르고, 사고력과 이해력을 바탕으로 한 논리적, 과학적 사고능력을 기르기 위한 것이다.

다섯째, 문화교육은 유아가 사회의 일원으로서 받아들여야 할 예절, 습관, 생활양식 등을 이해할 수 있는 태도와 능력을 기르기 위한 것이다.

몬테소리 교육의 방법은 자동교육, 자유, 준비된 환경으로 설명할 수 있다.

첫째, 자동교육은 유아는 내부에 천부적인 발달의 가능성을 가지고 있기 때문에 내적 동기를 자극하여 스스로 자기 발전을 이루도록 해야 한다는 것이다. 스스로 선택한 교구를 이용하여 개인의 흥미와 학습능력, 속도에 따라 스스로 학습하도록 하는 것이 핵심적인 내용이다.

둘째, 자유는 몬테소리 교육은 교사나 권위에 복종하게 하는 것이 아니라 유아들이 자율적으로 활동에 참여하는 것을 기본으로 하고 있다.

셋째, 준비된 환경은 유아의 성장 단계에 따른 개별적 요구에 적합한 환경을 의미한다. 유아의 발전을 억압하는 장애를 제거하고 아동의 내부의 힘이 자유롭게 표현될 수 있는 환경을 만들어 주는 것이 중요하기 때문이다.

7) 듀이

(1) 유아관과 교육

듀이

실용주의 철학을 대표하는 사상가이자 교육자인 듀이(Dewey, 1859~1952)는 교육이란 눈에 보이지 않는 이상이나 관념을 추구하는 것이 아니라 실생활 그 자체라고 하였다. 즉, 교육이란 경험을 통한 성장이며 생활에 직접적으로 연결될 수 있는 교육이 진정한 의미의 교육이라고 주장하였다.

또한 듀이는 코메니우스, 루소, 페스탈로치, 프뢰벨이 주장했던 인간이 선천적으로 가지고 있는 '신성'을 부정하였고, 아동은 성인에게 의존할 수밖에 없는 소극적인 존재이지만 어떠한 형태로든 발전할 수 있는 풍부한 가능성을 지닌 존재라고 보았다. 따라서 아동이 경험을 통하여 성장, 발전할 수 있는 정신적, 물리적, 사회적 환경을 제공해 주는 것이 중요하다고 하였다.

(2) 교육내용과 방법

듀이의 교육내용은 전통적 교육에서처럼 문화유산인 지식을 전달하는 것이 아니라 경험을 통해 스스로 획득하는 사고 체제 자체가 교육내용이 된다고 하였다. 듀이가 말한 행동에 의한 학습(learning by doing)이란 아동이 주체가 되어 환경과 상호작용을 하는 과정에서 학습하게 된다는 것이며, 이때 중요한 것이 아동의 흥미라고 하였다. 흥미는 학습의 동기를 유발하고 경험의 방향을 결정하는 요인으로 작용한다. 따라서 듀이는 아동이 흥미에 따라 개별화된 방법으로 능동적으로 학습할 때 교육의 효율성이 높다고 하였다.

2. 우리나라 유아교육사상

우리나라의 유아교육은 역사적으로 당대의 정치, 사회, 문화 전반에 절대적인 영향을 끼친 종교를 중심으로 이해될 수 있다. 고려시대까지는 불교의 영향을 받았고, 조선시대에는 유교가 중심사상이었으며, 조선사회의 유교적 악습을 타파하고 자주적인 국가관을 내세운 동학은 우리의 자생적 종교운동이었다. 각기 다른 배경을 지닌 불교와 유교, 그리고 동학을 중심으로 우리나라 유아교육사상을 살펴보았다.

1) 불교

인과론을 강조하는 불교에서는 유아교육 역시 결과보다는 그러한 결과를 낳게 한 원인을 중시하였으므로, 임신과 출생의 과정뿐만 아니라 더 나아가 부모교육을 중시한다는데 특색이 있다.

『방광대장엄경』에서는 몸과 마음과 행동의 모든 방면에서 아름답고 건전해야 하는 것이 아버지와 어머니로서의 자격을 갖추는 것이라 하여 유아교육의 출발점은 유아가 태어난 이후가 아니라 부모로부터 시작됨을 말하고 있다.

또한 임신시기에 부정한 것을 보지 말고 아무 음식이나 함부로 먹지 말고, 함부로 나다니지 말라는 등의 아홉 가지 불교적 태교관을 제시한 『장수멸죄경』을 통해 태교의 중요성을 강조하였다. 즉, 올바른 유아교육의 전제 조건은 올바른 태아의 출생이며 바람직한 태아의 출생을 위한 부모의 역할을 강조한 것이다.

불교경전에서는 영아와 동자에 해당되는 시기인 유아를 동자(童子), 동아(童兒), 동진(童眞)이란 말을 사용하는데 이는 4세에서 20세 사이의 남자를 이르는 것이며, 여자는 동녀(童女)라고 하였다. 아래의 『대반열반경』에 나와 있는 영아에 대한 설명에 따르면, 불교적 관점에서 영아, 동자의 마음과 행동은 바로 여래의 마음과 행동과 같은 것으로 본다(안경식, 2000).

> 일어나거나 머물거나 오고 가거나 말하지 않은 것을 영아라고 한다. 여래 또한 이러하니라. 일어날 수 없다는 것은 여래가 여러 외계 현상을 끝내 마음 속에 일으키지 않는다는 것이며, 머물지 않는다는 것은 여래가 외계 현상에 집착하지 않는다는 것이다. 또 올 수 없다는 것은 여래의 몸짓이 흔들림이 없다는 것이고, 갈 수 없다는 것은 여래가 이미 큰 열반에 이르렀다는 것이고, 말할 수 없다는 것은 여래가 일체 중생을 위해 법을 말하였지만 사실은 아무것도 말한 것이 없다는 것이다. 여기서 말한다는 것은 억지로 말하는 것이니 여래 세존이 하는 것에는 억지가 있지 아니하다. 이렇게 억지로 말하지 않는 것이 영아와 같다는 것이다.

『대비로자나성불신변가지경』에서는 영아의 마음은 생사의 흐름 가운데서도 모든 두려움을 벗어난 가장 순수한 마음 상태를 말하는 것으로, 유아는 아무런 잡념이나 사사로운 생각, 또는 경험이나 환경에 의해 물든 편견을 가지고 있지 않은 순수한 마음을 지니고 있다고 하였다. 즉, 불교적 유아관은 유아를 미숙하거나 어린 존재로 보는 것이 아니라 마음이 세속에 물들지 않음으로써 순수한 마음을 유지하고 있는 이상적 인간상으로 보는 것이다.

2) 유교

유교에서는 교육의 사명은 인욕을 제거하고 천리를 보존하여 성인군자가 되는 것이다. 『중용』에서 "하늘이 명한 것을 성(性)이라 하고 그 성에 따르는 것을 도(道)라 하고, 도를 닦는 것을 교(教)라고 한다"는 말은 사람의 욕심에 의해 흐려진 성품을 그 처음 상태대로 회복하는 것이 교육의 과제라는 것을 지적한 것이다.

유교적 관점에서 교육은 태교기, 가정 교육기, 소학 교육기, 대학 교육기의 4단계로 구성되어 있다. 유아기의 교육은 태교기와 가정 교육기에 해당하는데 태교는 임신 열 달 동안의 태중 교육으로서 임부의 심신의 안정과 생활의 절제를 통하여 태아에게 끼치는 부정적 영향을 막고 긍정적인 영향을 끼치려는 교육의 한 형태이다. 가정 교육기는 5세까지의 학전 교육기로 주로 식사습관, 언어습관, 의복 습관 등의 생활습관과 관련된 교육이 주가 되고, 6세 이후에 시작되는 소학 교육기에는 생활예절의 습관화와 예(禮), 악(樂), 사(射), 어(御), 서(書), 수(數)의 육예(六藝) 학습이 주가 된다.

유교에서는 태교를 대단히 중요시 여겼는데 『신서』 「태교」편의 기록을 보면 예(禮)를 기준으로 태아에 대한 환경의 부정적 영향을 막기 위하여 임부의 각종 행동을 통제하였다. 우리나라의 태교관은 실학자 유희의 어머니인 사주당(師朱堂) 이씨의 『태교신기』에 잘 나타나 있다.

> 아비가 낳은 것과 어미가 기르는 것, 스승이 가르치는 것이 한가지라. 좋은 의사는 병들기 전에 미리 예방하고 좋은 스승은 태어나기 전에 미리 가르치는 까닭으로, 스승의 10년 가르침이 어미 열 달 기름만 같지 못하고, 어미 열 달 기름이 아비 하루 낳음만 같지 못하느니라.

그녀는 태교가 교육의 출발점이라는 것을 강조하였다. 태교는 아동기의 학교교육은 말할 것도 없이 유아기의 가정교육보다도 더 중요한 근본교육이라 할 수 있으며, 태교가 잘 이루어지면 가정교육, 학교교육의 효용을 극대화시킬 수 있지만, 태교가 안 되면 아무리 좋은 스승이 가르치더라도 교육의 효과를 기대할 수 없다는 것이다.

> 예가 아니면 보지 말고 예가 아니면 듣지 말고 예가 아니면 말하지 말고, 예가 아니면 행하지 말고 예가 아니면 생각지 말아야 한다.

이는 즉, 예에 따라 바르게 보고, 듣고, 마음먹고, 말하고, 행동할 것을 강조하고 있다. 또한 태교에서 아버지의 역할은 임신 전의 마음가짐과 몸가짐을 바르게 하는 것이고, 주위 사람들이 모두 조심하여 태교에 참여해야 한다고 하였다.

이러한 태교의 목적은 도덕적, 지적, 신체적으로 우수한 아이를 얻기 위한 것으로, 태중의 환경은 출생 후의 환경에 비하면 작은 것이라 할 수 있지만 한 생명체의 외형뿐만 아니라 출생 후 한 인간으로서 올바른 성장을 할 수 있도록 지적, 정서적, 사회적 측면에서 기초를 제공해 준다는 점에서 태교는 근본교육이며 시초교육이라고 할 수 있다(석은조, 2002).

우리나라 전통 유교교육에 절대적 영향을 끼친 유교교육의 전형을 제시한 『예기』의 「내칙」편에 나타나 있는 유아교육의 특성을 살펴보면 다음과 같다.

먼저 유아의 개념은 유자(孺子)이며, 그 의미는 출생 이후부터 소학에 입학하기 전, 10세 이전까지의 발달단계에 있는 남녀유아를 말한다. 『내칙』편에 나타난 유아교육의 내용을 살펴보면 다음과 같다.

> 아들이 밥을 먹으면 오른손으로 먹도록 가르치고, 말을 하게 되면 남자는 유(唯)라고 대답하고 여자는 유(兪)라고 대답하도록 한다. 남자는 가죽 주머니를 차게 하

> 고, 여자는 실로 만든 주머니를 차게 한다. 여섯 살이 되면 수와 방위의 이름을 가르친다. 일곱 살이 되면 남자와 여자는 자리를 같이 하지 아니하고, 먹는 것을 함께 하지 않는다. 여덟 살이 되면 문호를 드나들 때와 자리에 앉아 음식을 먹을 때 반드시 어른보다 뒤에 함으로써 처음으로 사양하는 것을 가르친다. 아홉 살이 되면 날짜 세는 것을 가르친다.

이를 통해 고대의 유아의 교육은 식사습관과 언어습관에서부터 시작되었음을 알 수 있다. 남녀의 차별 교육도 아주 어릴 때부터 이루어졌는데, 남자는 가죽 주머니를 차게 하고 여자는 실 주머니를 차게 한 것은 남자의 역할과 여자의 역할을 상징적으로 나타낸 것이다. 남자는 사냥과 무술이 장차 할 일이라는 의미이고, 여자는 길쌈이 본분이라는 의미인 것이다(안경식, 2000). 그러나 아동교육과는 달리 유아교육에서는 유교의 핵심 내용인 절제가 강조되지 않았다. 『내칙』에 따르면 유아들의 취침 생활과 식사 생활에 대해 "유아는 일찍 자고 늦게 일어나서 하고 싶은 대로 한다. 먹는 것도 때 없이 먹는다"고 하였고, "(조부모가 남긴 밥 중) 맛이 좋고 달고 부드럽고 미끄러운 것은 유아들이 먹는다"고 하였다. 『곡례상』에서는 7세까지의 유아는 행동에 잘못이 있더라도 벌주지 않는다고 하여 아직 이성이 충분히 발달하지 않은 단계임을 인정하였다.

유아교육의 내용을 정리하면, 첫째는 가정교육 중심이고, 둘째는 남녀의 분별교육이 일찍부터 시행되었다는 것이며, 셋째는 아동교육과 구별하여 유아의 발달상 특징을 고려하여 절제를 강조하지 않았다는 점이다(안경식, 2000).

3) 동학

동학에서 말하는 신인 한울은 초월적이며 인격적인 존재이며, 인간은 다른 생물들보다 신령스런 존재로 바른 마음과 기운으로 하늘을 모실 수 있다고 하였다. 이것이 바로 인내천(人乃天) 사상으로 하늘의 품성을 지니고 있는 각 개인은 하늘과 같은 존재이므로 '사람 섬기기를 하늘같이 하라'는 이념은 계급, 연령, 성에 관계없이 모든 인간은 다 귀한 존재라는 인간평등사상, 인간존중사상을 근본으로 하고 있다. 이러한 사상은 여성해방, 아동존중, 노비해방과 같은 종래에 지배계층으로부터 억눌렸던 민중을 해방시키는 논리적 근거가 되었다.

인간평등, 인간존중을 기본으로 하는 동학사상은 아동이나 유아뿐만 아니라 태아부터 한 인간으로 존중해야 한다는 생각을 가지고 있었으며 태교 또한 강조하였다. 최시형은 『내칙』에서 "포태하거든 육종(肉種)을 먹지 말며 해어(海魚)도 먹지 말며 논의 우렁이도 먹지 말며 지렁이, 가재도 먹지 말며, 물론 아무 고기라도 먹으면 그 고기의 기운을 따라 사람이 나서 모질고 악하느니라."라고 하여, 임신 시에 삼가야 하는 것을 설명하고 있다. 또한 김주희의 『내수도』편에는 『태교장』을 따로 두고, 음식에 관한 것, 행동거지에 관한 것, 감정조절에 관한 것 등을 상세히 다루고 있다.

이러한 동학사상은 동학의 3대 교주 손병희의 셋째 사위인 소파 방정환을 통해 아동교육운동으로 확산되었다. 아동운동, 아동문학의 선구자인 소파 방정환은 출판운동과 문화예술운동, 소년단체를 조직하는 활동을 주로 하였다.

소파 방정환의 아동관은 『어린이』지 창간사라 할 수 있는 『처음에』라는 글에서 찾아볼 수 있다.

> 새와 같이 꽃과 같이 앵두와 같은 어린 입술로 천진난만하게 부르는 노래, 그것은 그대로 자연의 소리이며, 그대로 한울의 소리입니다. 비둘기와 같이 토끼와 같이 부드러운 머리를 하늘에 날리면서 뛰노는 모양 그대로가 자연의 자태이고 그대로가 한울의 그림자입니다. 거기에는 어른과 같은 욕심도 있지 아니하고 욕심스런 계획도 있지 아니합니다. 죄 없고 허물없는 평화롭고 자유로운 한울나라! 그것은 우리 어린이의 나라입니다.
>
> 우리는 어느 때까지든지 이 하늘나라를 더럽히지 말아야 할 것이며 이 세상에 사는 사람사람이 모두 이 깨끗한 나라에서 살게 되도록 우리의 나라를 넓혀가야 할 것입니다.

이 글에 따르면 어린이는 이상 세계인 하늘나라의 성품을 가진 존재이며, 기성세대인 우리의 할 일은 그 착한 성품을 그대로 보존하고 확충하는 일이라는 것이다(안경식, 2000). 이러한 생각은 전통적인 유교적 관점에서 아동의 인격은 무시하고 성인에게 무조건 복종할 것을 요구한 것과는 상반되는 아동관이다. 동학에서 '사람이 곧 한울'이라고 한 것처럼 소파 방정환은 '어린이가 곧 한울'이라고 생각하였다. 따라서 교육 또한 아동이 스스로의 자율에 따라 삶을 살아갈 수 있도록 도와주는 것으로 보았고, 기존의 입신출세 위주의 교육을 반대하였다.

소파 방정환의 교육내용은 지적인 방면과 정의적인 방면의 조화를 강조하였다는 특징이 있다. 그는 '세계아동예술전람회'에서 다음과 같이 말하였다.

> 우리에게 유익한 지식이라 하여 수신(修身)과 산술(算術)만 꾸역꾸역 먹고 좋은 사람이 될 수 있느냐 하면 그것만 가지고 좋은 사람(빠진 구석 없이 완전한 사람)이 될 수 없는 것이요 예술이라 하는 좋은 반찬을 부지런히 잘 구해 먹어야 비로소 빠진 구석 없이 완전한 좋은 사람, 완전한 생활을 잘 파지(把持)해 갈 수 있는 인물이 될 것입니다.

또한 소파 방정환은 아동 교육의 방법으로 아동의 흥미를 존중할 것과 자신의 생각이나 현실을 꾸밈없이 느낀 대로 표현할 수 있는 기회를 주는 것이 중요하다고 강조하였다. 또 하나 중요한 점은 잠재적이고 자율적인 성장 가능성인 '싹'에 비유할 수 있는 아동이 자신의 잠재적 성장의 가능성을 잘 꽃피울 수 있도록 도와주는 환경의 역할을 강조하였다는 것이다.

토의과제

-. 본격적인 유아교육의 시발점이라고 할 수 있는 코메니우스의 유아관과 교육관, 교육의 내용과 방법 등을 당대의 시대적·사회적 배경에 비추어 토의하시오.

-. 프뢰벨과 몬테소리의 유아관, 교육내용 및 방법을 비교·설명하시오.

-. 우리나라 유아교육 사상에서 강조하고 있는 점이 무엇인지에 대하여 토의하시오.

제 4 장

유아발달

본 장은 유아기 발달에 관한 이론적 토대를 쌓기 위하여 다음과 같은 내용들을 중심으로 구성하였다. 먼저 발달의 기초 개념에 관한 이해를 돕고자 발달의 개념과 구성요인 그리고 발달의 원리를 알아보았으며, 다음으로는 발달에 관한 기본적인 이론들을 살펴보았다. 마지막으로 인간의 발달과정 중에 나타날 수 있는 발달장애의 개념과 원인을 살펴보고, 발달장애의 유형에 대해 제시하였다.

1. 유아발달의 기초

1) 발달의 개념과 구성요인

발달이란 생명체가 그 수명을 다할 때까지 끊임없이 이루어지는 변화의 과정이다. 발달 초기인 영유아기는 발달의 결정적 시기에 해당되어 적절한 자극이나 경험이 주어지지 않는다면 이후 발달에 부정적인 영향을 미치게 된다. 따라서 이 시기에 나타나는 다양한 영역의 발달에 대한 이해가 매우 중요하다고 하겠다.

여기에서는 발달의 개념을 정의하고, 유사 개념과 어떠한 차이점이 있는지를 살펴보고자 한다.

(1) 발달의 개념

먼저 발달의 개념에 대해 알아보기로 하겠다.

발달이란 일반적으로 크기 측면에서는 작은 것에서 큰 것으로의 변화를 의미한다. 그리고 기능적 측면에서는 미숙하고 낮은 수준에서 성숙되고 높은 수준으로 변화한다는 의미를 담고 있다.

또한 발달은 태아에서 청년기에 이르는 상승적인 변화뿐만 아니라 노년기를 거쳐 죽음에 이르는 하강적 변화 모두를 포함하고 있다. 즉 발달(development)은 인간의 생명이 시작되는 수정에서부터 사망에 이르기까지의 전 생애동안 일어나게 되는 모든 변화과정을 포함하는 개념이다.

발달적 변화 과정에는 신경계와 뇌 · 신체 · 운동기능의 신경 · 운동 기능적 영역, 사고와 지능 · 언어 · 기억과 정보처리 능력의 인지적 영역 및 성격 · 사회성 · 정서 · 도덕성 · 자아개념 · 성역할의 정의적 영역 등 인간의 모든 행동특성들이 포함된다(김정희 외, 2007 재인용).

다음에서는 발달과 유사한 용어의 의미를 알아보면서 발달의 의미를 더 명확하게 이해하고자 한다.

첫째, 성장과 발달에 대해 알아보면, 성장은 크기의 증대로 인한 양적 변화를 의미하는 것이다. 즉 신장이나 체중의 증가와 같은 신체적 특성의 변화를 말하는데, 주로 긍정적인 측면을 포함하는 개념이다. 그에 비해 발달은 양적변화도 포함하면서 기능이 분화되고 복잡화되는 질적 변화까지를 모두 의미한다. 그리고 신체적 변화뿐만 아니라 심리적 변화를 모두 포함하는 개념이다. 따라서 발달은 성장보다는 더 넓은 개념이라고 볼 수 있다.

둘째, 성숙과 발달의 차이점에 대해 살펴보겠다. 성숙은 환경과는 무관한 유전적이고 생리적인 요인에 의해 이루어지는 변화과정을 의미한다. 성숙의 대표적인 예는 다음과 같다. 태아가 발달하거나 뇌기능이 분화되는 것 그리고 사춘기에 나타나는 변성, 발모, 초경 등과 같은 2차 성징을 들 수 있다. 그와 대조적으로 발달은 유전적인 특성에 의해 이루어지는 변화 과정과 외부 자극 즉 경험과 학습에 의해 일어나는 변화과정을 모두 포함하는 개념이다.

마지막으로 학습과 발달의 차이점을 살펴보기로 하겠다.

학습(learning)은 경험에 의해 일어나는 내적인 변화를 만들어내는 과정을 의미한다. 이러한 과정을 겪으면서 지속적인 행동으로 이어진다면 학습이 일어났다고 본다. 이와 다르게 발달은 경험이나 훈련에 의한 변화와 더불어 유전적 요인에 의한 변화와 외적변화까지 모두 포함하기 때문에 보다 더 넓은 의미를 지니고 있다.

위에서 살펴본 것처럼 발달은 성장, 성숙 그리고 학습의 의미를 모두 포함하고 있는 광범위한 개념이다.

(2) 발달의 구성요인

개인이 신체적·심리적 발달을 하는데 있어서 많은 요인들이 영향력을 미치게 된다. 이러한 발달 구성요인들은 단독으로 발달에 영향을 주기보다는 각 요인간의 상호작용을 통해 유기체에 영향력을 행사하게 된다. 아래에서는 대표적인 발달 구성요인을 유전, 성별, 가정환경 그리고 심리적 요인으로 나누어 살펴보도록 하겠다.

첫 번째 요인은 유전이다.

인간은 누구나 염색체를 가지고 있으며, 그 염색체 안에는 부모로부터 물려받은 유전인자가 포함되어 개인마다 다른 특성을 지니게 된다. 즉 개인이 태어나기 전에 이미 유전 지도가 형성되어 이것이 발달 과정에서 지속적으로 영향을 미치게 된다. 예를 들면 키나 체형 그리고 피부색과 같은 외모는 유전에 의해 결정이 된다.

두 번째 요인은 성별이다.

남성과 여성이 결정되는 것은 난자와 정자가 결합하여 수정란이 되었을 때이다. X염색체가 2개일 경우는 여성, XY염색체이면 남성이 된다.

출생 후 4개월경에는 생식기관의 차이가 명확해지는데, 이것을 제1차 성징이라고 한다. 그리고 사춘기가 되면 남성은 뼈와 근육이 발달하고 목소리가 변하는 등의 변화가 나타나며, 여성은 유방과 골반의 발달이 급격해진다. 이러한 변화를 제2차 성징이라고 한다.

또한 성별에 따라 성인들이 기대하는 성역할이 달라지게 된다. 만일 유아 주변의 성인들이 여자 아이는 인형이나 책을 가지고 조용하고 얌전하게 놀이해야 하며, 남자아이는 총이나 칼을 이용하여 활동적으로 노는 것이라고 인식한다면 유아들은 그러한 영향을 받게 될 것이다.

세 번째 요인은 가정환경이다.

가정환경은 크게 가족의 구조와 부모의 양육태도로 나누어 설명할 수 있다. 현대사회에서는 여러 형태의 가족 구조가 생겨나고 있다. 확대가족이냐 핵가족이냐의 단순 분류를 넘어서 한 부모 가정, 국제결혼 가정, 맞벌이 가정 그리고 재혼가정 등 다양한 가정 형태가 나타나고 있다. 부모와 함께 생활하는 유아와 부모 중 한명과 생활하는 유아의 정서 및 사회성 발달은 달라질 수 있으며, 또한 부모 중 한명이 외국인일 경우 언어 발달과 사회성 발달 등에 영향을 줄 수 있으며, 맞벌이 가정이나 재혼을 통해 형성된 새로운 가정의 경우에도 정서 발달에 저해되어 다른 발달 영역에 영향을 줄 수 있다.

그리고 부모의 양육태도 역시 유아 발달에 큰 영향을 미친다. 부모의 언어, 습관, 가치 그리고 태도 등은 유아에게 직접적으로 영향을 주며, 또한 부모가 유아에게 감정을 표현하는 방식, 배변 훈련의 방법, 수유 방법 등은 유아의 행동발달에 많은 영향을 주게 된다.

네 번째 요인은 심리적 요인이다.

개인은 충격적인 경험을 하여 좌절감에 빠지거나 과도한 스트레스에 노출되면 발달에 좋지 않은 영향을 받게 된다.

대표적인 예를 들어보기로 하겠다. 개인이 주위 사람들의 사망, 교통사고나 화재 등의 사고 그리고 파산 선고와 같은 경제적 손실을 경험하거나 주위 사람들로부터 심리적 지지를 받지 못하고, 개인이 참을 수 있는 인내력을 넘어서는 스트레스를 경험하게 된다면 지적, 사회적 그리고 정서적 발달에서 부정적 영향을 받을 수 있다는 것이다.

2) 발달의 원리

발달은 출생에서 사망하기까지 이루어지는 지속적인 변화과정으로 다양한 요인들에 의해 예측할 수 없는 변화가 일어나는 것 같지만 인간이라면 누구에게나 동일하게 적용되는 원리가 있다. 즉 유아 발달에는 모든 유아에게 나타나는 기본적인 원리가 있으므로 이에 대한 이해가 요구된다고 하겠다. 다음에서 발달의 기본 원리에 해당되는 것이 무엇인지에 대해 살펴보고자 한다.

(1) 발달에는 일정한 순서가 있으나, 그 발달속도는 일정하지 않다.

전 생애에 걸쳐서 나타나는 발달 양상은 일정한 순서에 따라 진행되나, 발달하는 속도는 일정하지 않다. 발달이 이루어지는 일정한 순서는 다음과 같다.

첫째 신체의 상부에서 하부로 발달한다. 이는 머리가 먼저 발달한 다음 아래 발쪽으로 옮겨가게 된다는 것이다. 이는 유아가 출생한 후 머리가 먼저 발달하나 이후에는 아래쪽으로 발달이 옮겨가는 것을 대표적인 예로 들 수 있다.

둘째 중심부에서 말초 방향으로 발달이 이루어진다. 즉 신체 중심부에 해당하는 팔이 먼저 발달한 다음 손목, 손 그리고 손가락의 순으로 발달하게 된다는 것이다.

셋째 전체 운동에서 세부 운동으로 발달한다. 발달초기에는 전체적인 움직임을 보이지만 이후에는 점차적으로 정교함을 요하는 세부 활동으로 발달한다는 것이다. 아기들이 물건을 잡을 때 처음에는 손바닥을 이용하여 무조건 잡으려고 하나 점차 손목과 손가락을 이용하여 물건을 잘 잡게 된다.

이처럼 발달의 순서는 일정하게 나타나나 속도는 일정하지 않다. 이러한 것은 신체적 발달과 정신적 발달 모두 해당된다. 신체적 발달의 경우 다른 시기에 비해 영유아기와 사춘기에 급격하게 발달하며, 언어는 유아기에 빠른 속도로 발달하게 된다.

(2) 발달은 유전과 환경의 상호작용에 의한다.

발달은 생득적인 유전과 외부자극이 주어지는 환경과의 상호작용에 의해 나타나는 것이다. 유전과 환경 중에서 어느 요인이 더 영향력이 큰가에 관한 논의가 지속적으로 있어 왔으나 최근에는 두 요인이 어떻게 상호작용하는가에 대해 합의점에 도달하고 있다. 즉 유전 요인은 성장의 한계를 정해주며, 환경 요인은 유전 요인이 실현될 수 있는 범위를 알려 준다는 것이다.

(3) 발달에는 결정적 시기가 있다.

결정적 시기란 발달에 있어서 특정시기에 신체기관이나 기능의 발달이 급격하게 진행되는 것을 의미한다. 이 시기를 놓칠 경우에는 발달의 치명적인 손상이 예상되며, 많은 노력을 기울이더라도 정상 발달로 되돌리기가 힘들 가능성이 높다는 것이다. 예를 들면 언어발달의 결정적 시기인 유아기에 정상적인 대인관계를 경험하지 못해서 정상적인 듣기, 말하기, 읽기 그리고 쓰기 경험을 하지 못했다면 이후에 많은 시간과 비용을 투자한다고 하더라도 정상발달로 되돌리기가 힘들 수 있다는 것이다. 늑대굴에서 발견된 늑대 소녀를 떠올린다면 이에 대한 이해가 쉬울 것이다. 이처럼 영유아기의 발달경험은 이후 발달에 큰 영향을 미치게 된다.

(4) 여러 발달 영역은 서로 상호관련성이 있다.

발달영역은 신체, 언어, 인지, 사회성 그리고 정서 발달로 구분할 수 있다. 이러한 발달영역들은 각각 독립적으로 발달되는 것이 아니라 서로 밀접하게 상호작용을 하면서 발달하는 것으로 나타났다.

예를 들면 신체 발달이 뛰어난 유아는 자신감이 높아져 사회성 발달에도 도움이 될 수 있으며, 인지발달이 잘 이루어지지 않은 유아는 의사소통에 문제가 생겨 사회성 발달도 느리고 정서불안 증세를 보일 수 있다는 것이다.

(5) 발달에는 개인차가 있다.

인간은 누구나 일정한 순서에 따라 발달해 가지만 개인에 따른 차이가 있다. 자신이 지니고 있는 유전요소에 따라 피부색과 키 등이 결정되며, 같은 연령에서도 언어적 구사능력이 다르게 된다. 그리고 개인이 처한 환경이나 경험 요인에 따라 발달의 개인차가 존재하게 된다. 이와 같이 발달은 일정한 순서에 따라 이루어지지만 개인에 따른 차이는 있다.

2. 발달 이론

영유아 발달에 대한 과학적 연구의 움직임이 일어난 때는 18세기 후반으로, 발달에 관심이 많았던 여러 학자들이 유아를 관찰하여 기록화를 하면서부터 본격화되기 시작하였다. 이러한 사례는 유아전기(baby biography) 출판을 예로 들 수 있다.

19세기 후반에는 유아 발달에 관한 연구가 아주 활발하게 진행되었다. 대표적인 사례를 살펴보면, 1877년에 다윈(Darwin)이 연구한 아동의 전기를 출판하였으며, 프레이어(Preyer)는 출생 후 4년간 아들의 일상을 관찰하여 기록하였다.

19세기 말에는 여러 유아 연구협회가 결성되었으며, 유아 관련 기록물도 많이 나타나게 되었다.

20세기에는 과학적 연구의 체계가 세워져서 유아발달이 급격하게 이루어지게 되었다. 예를 들면 1916년 비네(Binet)는 최초의 지능 검사를 개발함으로써 지능 발달을 체계적으로 연구하기 시작하였으며, 게젤(Gesell)은 발달에 있어서 표준 행동 목록표를 고안하여 과학적 연구의 기틀을 마련하였다. 그 외에도 많은 학자들이 발달에 관한 연구를 활발하게 하여 아동에 대한 이해를 도왔다.

한 가지 이론만으로 인간 발달의 모든 양상을 설명하고자 하는 것은 불가능하다. 유아 발달을 이해하기 위해서는 여러 발달이론들을 각각의 관점에서 이해하고, 이를 전체적인 발달과 연결하려는 노력이 요구된다고 하겠다.

본 장에서는 발달에 관한 대표적인 이론인 성숙이론, 정신분석이론, 학습이론, 인지이론 그리고 생태이론을 살펴봄으로써 유아 발달의 이론적 기초를 쌓고자 한다.

1) 성숙이론

(1) 홀(Hall, 1846~1924)과 게젤(Gesell, 1880~1961)의 생애

홀은 하버드 대학에서 수학하고 박사학위를 받은 이후 미국에서 유아 연구가 자리잡을 수 있도록 큰 역할을 담당한 사람이다. 그는 과학으로서의 심리학의 토대를 마련한 유럽의 심리학자 분트(Wundt)와 함께 연구하였으며, 이를 계기로 미국의 유아 연구에도 새로운 전환점을 마련하게 된다.

홀은 유아를 연구할 때 주로 질문지법을 이용하였으며, 이후에는 관찰법과 일화기록법 등과 같은 여러 방법을 고안하여 연구하고자 하였다. 현재 이루어지는 연구방법들과 비교할 때 이러한 방법은 과학적이라고 보기는 힘들지만 과학적 연구의 기초를 마련하였다는 점에서 의의가 크다고 할 수 있다.

홀은 진화론적 관점을 유아연구에 적용하여 과학적 이론으로서의 기초를 세웠으며, 유아를 연구하여 그 결과를 활용하려는 움직임에 있어서 선구자적 역할을 하였다.

또한 홀은 발달이란 정해진 순서에 따라 이루어진다고 보았다. 그리고 유아를 중심으로 교육해야 한다고 하였다. 이는 유아기 특성을 고려하여 교육해야 한다는 입장이다.

게젤은 홀의 이론을 이어받아 성숙이론을 더 구체화시켰다. 그는 홀의 제자로,

클라크 대학에서 박사학위를 받고, 1911년에 예일 대학에서 아동 발달 연구소를 설립하게 된다. 그 후 40여년 동안 많은 아동들을 연구하였는데, 신체 발달, 운동 발달, 지능발달, 언어발달, 인성과 사회성 발달 등의 영역에서 아동들을 관찰하고 연구하였다.

게젤은 유아에 대한 광범위한 관찰을 토대로 발달에 대한 이론을 제시하였다. 그에 의하면 발달이란 개인이 타고난 내적인 힘과 예정된 순서에 의해 전개된다고 본다. 경험이나 환경적 요소는 발달의 근간에는 영향을 미치지 않는다는 것이다. 즉 이러한 환경 요인은 발달에 부정적인 영향을 줄 수도 있으나, 발달의 근본적인 순서나 특성을 변화시키지는 못한다는 것이다.

다시 말하면 인간에게는 내적시간표가 존재하여 어떤 행동을 할 수 있는 준비도가 있어서 이에 따라 발달이 이루어진다고 보았다.

그리고 게젤은 발달이란 생물학적 성숙을 의미한다고 보았다. 게젤은 신체발달 뿐만 아니라 행동도 예정된 순서에 따라 발달하므로 예언이 가능하다고 생각하였다.

또한 그는 출생에서 청년기까지의 발달을 관찰과 면담방법을 사용하여 광범위한 자료를 수집한 다음 각 연령별 표준행동 목록표를 만들었다.

이러한 광범위한 연구를 통해 게젤은 성숙이론의 기틀을 잡게 되었으며, 유아기의 발달은 다른 시기와는 차이가 있으며 이를 고려하여 교육해야 한다는 인식을 심어주게 되었다.

(2) 성숙 이론의 기본 개념

성숙 이론은 다윈(Darwin, 1809~1882)의 진화론적 관점에서 비롯되었다. 이 관점은 인간과 다른 종의 유사한 행동은 진화적으로 동일한 조상을 가졌음을 의미한다고 보는 입장이다.

다윈은 유아의 발달과정을 연구하여 자신의 진화론을 증명하고자 하였다. 그는 자신의 아들이 출생하자 3년 동안 그 행동을 자세히 기록하여 유아의 행동과 다른 동물의 행동과 관련지어 연구하였다. 즉, 유아는 태어날 때 가지고 있는 유전적 요소에 의해 발달이 이루어진다는 것을 핵심으로 하는 이론이다.

즉 영유아의 발달은 생물학적·유전적 요인에 의해 좌우되며, 행동이란 유전적 암호에 의해 생물학적으로 결정되는 것이다. 따라서 새로운 행동의 출현은 환경 또는 경험에 의해 좌우되지 않으며, 개인의 연령과 깊은 상관이 있다고 본다(김신옥 · 민혜영, 2005).

위에서 살펴본 바와 같이 성숙이론은 다윈의 진화론에서 출발하여 홀과 게젤로 이어지면서 이론의 체계가 세워지게 되었다.

성숙 이론에서 일관되게 주장하는 내용들을 살펴보면 다음과 같다.

성숙 이론에서는 인간이 성장 발달하게 되는 결정적 요인은 내부의 유전적 요인에 의한다고 주장한다. 발달의 핵심은 환경이나 경험적 요소가 아니라 태어나기 전의 유전적 요소나 능력에 따른다는 것이다. 경험이나 환경적 요인은 전혀 소용이 없는 무의미한 것이라기보다는 최소한으로 인정되어 내적요소를 촉진시켜주는 역할을 담당한다고 여겨진다.

따라서 성숙 이론에 따르면 개인은 발달할 수 있는 자질과 능력을 가지고 태어나므로 발달에 적합한 환경을 제공한다면 최적의 발달을 이룰 수 있을 것이다. 여기서 발달에 적합한 환경은 자기 발달 수준에 맞는 환경과 발달에 적합한 자료를 제공해 주는 교사 혹은 성인을 의미한다.

성숙주의자들은 유아의 발달 수준을 고려하여 외부 경험을 주어야 한다고 주장한다. 한 가지 예를 들면 걷지 못하는 유아에게 걷기 경험이란 무의미하며, 걸을 수 있는 신체 발달이 이루어진 후 걷기에 관련된 다양한 경험을 주어야 한다는 것이다. 또한 성숙주의 입장은 성인의 개입을 최소화하도록 한다. 유아 스스로가 발달할 수 있는 준비가 되었을 때 자신에게 맞는 활동을 선택하여 활동하는 것이 바람직하다고 본다. 만일 자신의 발달수준에 맞지 않는 활동을 억지로 하게 된다면 예정된 발달을 펼쳐나가는데 문제가 될 것이라는 것이다.

성숙주의에서 교육이란 유아 발달을 예측하여 이에 적합한 교육을 해야 한다는 수동적 입장을 주장한다. 즉 교육에 있어서 가장 기본적인 것은 유아의 발달에 대한 측면을 고려해야 한다는 것이다.

위에서 알아본 성숙이론을 요약하면 다음과 같다.

이 입장에서는 인간이 태어날 때 발달 시간표가 결정되어 있으며, 이것은 순서적으로 발달한다고 주장한다. 발달을 결정하는 중요한 요인은 내적 요소이며, 환경 요소는 발달 과정과 내용을 만들어내지는 못한다고 본다. 환경요소는 발달 시간표에 따라 정상적으로 발달하는데 그 영향력이 최소한으로 인정된다고 본다. 개인의 발달 내용과 과정을 결정하는 것은 유전적 요인에 의한 내적 성숙으로 결정된다고 보는 입장이다.

2) 정신분석이론

(1) 프로이트 이론

① 프로이트의 생애(Sigmund Freud, 1856~1939)

프로이트

프로이트는 1856년 체코슬로바키아의 모라비아에서 장남으로 태어나 1859년 가족이 비엔나로 이사한 후 평생 동안 오스트리아에서 생활하였다. 아버지는 유태계 상인으로 엄격하고 권위적이었던 반면 어머니는 온화했던 것으로 보인다. 젊은 시절 다윈의 '진화론'에 깊은 감명을 받고 인간의 본질에 대해 연구하기 위해 의학을 전공하기로 결심하였다. 그는 의과대학을 졸업한 후 파리에서 신경학 공부를 하면서 히스테리 증상에 관심을 가지게 되었으며, 비엔나로 돌아온 후에는 전문의로 개업을 하게 된다. 프로이트는 그 당시 유행하던 최면술을 연구한 결과 한계를 발견하고 자유연상법(free association)을 개발하게 된다. 자유연상법은 환자가 자신의 긴장을 풀고 마음 속에 담고 있는 생각을 자유롭게 이야기하도록 하는 방법이다.

프로이트는 열정적으로 연구와 집필에 몰두하면서 자신의 이론을 세워나가게 된다.

프로이트가 연구한 내용들은 현대의 전반적인 분야에 걸쳐 많은 영향을 주고 있으나, 환자에 대한 연구 내용을 모든 인간의 행동으로 일반화하기에는 무리가 있으며, 과학적 근거가 부족하고 성적 편견을 지니고 있다는 점에서 논쟁이 끊이지 않고 있다.

② 기본 개념

프로이트는 인간의 정신세계를 의식(conscious), 전의식(preconscious), 무의식(unconscious)으로 구분하여 제시하였다. 의식은 인간이 감각기관을 통하여 주위를 기울이는 순간 알아차리는 정신세계이며, 전의식은 주위를 집중해야 인식하게 되는 것이며, 그리고 무의식은 우리가 인식하지는 못하지만 우리의 행동과 사고에 영향을 주는 생각이나 공포 등을 의미한다. 프로이트는 이 세 가지 정신세계

중에서 무의식이 우리의 행동을 결정하는 중요한 역할을 담당한다고 강조하였다. 인간이 지닌 본능과 충동들은 사회적으로 인정받지 못할 경우 무의식으로 잠재되어 인간의 행동에 지속적으로 영향을 미치게 된다.

그리고 프로이트는 성격이란 원초아(id), 자아(ego) 그리고 초자아(superego)의 세 체계로 나누고, 각 체계는 자체의 기능을 가지고 있으면서 체계 간의 상호작용에 의해 행동이 결정된다고 보았다.

먼저 원초아를 살펴보기로 하겠다. 이것은 출생 시에 갖고 태어나는 원초적인 본능으로 완전히 무의식적이고 비이성적이고 이기적인 것을 의미한다. 원초아는 쾌락의 원리에 따라 작용한다. 즉 사회적인 도덕이나 가치 등의 외부 상황에 상관없이 자신의 본능적 욕구를 충족시키고자 하는 것이다.

자아는 현실의 요구를 반영하면서 발달하게 된다. 즉 현실에서 가능한 것과 가능하지 않은 것에 대한 인식이 생겨나면서 자아는 그 상황에서 가장 적절한 해결책을 찾아서 본능적 욕구를 만족시키고자 한다. 즉 자아는 현실 원리를 추구한다. 자아는 원초아와 초자아 사이를 중재하는 역할을 담당하는 합리적인 체계이다.

마지막으로 초자아는 학습에 의해 발달하기 시작한다. 이것은 부모나 사회로부터 물려받은 가치와 도덕이 내면화된 것으로 주변 사람들의 보상과 처벌을 통해 발달하게 된다. 인간은 초자아에 의해 자신의 행동이 옳은지 그른지를 판단하고, 규제한다. 초자아는 자아 이상과 양심으로 구분되는데, 자아 이상은 선에 대한 개념과 관련이 있으며, 양심은 악의 개념 형성과 연관이 있다.

그 외에도 프로이트는 본능을 정신적 활동에 힘과 방향을 부여하는 생득적 요인으로 정의를 내렸으며, 삶과 죽음의 본능을 동기유발에 대한 힘이라고 제시하였다. 삶에 대한 본능의 영향은 건설적 행위, 사랑이나 이타적 행위에 반영되며, 죽음에 대한 본능의 영향은 파괴적 행위, 증오나 공격 등에 나타나고 있다. Freud는 특히 삶의 본능에 의해 사용되는 에너지를 리비도(libido)라고 하였는데, 이는 성적 본능 에너지를 의미한다.

③ 발달단계

프로이트는 인간의 발달이란 일정한 단계를 거치면서 이루어진다고 하였다. 각 발달단계는 리비도가 집중되는 신체부위에 따라 나뉘어지며, 각 단계마다 독특한 특성이 나타나게 된다.

첫째 단계는 구강기(Oral stage)이다. 구강기는 출생에서 1세까지의 시기에 해당된다. 이 시기는 리비도가 구강에 집중되어 이에 대한 만족감을 얻기 위해 빨고, 물거나 씹는 행동이 많이 나타난다. 이 시기에 구강에 대한 만족감이 충분하지 않거나 지나치면 다음 단계로 발달하지 못하고 고착하는 현상을 보이게 된다. 고착 현상의 예를 들자면 손가락 빨기나 손톱 물어뜯기가 일생동안 나타나거나 과식이나 과다한 흡연 등으로 이어질 수 있다.

둘째 단계는 항문기(Anal stage)로 1세에서 3세 유아가 이 시기에 해당된다. 여기에서는 리비도가 구강에서 항문과 그 주위 부분으로 옮겨지므로 항문기라 칭하는데, 유아는 대・소변을 보유하거나 배출하는 것으로 만족감을 추구한다.

이 시기에 대・소변 가리기가 시작되어 본능적 충동을 외부로부터 통제받는 경험을 하게 된다. 만일 대・소변 훈련이 적절하게 이루어진다면 독창성과 창조성의 기초가 형성될 것이다.

항문기 동안 적절한 대・소변 가리기 훈련이 행해지지 않는다면 고착현상이 일어날 수 있다. 너무 일찍 대소변 가리기 훈련을 시킨다거나 또는 지나치게 청결을 강요하면 적대적이거나 도전적인 성향을 지닐 수 있으며 결벽증상을 가질 수 있는데, 이것이 항문기적 성격(anal stage)이다. 따라서 이 시기에 적절한 배변 훈련이 이루어지도록 해야 한다.

셋째 단계는 남근기(Phallic stage)로 3세 이후에서 4~5세까지의 시기를 의미한다. 이 시기에는 성적 에너지인 리비도가 성기로 옮겨진다. 유아는 성기를 만지거나 자극함으로써 만족감을 얻으며, 점차적으로 성별에 대해 관심을 갖게 된다.

이 단계에서 가장 특징적인 현상은 '오이디푸스 콤플렉스(oedipus complex)'이다. 프로이트에 따르면 이것은 남아가 이성 부모인 어머니에게 성적 충동을 느끼지만 동성 부모인 아버지를 의식하게 된다는 것이다. 즉 자신보다 더 강한 아버지가 자신의 중요한 부분인 성기를 제거할지 모른다는 '거세불안(castration anxiety)'으로 어머니에 대한 애착에서 벗어나 아버지를 본받으려는 '동일시(identification)' 과정을 겪게 된다. 여아의 경우에는 '엘렉트라 콤플렉스(electra complex)' 과정을 경험하면서 어머니를 동일시한다고 보았다. 여아는 '거세불안'을 겪지 않으나 자신의 신체에 없는 '남근선망(penis envy)'을 경험하게 된다고 한다.

이 시기를 잘 보내지 못하고 고착이 되면 자신에 대한 관심이 많고, 과장이 심하며 야심이 많은 성격으로 된다고 한다.

넷째 단계는 잠재기(Latency stage)이다. 6세 정도에서 시작하여 사춘기에 접어들기까지의 시기에 해당되는데 이 시기는 리비도가 드러나지 않고 잠재되어 있어서 성적 본능이 약해지게 된다. 대신에 유아들은 사회적으로 허용되는 행동에 에너지를 발산하게 된다. 학습이나 또래 관계로 관심이 증대되어 앞으로 사회생활에서 필요한 여러 가지 지식과 기술들을 습득하는 시기이다.

마지막 단계는 성기기(Genital stage)이다. 이 시기는 주로 13세에서 19세까지가 해당되는데, 잠복되어 있던 리비도가 성기로 다시 표면화되어진다. 사춘기에 들어서면서 신체적으로 성 기능이 성숙되며, 이성에 대한 관심이 높아진다. 다시 말하면 성기기가 되면 자신의 성적 요구를 충족시킬 수 있는 생리적 기능을 갖추게 된다.

이시기에 순조롭게 발달한다면 결혼, 자녀 출산 그리고 자녀 양육으로 이어지나 부적절한 발달을 할 경우에는 비행이나 심각한 정신이상을 초래할 수도 있다.

(2) 에릭슨 이론

① 에릭슨의 생애(Erik Erikson, 1902~1994)

에릭슨은 1902년에 독일의 프랑크푸르트에서 출생하여, 유태인 계부와 어머니 밑에서 성장하였다. 고등학교를 졸업하고 난 뒤 미술을 공부하여 교사로서 생활하기도 하였다. 안나 프로이트에게서 정신분석을 배웠으며, 유아 정신분석 분야에 관한 자격증을 이수받기도 했다. 그 후 제 2차 세계대전이 발발하여 유대인 박해정책으로 미국으로 이주하여 보스톤에 자리를 잡게 된다.

에릭슨

에릭슨은 보스톤에서 유아 정신 분석을 연구하다가 1936년에 예일대학으로 옮겨간다. 이후에도 계속 활발하게 연구활동을 하게 된다.

에릭슨 이론은 프로이트 이론에서 비롯되었으며, 인간의 인성발달을 중요시한다는 점에서는 공통점이 있으나, 이론 전개에 있어서는 차이점이 있다. 프로이트는 내적인 측면을 강조했으나 에릭슨은 사회적 측면을 중요시하였다. 그리고 프로이트는 무의식이나 본능을 강조한 것에 비해 에릭슨은 자아를 강조하였다. 또한 프로이트는 욕구가 좌절됨에 따라 심리적 장애가 발생한다고 본 반면 에릭슨은 이러한 심리사회적 위기를 통해 성장한다는 논리를 펴고 있다. 마지막으로 프로이트는 발달단계를 5단계로 제시하여 청소년기에 단절되는 반면에 에릭슨은 전 생애에 걸친 8단계 이론을 제시하고 있다.

생물학적으로 결정되고 사회·문화라는 환경에 의해 형성되는 인간 발달단계에 관한 에릭슨의 이론은 정신분석학을 비롯하여 윤리학, 역사학, 문학, 정치학, 사회과학, 유아교육학 등 많은 분야에서 적용되고 있다.

② 기본개념

에릭슨은 발달이란 생물학적 요인을 포함하여 심리·사회적인 측면에서 전생애를 거쳐 지속적으로 이루어지는 과정이라고 보았다. 그는 전 생애를 8개의 발달단계로 제시하였으며, 각 단계마다 경험해야 하는 심리·사회적위기(psycho-social crisis)가 있다고 보았다. 따라서 각 발달단계에서 위기에 대처하는 결과에 의해 발달의 정도가 결정되어진다는 것이다. 만일 각 단계의 심리·사회적 위기를 잘 극복한다면 정상적인 발달을 이룰 것이나 그렇지 않다면 발달 이상이 생길 것이라고 본다.

③ 발달단계

에릭슨은 전 생애에 걸쳐서 8개의 발달단계로 구분하여 제시하였다.

첫 단계는 기본적 신뢰감(basic trust) 대 불신감(mistrust)의 시기로 이는 프로이트의 구강기에 해당한다. 이 시기에 양육을 담당하는 사람의 양육태도에 따라 기본적 신뢰감의 형성여부가 결정된다는 것이다. 만일 양육자가 일관성 있게 따뜻하고 애정적으로 보살펴준다면 기본적 신뢰감이 형성되나 유아의 요구에 비일관적이고 적대적으로 대한다면 불신감이 형성될 것이라고 본다.

에릭슨은 기본적 신뢰감의 형성이 발달에 매우 중요하다고 생각하였다. 왜냐하면 이것의 형성여부가 이후의 모든 사회관계에도 영향을 미친다고 보았기 때문이다.

제2단계는 자율성 대 수치심 및 회의감이다. 이 시기는 프로이트의 항문기에 해당되는데, 신체 근육이 성숙되고, 대소변 가리기가 시작된다. 이 단계에 있는 유아들은 자신들의 행동 주체가 자기 자신이라는 것을 서서히 깨닫게 되면서 의도가 있는 행동을 하게 된다. 만일 이러한 의도적인 행동을 하도록 허용된다면 자율성이 발달되나 주변 성인이 대신해 주거나 통제를 받는다면 수치심과 회의감이 발달하게 된다는 것이다.

그러므로 이 시기에 있는 유아들에게는 자신이 하고 싶은 것을 할 수 있는 기회가 제공되고 격려받을 수 있도록 해야 한다. 그리고 자신의 발달 수준을 넘어서는 무리한 배변훈련이나 식사훈련은 바람직하지 않다.

제3단계는 주도성 대 죄책감으로, 프로이트의 남근기에 해당된다. 이 시기의 유아는 신체 발달과 인지 발달이 급격하게 나타나면서 주변의 사물들을 마음대로 다루고, 질문에 대한 답을 스스로 찾으려는 경향이 나타난다. 즉 목표를 정하고 계획을 한 다음 이를 해결하려는 주도성이 발달하게 된다. 부모나 주위 성인들이 유아의 이러한 행동을 인정하고 격려한다면 주도성이 발달할 것이며, 반대로 유아의 행동을 제한한다면 좌절하고 죄책감을 발달시키게 된다는 것이다.

따라서 이 단계에서 부모는 유아가 자기 주도적으로 외부 환경을 탐색할 수 있는 기회를 제공하는 것이 중요하다고 하겠다.

제4단계는 근면성 대 열등감이다. 프로이트의 잠복기에 해당된다. 이 시기는 초등학교에 다니면서 활발하게 신체활동과 지적 활동을 할 뿐만 아니라 또래 친구나 선생님과 함께 관계 형성을 통해 사회의 가치관이나 규범을 획득하는 시기이다. 만일 이러한 신체활동, 지적 활동 그리고 사회적 활동에 활발하게 참여함으로써 자신의 능력에 대해 자신감을 가진다면 근면성이 발달하지만 자신의 능력이 다른 친구들에 비해 유능하지 못하다고 생각한다면 열등감을 갖게 된다.

따라서 이 시기에는 유아에게 너무 무리한 과제를 제공하지 않고, 충분히 학습할 수 있는 시간과 기회를 주는 것이 중요하다.

제5단계는 정체감 대 정체감 혼돈이다. 이 시기는 청소년기에 해당되는데, 자아정체감 형성이 중요한 과업으로 대두된다. 에릭슨은 기본적 신뢰감 형성과 함께 이 시기를 가장 중요하다고 생각하였다. 이 단계는 아동기와 성인기의 중간에 위치하여 자기 존재에 대한 새로운 의문과 탐색이 이루어지는 혼돈의 시기이다. 이러한 자기 존재에 대한 의문에 해답을 얻으면 정체감이 형성되어 이후의 심리적 위기를 잘 넘길 수 있으나, 그렇지 못하면 정체감의 혼돈(identity confusion)이 일어난다.

이 시기에서는 미래에 대한 기대와 지금까지 이루어 놓은 결과들을 제시함으로써 자기 정체감을 획득할 수 있도록 도움을 주어야 한다.

제6단계는 친밀감 대 고립감이다. 이 시기는 청년기에서 성인기로 전이되는 시기이다. 친밀감(intimacy)이란 자신이 획득한 자아정체감을 타인의 정체감과 교류하는 것으로 만일 자기 자신에만 몰두하여 타인과의 관계에서 친밀감을 발달시키지 못하면 고립감(isolation)의 위기를 맞게 된다.

여기에서 의미하는 친밀감이란 이성과의 결혼과 성적인 것을 의미하는 것은 아니며 사회적 친밀감(social intimacy)도 포함하고 있다.

제 7단계는 생산성 대 침체감의 시기로 전 생애를 고려할 때 중년기에 해당한다. 즉 이 시기는 자녀를 낳고 기르면서 다음 세대에 남겨줄 생산물이나 사회에서의 활동결과를 모두 포함한다.

만일 이 시기에 자기 자신의 이익에만 치중하고 타인에 대한 관심이나 관대함이 부족하다면 침체감(stagnation)이 형성된다.

제 8단계는 자아통합 대 절망감이다. 이 시기는 노년기를 의미한다. 이 시기는 신체적으로 노쇠하고, 직업으로부터 은퇴를 하게 되면서 자아발달의 통합과 평가가 이루어지는 시기이다. 자신의 인생을 되돌아볼 때 자신의 삶이 가치가 있었다고 평가한다면 자아통합(integrity)을 하게 되나 삶이 무의미하고 헛되었다는 생각을 한다면 절망감(despair)을 가지게 된다.

3) 학습이론

학습이론에서는 인간을 외부자극에 반응하는 수동적인 존재로 본다. 즉 개인의 모든 행동은 자극과 반응이 결합한 것이며, 여기에는 외적 조건과 경험에 의하여 점진적으로 형성된다고 가정한다.

또한 학습이론가들은 인간의 발달에 단계가 있다고 보지 않으며 발달변화에 있어 연령을 언급하지 않는다. 인간의 행동에 대한 동기는 외부 환경에 의해 좌우되므로 보상과 벌이 중요시된다고 본다.

아래에서는 학습이론 중에서도 비교적 최근에 형성된 스키너의 조작적 형성이론과 반두라의 관찰학습에 대해 살펴보기로 하겠다.

(1) 스키너 이론

① 스키너(B. F. Skinner, 1904~1990)의 생애

스키너

스키너는 미국의 유명한 심리학자로, 1904년에 펜실베니아에서 출생하였다. 그는 해밀턴 대학과 하버드 대학을 졸업하였으며, 1936년부터 1945년까지 미네소타 대학에서 강의를 담당하였다. 그 후 1945년에 하버드 대학의 심리학과 교수로 취임하였고, 명예교수로도 재직하였다.

또한 1958년에 미국 심리학회로부터 특별 과학공로상을 수상하였으며, 1990년 8월 10일에 미국 심리학회로부터 평생 공로상을 수상하는 등 미국 심리학의 발달에 큰 공헌을 하였다. 이와 같은 결과는 스키너가 자신이 연구한 이론을 사회의 여러 분야에 응용했기 때문이었다.

② 스키너 조작적 조건형성 이론

스키너는 유기체가 특정 자극에 대해 반응하는 반사행동보다는 유기체 스스로가 조작하는 행동에 관심이 있었다. 그는 이러한 조작적 조건형성을 연구하기 위해서 '스키너 상자(Skinner Box)'라 불리는 장치를 고안하였다. 이것은 동물이 마음대로 돌아다닐 수 있는 작은 상자로, 한쪽 구석에는 지렛대가 있어서 이것을 누르면 자동적으로 먹이조각이나 물이 나온다.

스키너는 쥐나 비둘기를 주로 실험 대상으로 하였다. 상자에 넣어진 동물은 처음에는 이리 저리 돌아다니다가 우연히 지렛대를 누르게 되는데, 그 순간 보상을 받게 된다. 그런 횟수가 증가하면 점차적으로 동물은 지렛대를 더 자주 누르게 된다.

조작적 조건형성에서는 '강화(reinforcement)'의 역할과 기능이 학습에 있어서 중요하다고 본다. '강화'라는 것은 특정반응을 빈번하게 하거나 강해지도록 만드는 것을 의미한다. 강화에는 부적강화와 정적강화가 있다. 부적강화는 반응 뒤에 자극의 제거나 감소가 따르게 된다. 예를 들면 넘어진 아이에게 관심을 주지 않으면 혼자서 일어나는 경우를 들 수 있다. 정적강화는 반응 후에 자극이 나타나거나 자극에 대한 강도가 증가하는 것이다. 휴지를 주운 유아에게 선생님이 칭찬하는 것을 그 예로 들 수 있다.

(2) 반두라의 관찰학습 이론

① 반두라(Bandura)의 생애(1925~)

반두라는 1925년에 캐나다 앨버타에서 태어났다. 1949년에 브리티쉬 컬럼비아 대학에서 학사학위를 받았으며, 아이오와 대학원에서 심리학으로 석사와 박사학위를 받았다. 1953년 이래 스탠포드 대학에서 심리학과 교수로 재직하면서 심리학계에서 명성을 쌓고 있다.

그는 사회학습이론의 주요 인물로, 행동수정 개척자들 중의 한 사람이다.

사회학습이론은 인지과정을 중요시한다. 즉 유아는 생활을 하면서 많은 행동을 학습하게 된다. 이 때 유아는 자신의 선호도에 따라 특정인의 행동을 더 많이 모방하게 된다는 것이다.

다시 말하자면 반두라는 기본적으로는 조건 이론을 수용하지만 유아들이 새로운 반응을 획득할 때 관찰하고 모방함으로써 이루어진다고 주장하였다.

② 관찰학습 이론

반두라는 사회적 상황에서 타인들의 행동을 단순히 관찰(observation)만 하여도 그들의 행동을 학습할 수 있다고 주장하였다. 이런 종류의 학습은 관찰 학습(observation leaning) 또는 대리학습(vicarious learning)이라 불린다.

비교적 높은 지적 능력을 지닌 동물이나 인간의 경우에는 직접 경험하지 않고 관찰만으로 학습이 일어날 수 있다. 그리고 이러한 모델링은 특정한 반응유형만을 따라하는 것이 아니라 독창적인 행동도 창조할 수 있다는 것이다. 이와 같이 타인의 행동을 관찰하여 학습이 이루어지는 것을 관찰학습 또는 모방학습이라 칭한다.

관찰학습의 과정을 살펴보면 다음과 같다.

첫째 단계는 주의 과정으로, 어떤 대상에게 주의를 기울이는 것이다. 이 때 모델을 선택하는 기준은 관찰자의 욕구나 흥미 등과 같은 심리적 특성의 영향을 받게 된다.

둘째 단계는 파지 과정이다. 모델을 관찰한 후 어느 정도 시간이 지났을 때 모방을 하기 때문에 모델의 행동을 언어적 방법이나 심상을 사용하는 상징적인 형태로 기억함으로써 영속적 기억 속에 파지된다. 이렇게 상징적으로 표상을 해야 관찰에 의한 학습이 가능한 것이다.

셋째는 운동 재생 과정이다. 이는 학습된 것을 어느 정도 정확하게 재생하는가 하는 과정으로, 정확한 재생을 위해서는 이에 필요한 운동기술을 지니고 있어야 한다. 이 과정에는 모델의 행동과 자신의 행동을 비교하면서 계속 자기의 행동을 수정하는 피드백이 필요하다.

마지막 단계는 동기유발 과정이다. 실제 행동이 수행되는 단계인데, 이를 위해서는 강화와 동기적 변인들이 필요하다. 즉 관찰을 통해 학습된 행동이 보상을 받는다면 그 행동은 빈번하게 일어나겠지만 반대로 벌을 받는다면 그것은 더 이상 일어나지 않게 된다.

4) 인지이론

인지이론가들은 아동의 사고 발달 과정에 이론의 초점을 두었다. 이들은 인간을 무의식적인 본능을 지닌 존재나 외부 자극에 대한 반응자가 아니라 외부 환경과 상호작용을 통해 발달해 나가는 적극적인 존재로 인식하였다.

아래에서는 인지 이론의 대표적 학자인 피아제와 비고츠키에 대해 알아보기로 하겠다.

(1) 피아제 이론

① 피아제(Jean Piaget, 1896~1980)의 생애

피아제는 1896년 스위스에서 출생하였으며, 어려서부터 자연 현상을 관찰하는 것을 즐겨하였다. 어린 시절에 이미 과학자의 자질을 보여 10세일 때 백변종 참새에 대한 논문을 썼을 정도이다. 그리고 21세 때 연체동물에 관한 논문으로 동물학 박사학위를 취득하였으며, 이후에는 심리학에 관심을 갖고 연구하게 된다.

피아제

그는 비네(Binet)가 창설한 실험실에서 지능을 연구하게 되면서 유아의 인지발달에 관심을 갖게 되었다. 그리고 자신의 세 아이들이 자라나는 모습을 관찰하면서 자신의 이론을 세워나간다. 피아제는 유아의 인지발달을 연구하는데 있어서 비구조화된 임상적 방법이 효과적임을 믿었다.

② 기본 개념

피아제의 인지발달을 이해하기 위해서는 먼저 기본개념을 이해해야 한다. 아래에 제시된 기본 개념은 도식과 적응이다.

첫째, 도식(schema)에 대해 살펴보겠다. 도식은 사물이나 사건 또는 사실에 대한 전체적인 윤곽이나 개념을 의미하는 것으로, 개인이 원래 가지고 태어나는 것이 아니라 환경과의 상호작용을 통해 나타나는 행동과 경험에 의해 형성된다. 그리고 도식은 반복적인 경험을 통해서 점차 분화되고 통합되어 수많은 도식들을 만들어낸다. 이러한 도식들은 복합적인 상위도식을 형성하게 된다.

둘째, 적응(adaptation) 개념이다. 이것은 개인이 환경과의 상호작용을 끊임없이 함으로써 도식이 변화하는 과정으로, 동화와 조절에 의해서 이러한 현상이 일어나게 된다.

동화는 이미 경험이나 학습에 의해서 형성된 기존의 도식에 맞추어 새로운 자극을 이해하는 것이다. 반면에 조절이란 새로운 자극을 이해하기 위해 기존의 도식을 변화시켜야 하는 것을 의미한다. 동화와 조절은 인지발달 과정의 두 측면으로, 하나의 전체 과정 속에 두 기능이 포함되어 있게 된다. 평형화(equilibration)란 동화와 조절 중에서 어느 한쪽이 우세하지 않고 개인의 정신적 활동과 환경 사이에 균형을 이루는 상태를 말한다.

③ 피아제의 인지발달단계

피아제의 발달이론에서는 유아들이 새로운 자극을 경험할 때 동화와 조절의 과정을 통해 지식을 만들어간다고 본다. 그는 아동의 인지발달을 감각운동기, 전조작기, 구체적 조작기, 형식적 조작기의 네 단계로 나누었다.

첫 단계는 감각운동기(sensorimotor period, 출생~2세)이다. 이 단계에서 영아나 유아는 자신의 감각이나 운동 능력을 이용하여 주변 환경을 탐색한다.

피아제에 따르면 감각운동기의 말기에서 유아들은 그들의 초기 시행착오 접근에서 보다 계획적인 문제해결 접근으로 발전하게 되며, 대상 영속성(object permanence)이 발달한다. 즉 유아는 초보적이지만 '사고' 하는 것이 나타나며, 사물이 눈 앞에 보이지 않아도 존재한다는 것을 알게 된다.

두 번째 단계는 전조작기(preoperational stage, 2~7세)로, 이 시기에는 아동의 정신적 표상에 의한 사고가 가능하게 되나, 아직은 개념적 조작능력이 충분히 발달되지 못해 논리적 사고는 불가능하다고 본다.

피아제가 제시한 전조작기의 단계별 특징을 요약하면 다음과 같다.

㉠ 보존(conservation)개념에 대한 이해가 부족하다. 같은 양의 물을 길이가 길고 폭이 좁은 컵과 길이가 짧고 폭이 넓은 컵에 부어서 양이 같은지를 물었을 때 어느 한 쪽 관점에서 비교하여 그 양이 같지 않다고 하는 것이다.

㉡ 자아 중심적이다. 전조작기에 해당되는 유아들은 모든 사람이 자신들이 보는 방식으로 세상을 본다고 믿는다.

㉢ 상징활동이 증가한다. 이 시기에 있는 유아들은 자신의 내적 표상을 상상놀이나 그림 그리고 언어 등을 통해 표현하는 활동이 증가하게 된다.

㉣ 물활론적 사고를 한다. 유아는 모든 사물들에는 생명이 있다고 믿는다.

㉤ 꿈의 실재론을 믿는다. 자신이 꾼 꿈이 실제로 일어났다고 생각하는 것이다.

세 번째 단계는 구체적 조작기(concrete operational stage, 7~11세)이다. 이 시기에 이르면 유아들은 사고 발달이 급격하게 나타난다. 따라서 유아는 논리적 사고를 할 수 있으나, 이것은 구체적인 사물에만 해당된다. 구체적 조작기의 특징을 요약하면 다음과 같다. 이 단계에서는 보존 개념이 획득되며, 구체물에 대한 정신활동 즉 분류, 서열화 등이 가능하며 사회성이 발달하여 대인관계도 활발하게 이루어진다.

네 번째 단계는 형식적 조작기(formal operational stage, 11~15세)이다. 이 시기의 가장 큰 특징은 추상적인 사고가 가능하다는 것이다. 즉 가설을 세워 검증하는 것, 상황에서 해결 가능한 대안들을 검토하기 그리고 추리하기 등이 가능하다는 것이다. 또한 이 시기에 해당되는 유아들은 도덕적인 가치와 타인의 관점에 대해 관심을 가지게 된다.

(2) 비고츠키 이론

① 비고츠키(Lev Semenovich Vygotsky, 1896~1934)의 생애

비고츠키

비고츠키는 1896년 러시아의 중산층 유태인 가정에서 출생하여 1934년 폐결핵으로 사망했다. 37년 간의 짧은 생애 동안 활발한 연구활동을 하였으며, 1960년대 이후 세계적으로 주목받게 되었다.

비고츠키는 모스크바 대학에서 문학을 전공하고, 1917년 대학에서 문학사 학위를 취득하였다. 또한 법학을 전공하였으며, 문학과 언어학을 공부하여 박사학위를 취득하게 된다. 생물학을 공부한 피아제와는 이론적 토대가 다르며, 비고츠키는 사회학, 인류학 그리고 역사학 등에 기초를 두어 이론을 전개하게 된다.

비고츠키는 발달이란 사회적 맥락과 분리될 수 없다고 생각하였으며, 학습이 발달을 주도한다고 보았다. 그리고 피아제와는 달리 언어가 정신발달에 핵심적인 역할을 담당하는 것으로 인식하였다.

② 중심 개념

첫 번째 개념은 근접발달지대(zone of proximal development)이다. 근접발달지대란 "유아가 혼자서 수행하여 과제를 해결할 수 있는 수준과 성인이나 자신보다 유능한 또래의 도움을 받아 문제를 해결할 수 있는 수준간의 차이"라고 보았다. 비고츠키는 교육이란 유아들이 근접발달지대에서 문제를 해결할 수 있도록 도와주는 것이라고 생각하였다.

두 번째 개념은 비계설정(scaffolding)이다. 이것은 유아보다 유능한 수준의 또래나 부모 혹은 교사가 학습을 도와주어 인지발달을 가능하게 해 주는 발판 역할을 하는 것을 의미한다. 학습 초기에는 이러한 비계설정이 많지만 유아가 학습에 적극적으로 참여함에 따라 이러한 비계설정은 제거해 나가야 한다.

세 번째는 내면화(internalization)로 이 개념은 인지발달에 있어서 언어의 중요성을 강조한다. 언어는 타인과의 의사소통을 위한 매개체일 뿐만 아니라 자신의 생각과 행동을 능동적으로 조절하기 위해 사용한다. 이 때 자기 조절과정에서 나타나는 혼잣말은 내면화 과정에서 자신과의 대화수단으로 나타나는 것이며 혼잣

말이 인지발달에서 결정적 역할을 하는 것으로 간주한다.

③ 상호교수와 협동학습

교육현장에 비고츠키 이론을 적용시키는 방법으로 상호교수(reciprocal teaching)와 협동학습(cooperative learning)이 있다.

상호교수는 독해에 어려움을 겪는 유아들을 위해 개발된 교수법으로 최근에는 여러 영역으로 확대되고 있다. 이 교수법은 교사 1명과 2~4명의 아동들이 한 집단으로 구성되어 내용에 대해 대화를 나누면서 학습하는 것으로, 질문(questions), 요약(summarizing), 명료화(clarification), 예측(prediction)의 4가지 인지전략이 사용된다.

그리고 협동학습은 학습현장에서 또래와의 협동을 강조한 방법이다. 또래와의 갈등은 부정적인 영향력만 미치는 것이 아니라 이를 통해 유아들은 의견 차를 줄여 합의점에 도달할 수 있으며, 과제에 대한 문제해결은 근접발달 영역 내에서 서로 능력이 다른 또래끼리 구성된 집단속에서 이루어질 수 있게 된다.

5) 생태이론

유아의 발달과정에는 끊임없이 외부환경의 영향을 받게 된다. 즉 출생 후 가정, 지역사회, 국가 등에 포함되어 생활하는 환경과 밀접한 관련성을 맺게 된다는 것이다.

1940년대 후반에 바커(Barker)는 유아가 자연스럽게 생활하는 환경이 행동에 영향을 미치는 중요한 요인임을 주장하는 생태심리학을 주장하였으며, 이러한 이론은 브론펜브레너(Bronfenbrenner)에 의해 확대되었다.

그는 다양한 환경을 체계적으로 구분하고 유아의 발달에 미치는 영향력을 상세하게 제시함으로써 생태이론이 구축되는데 큰 역할을 담당하였다.

아래에서는 브론펜브레너의 생애와 그가 제시한 이론에 대해 살펴보기로 하겠다.

(1) 브론펜브레너(Bronfenbrenner, 1942~)의 생애

브론펜브레너는 1942년에 미시간 대학에서 발달심리학 박사학위를 획득하였으며, 현재는 코넬 대학 인간생태학 학부(Department of Human Ecology)의 교수로 있으면서 생태학에 대한 연구를 활발히 진행하고 있다. 그리고 자신의 이론이 실제에 응용될 수 있도록 많은 노력을 기울이고 있다.

브론펜브레너는 유아와 관련성이 있는 가정, 지역사회, 사회문화 등의 생태환경을 체계적으로 구조화하여 생태 환경체계와 유아간의 관계를 이해하는 것을 중요하게 생각하였다. 그리고 그는 개인이나 유기체가 경험하고 있거나 또는 개인과 직접, 간접으로 연결되어 있는 환경적 상황을 연구해야 한다고 주장하였다. 그러므로 브론펜브레너에 따르면 유아발달 연구는 아동이 생활하는 여러 환경과 그 특성간의 관계를 분석하는 것이라 할 수 있다.

(2) 브론펜브레너의 생태학적 체계이론

생태학적 체계이론은 브론펜브레너(1979)가 사회문화적 관점에서 인간발달을 이해하는 이론이다. 브론펜브레너는 유아가 생활하는 생태학적 환경을 미시체계, 중간체계, 외체계, 거시체계 그리고 이러한 체계들에 영향을 미치는 시간체계로 구분하였다.

① 미시체계(microsystem)

미시체계는 유아에게 직접적으로 영향을 주는 환경으로, 함께 살고 있는 가족, 유아교육기관, 또래 그리고 놀이터 등을 그 예로 들 수 있다. 즉 유아와 상호작용하는 대상뿐만 아니라 다른 사람과의 관계 그리고 관계에 따른 간접적 영향 등도 발달과 관련성이 있다는 것이다.

② 중간체계(mesosystem)

중간체계는 미시체계에 해당되는 환경들간의 상호관계를 의미한다. 예를 들면 부모와 교사 간의 관계 그리고 친구 관계 등이다. 이러한 상호관계는 유아 발달에 영향력을 행사하게 된다. 만일 미시체계 간에 긍정적인 관계형성이 가능하다면 유아는 발달에 긍정적인 영향을 받을 것이며, 반면에 부정적인 관계 형성이 이루어졌다면 발달에도 좋지 않은 영향을 받을 것이다.

③ 외체계(exosystem)

외체계는 유아가 직접 참여하지는 않지만 발달에 영향을 주는 생태 환경을 의미한다. 예를 들면 부모의 직업, 부모의 사회경제적 지위, 종교기관 그리고 지역기관 등이다. 만일 부모가 실직을 한다면, 그것은 유아가 직접적으로 관여는 하지 않았지만 유아에게 부정적인 영향을 미칠 것이며, 부모의 종교생활 역시 유아에게 영향력을 행사할 것이다.

④ 거시체계(macrosystem)

거시체계는 미시체계, 중간체계, 외체계를 포괄하면서 사회 문화적 환경을 고려하는 것이다. 예를 들자면 그 사회의 가치관, 태도, 신념, 관습 그리고 법 등이다. 이러한 사회 문화적 환경은 유아발달에 지속적으로 영향을 주게 되는데, 각 문화권 간의 차이점을 떠올린다면 쉽게 이해가 가능할 것이다. 우리나라에서 태어나서 성장한 유아와 다른 나라로 이민을 간 유아를 비교한다면 문화권에 따른 차이에 의해 발달특성이 달라질 것이다.

⑤ 시간체계(chronosystem)

시간체계는 네 수준의 체계가 모두 해당되는 것으로 유아가 발달하면서 경험하는 사건의 양식과 내용을 의미한다. 이러한 시간의 흐름은 유아를 이해하는데 매우 중요하게 고려되는 것이다. 그 예를 살펴보면 부모의 이혼은 이혼 첫 해에 가장 부정적인 영향을 주지만 이혼 후 2년이 지나면 어느 정도 안정을 찾게 된다. 이와 같이 시간체계는 인간의 생애에 큰 영향을 미치게 된다.

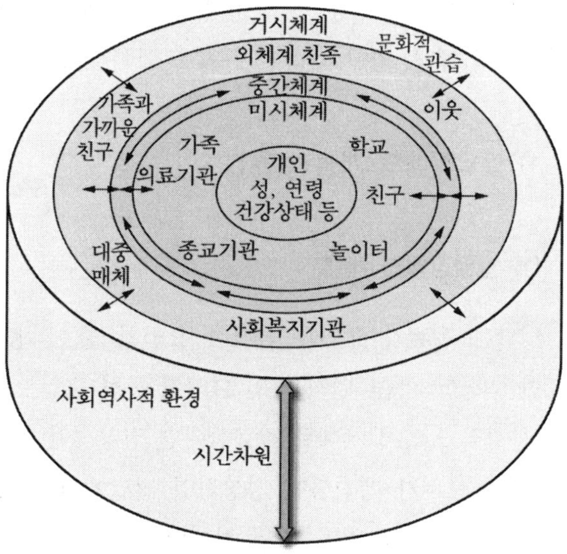

출처 : 조복희(2000). 『아동발달』, 교육과학사, p. 69.

위에서 살펴본 바와 같이 생태이론에서 발달이란 개인과 환경과의 상호작용에 의해 이루어지는 것을 주요한 내용으로 함으로써 유아 발달에서 환경의 중요성을 다시 한 번 강조하였다고 볼 수 있다.

유아 발달에 대한 이해를 돕기 위해 여러 가지 이론이 제시되었다. 어떠한 이론도 유아를 완벽하게 이해하기는 힘들며, 여러 이론들은 각 발달 측면을 설명하는데 보완적인 역할을 하게 된다. 따라서 인간의 모든 발달 변화를 설명할 수 있는 단일 이론은 없으며, 각 이론마다 그 한계성을 지니고 있다.

3. 발달 장애

인간의 발달과정 중에는 어떠한 원인으로 인해서 발달상의 지체나 장애가 나타날 수 있다. 영유아기의 경우에도 그러하다. 만일 영유아기에 발달지체나 장애가 일어났다면 교사는 유아 개인의 특성을 알고 그에 적절한 교육을 제공해야 한다. 개인이 적합한 교육을 받느냐 그렇지 않느냐에 따라 이후 발달에 많은 영향을 미칠 수 있으므로 발달장애에 대한 이해는 필수적이라 하겠다. 여기에서는 발달장애의 개념, 원인 그리고 유형을 알아보기로 하겠다.

1) 발달장애의 개념과 원인

(1) 발달장애의 개념

발달은 유전적 요인과 환경적 요인의 상호작용에 의해서 이루어진다. 환경적 요인은 경험, 학습, 인적 요인 그리고 물적 요인으로 구분할 수 있다. 유전적 요인과 환경적 요인이 제대로 작용한다면 정상적인 발달이 이루어지겠지만 어떤 원인에 의해 문제가 생긴다면 정상적인 발달에서 벗어나거나 심하면 회복이 곤란한 경우에 이를 수도 있다. 발달 장애란 발달상 문제가 되는 신체적, 감각적 또는 인지적 문제를 포괄하는 것이며, 발달장애 영·유아란 영 유아 보육법에 근거하여 6세 미만의 특별한 보육 서비스를 필요로 하는 영·유아를 의미한다.

(2) 발달장애의 원인

발달장애를 일으키는 원인은 유전에 의한 장애와 환경에 의한 장애로 구분할 수 있다. 아래에서는 이러한 원인에 대해 알아보기로 하겠다.

① 유전성 장애

유전성 장애의 유형을 살펴보면 유전인자 이상과 염색체 이상으로 제시할 수 있다. 인간의 유전인자는 염색체에 포함되어 있는데, 보통 염색체의 22번까지는 상염색체이고, 23번은 성염색체이다. 23쌍의 염색체가 나란히 맞추어져 있는 것은 정상이나, 개수가 맞지 않거나 배열이 다르면 이상 상태를 보이게 된다.

유전자 이상에 따른 질환에는 선천성 백내장, 결핵성 경화증, 소두증, 유전성 난청, 혈우병 그리고 색각 이상 등이 있다.

염색체 이상에 따른 대표적인 장애의 예는 다운 증후군으로 21번째 염색체가 하나 더 있어서 이상 증세를 보이는 것이다. 그리고 성염색체의 개수가 달라서 생기는 장애도 있다. 예를 들면 클리네펠터(Klinefelter) 증후군(XXY 형태)과 터너(Turner) 증후군(XO 형태) 이 있는데, 이러한 염색체를 가진 사람은 성과 관련되어 미발달, 불임 혹은 다른 2차 성징을 보이며, 이러한 결함을 가진 유아 역시 읽기 문제나 일반적인 학습장애를 보이게 된다.

② 환경성 장애

환경성 장애로는 모체 내에서의 발달장애인 태내성 장애와 출산 전후에 나타나는 장애로 구분할 수 있다.

태내성 장애의 주요 원인은 감염, 약물, 방사선, 산소결핍으로 태아가 어느 시기에 이러한 원인에 노출되었느냐에 따라 장애 정도는 달라지게 된다. 보통 태생 2주 이전에는 모체의 영향을 적게 받으나 태생 3개월 이전은 신체 각 기관이 형성되므로 이러한 부분의 장애에 영향을 주며, 태생 4개월 이후에는 뇌에 영향을 많이 주게 된다.

그리고 만일 모체가 임신 3개월 이내에 풍진에 걸린다면 태아는 백내장, 구개열, 난청, 뇌성마비 그리고 정신발달지체 장애를 지니게 된다.

출산전후에 생기는 장애로는 신생아 가사(무산소증), 두개내 출혈, 중증 황달이 있는데, 이러한 증상들은 다양한 장애를 가질 가능성이 매우 높다.

그 외에도 출생후성 장애로 뇌염, 뇌막염, 뇌 외상, 중독 등의 생물학적 요인에 의한 장애와 부모의 바람직하지 못한 양육태도, 애정 결핍 그리고 인적 자원이나 물적 자료의 부족으로 인한 심리·사회적 요인에 의한 장애가 있다.

2) 발달장애의 유형

(1) 정신지체

정신지체(mental retardation)란 일반적인 경우보다 훨씬 낮은 지적발달을 보일 때 사용하는 용어이다. 평균지능이 100일 경우, 70에서 75 이하의 지능을 지니게 되면 정신지체로 인정된다. '특수교육진흥법'에서는 정신지체를 "지능검사결과 지능지수가 75 이하이며 적응행동에 결함을 가진 자"로 정하고 있다. 그리고 지능지수에 따라서 경도, 중도, 최중도 등으로 구분하고 있다.

정신지체의 원인은 다양하나, 원인을 정확하게 알기란 힘들다. 많이 알려진 원인으로는 특정 질병이나 두뇌 손상으로 인한 경우와 납중독이나 유해물질 흡입 등의 환경적인 요인으로 인한 것들이 있다.

(2) 학습장애

학습장애(learning disability)란 듣기, 말하기, 읽기, 쓰기와 같은 학습영역에서 한 가지 이상에 어려움을 보이는 것으로, 우리나라 특수교육진흥법에서는 "셈하기, 말하기, 읽기, 쓰기 등의 특정한 분야에서 학습상 장애를 지니는 자"로 정의하고 있다.

이러한 학습장애의 원인으로는 주로 중추신경계의 기능장애로 인한 생물학적 요인이나 가계도에 따른 유전인자를 들 수 있다.

(3) 언어장애

언어장애(speech and language disorders)란 말과 언어의 사용에 있어서 어려움을 겪는 장애로 말장애와 언어장애로 구분할 수 있다. 말장애는 말소리를 산출하거나 목소리와 흐름을 조절하는데 어려움이 있는 것이다. 그리고 언어장애는 말이나 몸짓 또는 쓰여진 형태로 언어를 표현하거나 이해하는데 있어서 발달이 지연된 경우를 의미한다.

위에서 구분된 언어장애를 기초로 세부 내용을 제시하면 조음장애, 음성장애,

말더듬이, 언어발달지체, 구개파열로 인한 장애, 뇌성마비로 인한 장애, 청력손실로 인한 장애, 실어증 등이 있다.

언어장애의 원인은 신경계통의 손상이나 질병으로 인한 경우, 스트레스 그리고 부모의 언어적 반응과 같은 환경적 요소를 들 수 있다.

(4) 자폐증

자폐증은 다른 사람과의 상호작용이나, 의사소통에 장애를 보이고 활동과 관심 영역이 제한되는 특성을 보이는 장애이다.

자폐아들에게서 나타나는 행동적 특성을 살펴보면 다음과 같다.

자폐아들은 일반적으로 정신지체를 함께 지니고 있으며, 지나치게 눈을 깜빡인다거나 응시하는 등의 반복적인 활동을 하거나 자동차 굴리기 등과 같이 반복적으로 움직이는 행동을 한다.

그리고 사회적 행동 측면에서 비장애 유아들과 다른 행동 특성을 보인다. 다른 사람과 눈을 맞추는 것을 피하며, 모방능력에서 결함을 지니고 있으며, 자신과 타인에 대한 인식이 비장애 유아들에 비해 질적으로 다르다. 또한 사회적 관계형성에서도 문제점이 있으며, 다른 사람의 감정에 대해 잘 이해하지 못하게 된다.

자폐증의 원인은 아직까지 확실하게 밝혀지지 않고 있으나 뇌의 기능 이상과 같은 신체적이고 기질적인 원인으로 추정되고 있다.

(5) 주의력 결핍 과잉 행동장애

주의력 결핍 과잉 행동장애(Attention Deficit Hyperactivity Disorder, ADHD)는 어린시기에 시작되어 성인기까지 확대되어 장기적으로 지속될 수 있다.

일반적으로 주의력 산만, 과잉행동 그리고 충동성을 특징으로 하며 유아기에 가장 빈번하게 나타나는 장애이다. 주의력 산만은 특정 활동에 주의를 기울이지 못하고, 쉽게 방해를 받는 경우를 의미하며, 과잉행동은 활동의 양이 지나치게 많은 경우를 의미한다. 또한 충동성은 사고활동 없이 충동적으로 행동하기 때문에 부적절하고 부정확한 행동을 많이 하게 된다.

이 행동장애의 원인으로는 뇌기능 손상이 유력하며 최근의 두뇌촬영 및 연구기술의 발달로 인해 이를 뒷받침하는 결과들이 제시되고 있다.

(6) 정서장애

정서장애(emotional disturbance/behavior disorders)는 학교나 일상생활에서의 정서반응이나 행동이 또래에 비해 지나치게 떨어져 있는 경우를 의미한다. 이 장애의 특성은 여러 가지로 나타나는데, 한 가지 이상의 특성이 다양한 환경 속에서 지속적으로 나타난다면 장애를 지닌 것으로 의심할 수 있다. 즉, 다른 사람들과 관계를 맺고 유지하는데 어려움을 보이거나 부적절한 행동이나 감정을 보이거나, 늘 불행해하고 우울하게 보이거나 혹은 어떤 상황에서 신체적인 증상이나 두려움을 보이는 경우이다.

정서장애의 대표적인 예가 품행장애(conduct disorders)이다. 이 장애에서는 지속적으로 다른 사람의 권리를 침해하고, 규칙을 위반하는 등의 행위가 나타난다. 그리고 이 장애를 가진 유아는 불복종, 파괴적 행동, 질투, 난폭하고 공격적인 행동을 보인다. 대개 4~5세부터 청소년기까지 나타나며 청소년이 되면 더 격렬하고 치명적인 행동을 보이며, 남아가 여아보다 더 많이 나타난다.

(7) 기타 장애

기타 장애로는 아동정신분열증과 신체장애를 들 수 있다. 신체장애는 틱장애, 식욕부진증, 야뇨증 그리고 유분증 등으로 나눌 수 있다.

아동정신 분열증은 일정기간동안 정상적인 발달을 한 다음 심리적·인지적·정서적·사회적 분열증이 급격하게 나타나는 것을 의미한다. 이런 증상을 지닌 아동은 대개 청소년기나 그 직전에 증세를 보이기 시작하는데, 출현율은 만 명당 1명으로 비교적 낮게 나타난다.

틱장애는 자신의 의지와는 관계없이 제한된 근육에만 지속적으로 일어나는 근육경련으로 신체부위를 계속 움직이는 운동 틱과 특정한 소리를 반복해서 내는 음성 틱으로 나누어진다. 일반적인 증상은 눈을 깜빡거리거나 고개 흔들기, 몸을 전체적으로 뒤틀기, 훌쩍거리는 소리 내기 그리고 남의 소리 따라하기 등이 있다.

야뇨증(enuresis)은 밤에 소변을 가릴 수 있는 연령임에도 불구하고 자주 침구나 옷에 반복적으로 실수하는 증상을 말한다.

장애의 원인을 살펴보면 방광 근육의 미성숙으로 인해 소변통제가 되지 않는 경우와 잘못된 육아방식으로 인한 생리적 원인이 있으며, 질투, 적개심, 불안 등으로 인한 심리적 요인이 있다.

유분증(encopresis)은 적절하지 않은 곳에 지속적으로 대변을 보는 증상이다. 이 장애라고 추정하는 데는 다음과 같은 조건을 고려해야 한다. 먼저 최소한 3개월 동안에 1회 이상 일어나야 하며, 연령은 4세 정도 이상이어야 하며, 미성숙으로 인한 통제 불능이 아니어야 한다는 것이다.

토의과제

-. 발달·성장·성숙·학습의 개념을 설명하고, 그 차이점에 대해 토의하시오

-. 발달의 원리를 설명하시오.

-. 대표적인 발달이론을 제시하고, 각 이론의 핵심적인 내용을 말하시오.

-. 유아교육현장에서 흔히 나타날 수 있는 발달장애의 유형에 대해 토의하시오.

제 5 장

유아교육과정

본 장은 '유아교육과정'에 대한 이해를 돕고자 유아교육과정의 정의 및 특징, 교육과정의 변천(1차-6차 유치원교육과정)사를 비교하였고, 아울러 2009년부터 실행될 2007년 개정 유치원 교육과정에 대해서 설명하였다. 나아가 보육시설의 표준보육과정과 2007년 개정 유치원 교육과정을 비교하면서 보육과정과 유아교육과정에 대한 이해를 돕고자 하였다.

1. 유아교육과정의 정의 및 특징

1) 유아교육과정의 정의

'유아교육과정'은 무엇인가? 또는 '어떤 교육과정을 운영하고 있는가?'라는 질문에 사람들은 자신의 교육철학, 관점에 따라 다양한 답으로 응답한다. 어떤 사람은 자기 학급에서 다루어온 주제와 활동에 대한 책을 유아교육과정이라고 응답하는 사람, 반면에 문서화된 계획은 없다고 하며 그날그날 융통성 있게 아동이 흥미로워하는 것에 대한 반응이라고 응답하는 사람들도 있다. 따라서 유아교육과정을 정의하는 일은 단순하거나 쉬운 일이 아니며, 명확하게 설명되기 어렵다. 유아교육과정은 유아 교육에 대한 학문적 논의의 핵심이며, 어떤 내용을 어떻게 가르칠 것인가에 초점을 두어 연구해야 하는 유아교육의 분야이다(이기숙, 1992). 그런데 실제로 유아 교육과정의 개념화는 아직 미흡한 단계에 있는 것으로 간주된다고 지적하고 있다.

유아교육과정에 대한 정확한 의미를 파악하기 위하여 일반적인 교육과정부터 먼저 살펴보면 '쿠레레(currere)'라는 어원으로부터 출발한 '교육 과정(curriculum)'이라는 용어는 경기 코스, 트랙, 나아가 수행해야 할 교수요목(course of study)을 의미하고 있다. 전통적으로 학교는 학생들에게 무엇인가를 가르쳐 왔다. 학생들에게 무엇인가를 의도적으로 가르치는 행위를 '교육'이라고 본다면, 그 '무엇'이 교육의 내용이 된다. 따라서, 의도적인 학교 교육에서 학생들에게 어떠한 교육 목표를 성취시키기 위하여 일정한 수준의 교육 내용을 선정하고 조직해 놓은 공통적인 기준을 '교육 과정'이라고 하는 것이 일반적인 경향이었다.

교육 과정에 대한 개념 규정의 어려움은 근본적으로 교육을 보는 시각, 인간과 사회를 보는 시각, 즉 사물을 보는 철학적 견해의 차이에서 온다. 우리는 흔히 '교육한다'는 말에서 핵심이 되는 요소로 교육의 대상(학생), 교육의 내용(교육 과정), 교육하는 사람(교사)을 생각하고 있다. 이것은 누가, 누구에게 무엇을 어떻게 가르치고 평가하느냐 하는 문제와 관련된다. 이 세 가지 요소 중에서 '무엇'에 해당되는 것만을 교육과정으로 생각한다면, 교육 과정 개념의 규정은 오히려 쉬울 것이다. 그러나 가르치고 배우는 내용이 배우는 학생이나 가르치는 교사와 무관할 수 없다는 점에서 '왜, 무엇을, 어떻게 가르치고 배우느냐'는 것에 대한 복잡한 의사 선택과 결정의 어려움이 뒤따르게 되는 것이다.

교육과정이라는 용어는 추상적인 개념이기 때문에 그 의미 자체가 모호하고, 사람마다 그들의 철학적 배경 또는 견해나 필요에 따라서 제각기 조금씩 다른 정의를 내려왔다.

허친스(Hutchins)와 같은 항존주의자는 '시·공간을 초월하여 불변하는 지식에 관한 내용의 계열적, 체계적인 조직'을 교육 과정으로 보고 있으나, 홀리스와 캠벨(Hollis & Campbell)은 코스나 계열로 보지 않고 '학교나 교사들의 지도하에 학생들이 가지는 모든 경험'으로 넓게 정의하고 있다. 타바(Taba)는 '교육과정은 학습을 위한 계획이다. 교육과정은 보통 교육 목표와 교육 목적의 진술을 포함한다. 이는 어떤 내용의 선정과 조직을 수반하고, 교육 목표나 내용의 조직을 통해서 어떤 형태의 학습과 교수를 의미하거나 니타내 주며, 학습 결과의 평가 계획을 포함하자'고 진술하고 있다(교육대백과 사전, 1998; 544~545).

이와 같이 학자들의 다양한 정의를 종합해 볼 때 교육과정이란 지식, 인간, 사회, 자연, 환경, 문화 등을 보는 시각에 따라 다양한 의미로 해석될 수 있다.

유아교육과정 역시, 시대와 관점에 따라 그리고 관계된 입장에 따라 유아교육과정에 대한 정의는 차이를 보인다.

경험의 총체라고 이영석(1998)은 정의하고 있다. 즉 '유아교육과정'은 'Early Childhood Curriculum' 또는 'Curriculum for Early Childhood'를 우리말로 번역한 것으로 유아의 전인적 발달을 달성하기 위한 계획적인 경험의 총체라고 정의하고 있다.

Spodek(1991; 심성경 외, 2004; 252)은 유아교육과정을 '교육목적에 따라 계획, 조직된 학습경험의 목록'이라고 보아 내용중심의 개념정의를 하고 있다.

NAEYC(1991)는 유아교육과정을 '학습의 내용과 과정, 교사의 역할, 교수-학습 상황에 대해 기술한 조직화된 틀'이라고 넓게 정의하고 있다.

결론적으로 여러 학자들의 의견을 종합해 보면, '유아교육과정'은 의도적이고 계획적으로 유치원 교육에 적용하고자 하는 교육과정으로 '형식적인 교육을 위한 교육 목표나 교육내용, 방법, 평가를 체계적으로 조직한 교육 계획'이라고 포괄적으로 정의할 수 있다(교육부, 1998). 따라서 유치원 교육과정은 "유치원의 교육목적 및 교육목표를 달성하기 위한 국가 수준의 교육과정"이라고 정의할 수 있다.

2) 유아교육과정의 특징

유아교육과정의 정의를 살펴보았는데, 그러면 유아교육과정만이 가지고 있는 고유한 특징은 어떠한지 살펴보고자 한다.

유아교육과정의 고유한 특징을 Williams(1987; 심성경 외, 2004)는 유아교육과정이 교사, 행정가, 부모들에게 여러 가지 이미지를 불러일으키지만, 가장 강력한 하나의 연상은 '전인 아동(the whole child)'의 이미지라고 하였다.

이영석(1998)은 유아교육과정의 특징을 일곱 가지를 들고 있는데 다음과 같다.

첫째, 유아교육과정은 교사 주도적 교육활동보다 아동중심적 교육활동을 중시한다.

둘째, 유아교육과정은 개방성(openness)과 비형식성(informality)의 특징을 갖고 있다.

셋째, 유아교육과정은 교육활동의 선정에 있어서 유아의 발달적 적합성(developmental appropriateness)을 중요시하는 특징을 갖고 있다.

넷째. 유아교육과정은 학습의 결과(product)보다 학습의 과정(process)을 중요시하는 특징을 갖고 있다.

다섯째, 유아교육과정은 초·중등학교 교육과정처럼 교과영역 위주로 학습내용이 구성되지 않고 유아의 발달 영역이나 생활 영역 또는 프로젝트 중심으로 교육활동이 구성된다.

여섯째, 유아교육과정은 편의상 다섯 가지의 발달 영역 또는 생활영역으로 교육활동을 설정하였지만, 각 영역을 별도 학습하는 것이 아니라 통합적으로 교육하는 특징을 갖고 있다.

일곱째, 유아교육과정은 교사-유아의 일방적 관계보다 다양한 쌍방적 관계(교사 ↔ 유아, 유아 ↔ 유아, 유아 ↔ 교구·교재 등)를 중요시하는 특징을 갖고 있다.

결론적으로 유아교육과정의 특징은 전인아동에 초점을 두어 교사 중심보다는 아동중심, 아동의 개인차 인정, 각 영역을 통합적으로 운영하면서 학습의 결과보다는 과정을 중요시하는 것이라고 요약할 수 있다.

2. 유치원 교육과정의 변천

우리나라 유아교육은 1897년 일본인에 의한 부산 유치원(일본인 자녀 대상), 1914년 미국 선교사에 의한 이화 유치원(한국인 자녀 대상)이 최초로 설립된 이래 우리나라 유아교육은 일본인에 의한 프뢰벨 사상과 선교사에 의한 기독교 사상 및 진보주의적 미국 유아교육의 영향을 받았다. 유치원 교육과정은 만 3~5세를 대상으로 하며 국가 주도에 의해 개발 및 지도 자료집이 보급되고 있으며, 1969년 최초의 유치원 교육 과정이 제정·공포된 이래 시대적·사회적 요구 등에 의해 지금까지 6차례의 개정을 거쳐 2007년 개정 유치원 교육과정에 이르고 있다(양승희·공병호·유지연·조현정, 2006).

우리나라 유치원 교육과정은 1차에서 6차까지 다음과 같은 특성에 의하여 개정되었다(이영석 · 임명희 · 이정화, 2003).

첫째, 우리나라 유치원 교육과정은 유아의 발달 및 생활중심으로 목표영역 및 내용영역이 구성된 점이다. 즉 유아중심, 놀이중심, 흥미중심, 탐구중심, 활동중심의 교육과정을 실천하고 있음을 말한다.

둘째, 유아교육 연령범위가 넓어짐에 따라 제 5차와 제 6차 유치원 교육과정부터 수준별 유치원 교육과정 개념을 도입하였고, 교육활동은 유아의 발달에 적합한 교육실제를 추구하려는 경향을 갖고 있다. 이는 미국 등 서구사회에서 주장하는 발달에 적합한 유아교육실제(DAP : Developmentally Appropriate Practices) 지침과 그 흐름을 같이하고 있다.

셋째, 우리나라 유치원 교육과정은 시대정신이나 학부모 요구에 적극 부응하는 유치원 교육과정 개정을 하여 왔음을 알 수 있다. 즉 제 5차 유치원 교육과정 개정시에는 학부모의 요구를 적극 수용하여 문자교육을 정규 유치원 교육과정에 포함시키는 등 현실에 부응하는 유치원 교육과정 구성에 역점을 둔 점이나, 제6차 유치원 교육과정의 경우 글로벌시대에 맞추어 유아의 개성 및 창의성 강조 또는 우리나라 전통문화의 이해 및 가치존중에 역점을 둔 점 등을 들 수 있다.

3. 유치원 교육과정 비교(제 1 차~제 6 차)

1) 제 1차에서 6차 교육과정의 비교

제 1 차~제 6 차 유치원 교육과정을 교육목적, 교육목표, 교육과정영역 중심으로 비교하면 아래 〈표 5-1〉과 같다.

〈표 5-1〉 제1차~제6차 유치원 교육과정의 비교(목적, 목표, 영역)

교육과정	교육목적	교육목표	교육과정 영역
제1차 유치원 교육과정 (1969. 2. 19)	건강한 신체와 건전한 정신으로 행복하게 생활할 수 있는 유능한 한국 국민이 될 기초 형성	1. 건강 및 안전교육 철저, 튼튼한 심신육성 2. 기초적인 생활습관과 기능 익히기, 사회적응을 위한 사회적 태도와 도덕성 기르기 3. 자연과 사회의 제현상에 관심을 가지며, 과학적이고 민주적인 사고력 싹트기 4. 바르게 듣고 말하기, 고운말 쓰기 5. 심미적인 태도와 창조적인 표현 능력 기르기	1. 건강 영역 2. 사회 영역 3. 자연 영역 4. 언어 영역 5. 예능 영역 **5개 생활영역**
제2차 유치원 교육과정 (1979. 3. 1)	1. 자아실현 2. 국가발전을 위한 주체의식 확립 및 사명감 인식	1. 사회화에 필요한 경험 습득하기 2. 사회와 자연 현상에 대하여 흥미를 가지고 다양하게 표현하기	1. 사회·정서 발달 영역 2. 인지발달 영역
제2차 유치원 교육과정 (1979. 3. 1)	3. 민주적 가치의 강조	4. 타인의 말을 듣기와 자신의 생각을 표현하는 언어 습관 및 태도 기르기 5. 신체건강과 안전에 대한 습관 및 태도 기르기	3. 언어발달 영역 4. 신체발달 및 건강 영역 **4개 발달영역**
제3차 유치원 교육과정 (1981. 12. 31)	건강한 사람, 심미적인 사람, 능력 있는 사람, 자주적인 사람으로 자라도록 돕는다.	1. 감각 및 운동기능을 기르고 신체의 조화로운 발달 이루기 2. 긍정적인 자아개념 형성과 창의적으로 표현하기 3. 기초적인 언어기능 습득하기 4. 자연과 사회현상에 대한 기초적인 이해와 문제해결 능력 기르기 5. 가족과 이웃을 사랑하는 태도 습득 및 일상생활에 필요한 기본적인 예절과 규범 지키기	1. 신체발달 영역 2. 정서발달 영역 3. 언어발달 영역 4 인지발달 영역 5. 사회성발달 영역 **5개 발달영역**
제4차 유치원 교육과정 (1987. 6. 30)	전인적인 발달 도모	1. 건강 및 안전생활에 대한 올바른 습관과 신체의 조화로운 발달 도모 2. 타인의 말을 이해하고 자기 생각을 말로 표현할 수 있는 기능 3. 주변 현상에 대한 관심 및 탐구 태도 배양 4. 자부심을 가지며, 생활 주변에서의 느낌과 생각을 자주적으로 표현하기 5. 기본적인 생활습관을 기르고, 가족과 이웃을 사랑하는 태도 배양	1. 신체발달 영역 2. 정서발달 영역 3. 언어발달 영역 4. 인지발달 영역 5. 사회성발달 영역 **5개 발달영역**

교육과정	교육목적	교육목표	교육과정 영역
제 5 차 유치원 교육과정 (1992. 9. 30)	21세기를 주도할 건강하고 자주적이며 창의적이고 도덕적인 한국인 육성	별도의 교육목표를 제시하지 않고, 영역별 교육목표를 상세히 제시	1. 건강생활영역 2. 사회생활영역 3. 표현생활영역 4. 언어생활영역 5. 탐구생활영역 5개 생활영역
제 6 차 유치원 교육과정 (1998. 6. 30)	21세기 세계화 · 정보화 시대를 주도할 자율적이고 창의적인 한국인 육성	1. 몸과 마음이 건강하게 자랄 수 있는 경험 가지기 2. 기본생활습관을 기르고, 다른 사람과 더불어 생활하는 태도 가지기 3. 생각과 느낌을 창의적으로 표현하는 경험 가지기 4. 바르게 언어를 사용하는 경험 가지기 5. 일상생활의 문제에 대해서 스스로 궁리하는 태도 가지기	1. 건강생활영역 2. 사회생활영역 3. 표현생활영역 4. 언어생활영역 5. 탐구생활영역 5개 생활영역

제1차~제6차 유치원 교육과정을 연간교육일수 및 일일교육시간, 평가, 학습형태, 특징 등으로 비교하면 〈표 5-2〉와 같다.

〈표 5-2〉 제 1 차~제 6 차 유치원 교육과정의 비교
(연간교육일수 및 일일교육시간, 평가, 학습형태, 특징)

교육과정	연간 교육일수 및 일일 교육시간	평 가	학습형태	특 징
제 1 차 유치원 교육과정 (1969. 2. 19)	1. 연간 200일 이상 2. 하루 3시간(180분) 교육기준(기후, 계절, 발달정도, 학습경험, 교육내용의 성질을 감안하여 시간단위 조절)	지역성을 반영하여 교육적 필요를 충족시키는 것을 평가할 것을 명시하고 있으나 구체적인 내용은 명시하지 않음	1. 생활중심 2. 경험중심 3. 흥미중심	1. 전인교육의 강조 2. 사회 · 정서발달의 강조 3. 5개 생활영역으로 구성 4. 지역사회 실정에 맞는 교육과정으로 재구성할 것을 명시
제 2 차 유치원 교육과정 (1979. 3. 1)	1. 연간 200일 2. 하루 3~4시간 3. 주 6일간, 주당 18~24시간(지역사회, 발달수준, 기후, 흥미 등을 고려하여 시간조절)	시험, 성적표 등으로 심리적 부담을 주지 않아야 함을 강조하고 유아의 발달을 확인 · 이해하는데 도움이 될 가정통신문 필요 명시	1. 생활중심 2. 경험중심 3. 놀이중심	1. 1차의 내용이 다 포함되어 있으면서 인지발달 영역을 새로이 구성 · 강조 2. 정서발달을 중요시 3. 4개 발달영역으로 구성 4. 지식과 기술교육을 중요시 5. 국가관에 대한 인식이 뚜렷이 나타남

교육과정	연간 교육일수 및 일일 교육시간	평 가	학습형태	특 징
제 3 차 유치원 교육과정 (1981. 12. 31)	1. 연간 180일 이상 2. 하루 3~4시간 이상(수업시간 융통성 있게 조정)	1. 유아의 발달 특성을 이해하고 도와주는 긍정적인 목표지향적 평가의 강조 2. 가정통신문과 면담을 통한 유아의 이해	1. 활동중심 2. 놀이중심의 개별화 교육 3. 생활중심 교육 4. 통합교육	1. 2차의 4개 영역에서 5개 영역으로 세분화 2. 초등학교 초기 학습기능의 바탕을 준비하도록 연계 고려 3. 교육과정의 구체화와 명료화 및 평이한 진술 4. 교육일수를 180일로 하향조정 5. 운영지침을 계획, 지도, 평가로 명확하게 제시 6. 긍정적 자아개념의 강조 7. 문자의 기초가 되는 모양 익히게 함
제 4 차 유치원 교육과정 (1987. 6. 30)	1. 연간 180일 이상 2. 하루 3시간 기준 (유아의 능력 및 환경 요인에 의해 조정 가능)	1. 유아의 발달상황을 이해하고 돕기 위한 교육과정상의 평가 2. 평가의 대상과 내용에 따라 다양한 방법 사용과 유아 행동 관찰 기록부 보관 및 학부모와 연계 3. 정기적인 교육과정의 운영 평가	1. 흥미중심 2. 경험중심 3. 놀이중심 4. 통합구성	1. 국가수준의 교육과정으로서 교육목표만을 제시하고 영역별 목표는 제시하지 않음 2. 5개 생활영역으로 편성 3. 자주적이고 창의적인 인간 강조 4. 인지발달 영역 강조 5. 사회성 영역에서 집단생활에 필요한 친사회적 행동 및 태도, 자율적 의사결정 능력의 강조 6. 목표가 아닌 과정상의 평가 제시 7. 언어 영역은 인지, 정서, 사회성 발달 영역의 기초이며 중심임을 명시
제 5 차 유치원 교육과정 (1992. 9. 30)	1. 연간 180일 기준으로 조정 가능 2. 하루 180분 기준 (지도시간은 조정 가능, 시·도 교육청이 조정할 수 있음)	1. 각 영역별 목표에 준하여 실시하되 통합적인 운영인가에 초점 2. 교육내용의 계획 및 진행과정의 분석, 관찰, 일화기록, 작품분석, 자기평가 활용 명시 3. 평가 결과 문장으로 서술할 것	1. 흥미중심 2. 놀이중심 3. 개별화 교수 통합교육	1. 각 영역별 목표만을 제시 2. 국가수준 교육과정의 성격을 명료화하고, 각 유치원에서 함께 다룰 수 있는 일반적인 내용을 제시 3. 5개의 생활영역으로 편성 4. I, II수준으로 내용 제시 5. 각 생활영역별 성격과 내용체계의 명확한 제시 6. 각 시·도 교육청별로 지도와 평가 사항을 제시하게 함 7. 만 3세 유아 교육과 종일반 강조 8. 사회·정서발달과 기본생활습관 강조

교육과정	연간 교육일수 및 일일 교육시간	평 가	학습형태	특 징
제6 차 유치원 교육과정 (1998. 6. 30)	1. 연간 180일 이상 2. 하루 180분 기준 (유아의 연령과 발달수준 등 환경을 고려하여 조정 가능)	1. 영역별 목표와 내용을 준거로 유아의 성취정도 평가 2. 관찰, 일화기록, 면담 등 다양한 방법을 사용하고 결과는 문장으로 기술 및 활용을 명시	1. 흥미중심 2. 통합교육 3. 균형 있는 활동 4. 놀이 중심 5. 개별화 교수	1. 국가수준의 교육과정임을 명시 2. 5개 생활영역으로 편성 3. 만 3, 4, 5세 유아의 특성과 차이의 모호성 탈피, 수준별 적절성 도모, I, II수준으로 내용 제시 4. 교육운영시간의 다양화 5. 교육과정 전 영역에서 기본생활습관과 협동하는 태도를 육성할 수 있는 교육내용 제시 6. 감성계발, 정보능력 함양, 전통문화에 대한 교육 강화

2) 2007년 개정 유치원 교육과정

2007년 개정 유치원 교육과정은 21세기 미래 사회를 정보화·세계화 시대라고 인식하고, 교육의 체제는 공급자 중심보다는 수요자 중심으로 이루어질 것으로 판단하여 교육과정 개정의 기본 방향을 초·중등학교 교육과정과 같이 '21세기의 세계화·정보화 시대를 주도할 자율적이고 창의적인 한국인 육성'으로 설정하면서 개정을 시도하였다. 개정은 2005년부터 한국교육과정평가원에서는 초·중등학교 교육과정 개정 연구를 교육인적자원부로부터 위탁받아 수행되었다. 유치원 교육과정은 2006년 4월부터 개발연구를 수행하였으며, 2006년 12월말 개정안이 개발되었다.

(1) 2007년 개정 유치원 교육과정의 개정 배경과 기본 방향

2007년 개정 유치원 교육과정의 개정 배경은 크게 다섯 가지로 요약할 수 있다.

첫째, 유치원에 대한 시대·사회적 요구의 검토 및 반영으로 ① 사람-자연 존중 세계관이 반영된 교육과정에 대한 21세기의 시대적 요구, ② 국가 존속이 위협받는 저출산 문제 해결을 위한 가치관 반영의 요구, ③ 가족구조 변화와 여성의 사회진출에 따른 다양한 일과 운영에 대한 요구 등이다.

둘째, 유치원 교육과정이 주기적으로 개정되어 왔기 때문에 이제 개정될 때가 되었다는 사회적 요구의 반영이다.

셋째, 현행 유치원 교육과정에 대하여 새로운 시대, 사회적 요구에 따라 수정 보완해야 할 것으로 제기되는 요구사항을 반영하는 것이다.

넷째, 초·중등학교 교육과정과의 연계가 필요하다는 점이다.

(2) 2007년 개정 유치원 교육과정 개정의 주요내용

① 2007년 개정 유치원 교육과정의 개정 방향

2007년 개정 유치원 교육과정 개정의 방향을 10가지로 설정하였다.

첫째, 인간을 존중하고 자연을 사랑하는 세계관을 기저로 한다.

둘째, 영역별 교육내용, 교수방법, 지식과 개념 교육에 편중되지 않고, 생활과 관련된 내용, 생활을 통한 방법으로 구성한다.

셋째, 교육과정에는 반드시 포함되어야 할 핵심적인 내용만 선정하여 구성한다.

넷째, 교육과정의 영역은 6차 교육과정의 영역 구분을 계승하여 건강, 사회, 표현, 언어, 탐구의 5개 생활영역으로 제시한다.

다섯째, 교육 내용은 Ⅰ, Ⅱ의 수준별로 제시한다. 단 공통 수준은 Ⅰ수준의 내용이 Ⅱ수준까지 지속되는 것을 나타낸다.

여섯째, 우리 전통과 문화의 장점을 전 영역에서 강조하며, 세계 문화를 이해하고 수용하는 내용과 서로 잘 융합되도록 한다.

일곱째, 기본생활습관과 창의성은 적용 가능한 모든 교육과정 영역에서 강조하여 구성한다.

여덟째, 사회변화에 부응하여 반일제, 시간 연장제, 종일제 등 다양한 교육과정 운영이 가능하도록 한다.

아홉째, 유아의 성, 종교, 가족배경, 신체적 특성, 민족배경으로 인한 편견을 가지지 않도록 구성한다.

열째, 유아교육법 제정 취지에 따라 유아 대상 학교인 유치원에서 제공하는 유아교육의 정체성을 확고히 하도록 하며 상급학교 간의 연계를 도모하여 구성한다.

② 문서체제

2007년 개정 유치원 교육과정 개정 시안에서의 문서 체제는 초·중등학교 교육과정 문서의 목차 변화에 부응하여 연계성을 강화하는 차원에서 구성하였다. 특히 현행 '교수-학습 방법 및 평가' 부분을 전진 배치하여 공통적, 일반적 지침으로 하고, 영역별 교육과정에서 '지도상의 유의점'을 추가 설정함으로써 실제적인 교수-학습 방법의 지침으로 진술하였다. 구체적으로 현행 6차와 개정 시안의 문서 체제를 비교하여 제시하면 〈표 5-3〉과 같다.

〈표 5-3〉 현행 6차 유치원 교육과정과 2007년 개정 유치원 교육과정 시안의 문서체제 비교

현행 유치원 교육과정(6차)	2007년 개정 유치원 교육과정 시안
〈고시문〉 〈교육과정의 성격〉 제1장 교육과정의 편성과 운영 1. 교육과정의 구성 방향 2. 교육 목표 3. 교육과정의 영역과 시간 4. 교육과정의 편성·운영 지침 제 2장 교육과정의 영역 1. 영역별 목표 및 내용 · 건강생활 · 사회생활 · 표현생활 · 언어생활 · 탐구생활 가. 영역별 성격 나. 영역별 목표 다. 영역별 내용 (1) 내용 체계 (2) 수준별 내용 · Ⅰ 수준 · Ⅱ 수준 · 공통수준 2. 교수·학습 방법 3. 평가	〈고시문〉 Ⅰ. 교육과정의 성격과 구성 방침 1. 교육과정의 성격 2. 교육과정의 구성 방침 Ⅱ. 추구하는 인간상과 교육목표 1. 추구하는 인간상 2. 교육목적 및 목표 Ⅲ. 교육과정의 영역과 시간 **Ⅳ. 교육과정의 편성·운영 지침** **1. 지역 및 유치원에서의 편성·운영** **2. 교육과정 평가와 질 관리** **Ⅴ. 교수-학습방법 및 평가** **1. 교수-학습 방법** **2. 교육 평가** Ⅵ. 교육과정의 영역 · 건강 생활 · 사회생활 · 표현생활 · 언어생활 · 탐구생활 1. 성격 2. 목표 3. 내용 가. 내용 체계 나. 수준별 내용 · Ⅰ 수준 · Ⅱ 수준 · 공통수준 **4. 지도상 유의점**

* 굵게 표시한 부분: 조정(위치 바꿈) 혹은 추가된 부분

이번 교육과정 개정에서는 교육과정 내용 체계를 개선하는데 초점을 두어, 각 영역별 내용체계는 '내용-하위 내용-수준별 내용'으로 명칭을 변경하여 국가 수준 교육과정의 격에 맞는 용어를 사용하였다. 구체적인 내용 체계 비교는 아래의

〈표 5-4〉와 같다.

〈표 5-4〉 현행과 개정시안의 내용 체계 비교

6차 현행	개정 시안
구분 내용 수준별 내용	내용 하위내용 수준별 내용

또한 영역별 교육과정의 '내용'(현 '구분')의 표현을 '~하기'로 명칭을 변경함으로써 초등학교 통합 교육과정의 영역과 연계성을 강화하도록 하였으며, 이는 실생활 중심 교육과정의 특색을 보다 부각시키기 위한 것이었다. 현행과 개정시안에서의 각 영역별 '내용'의 명칭을 비교하여 제시하면 〈표 5-5〉와 같다.

〈표 5-5〉 현행과 개정시안의 각 영역별 내용 명칭 비교

영역	6차 현행	개정 시안
건강생활	감각 및 신체인식 기본 운동 능력 건강 안전	나의 몸 알아보기 나의 몸 움직이기 건강한 몸과 마음으로 생활하기 안전하게 생활하기
사회생활	기본 생활 습관 개인 생활 가정생활 사회생활과 환경	나를 알고 사랑하기 가족과 함께 하기 이웃과 더불어 살기 우리 생활 돌아보기
표현생활	탐색 표현 감상	자연과 생활에서 아름다움 찾아보기 예술적 표현 즐기기 감상하기
언어생활	듣기 말하기 읽기·쓰기에 관심가지기	듣기 말하기 읽기 쓰기
탐구생활	과학적 탐구 수학적 탐구 창의적 탐구	탐구하는 태도 가지기 과학적 기초능력 기르기 수학적 감각 기르기

영역별 교육과정 개정 시안에서는 수준별 교육 내용에 대한 개선과 적정화에 중점을 두었으며, 구체적으로 수준별 내용은 현행과 같이 Ⅰ, Ⅱ, 공통 수준 등 3개 수준의 틀을 유지하되, 수준별 내용간 차별성, 계열성, 진수의 엄밀성을 추구하고자 하였으며, 만 3, 4, 5세의 연령별 내용은 지도활동 자료집에서 구체화하도록 하였다.

③ 총론 교수 · 학습 방법 및 평가

각 영역의 교육과정은 총론에서 제시하는 교수-학습 방법과 평가 지침에 따라 영역별 특성에 맞게 구체적인 지침이 마련되어야 한다. 여기서는 영역별 교육과정 개정 시안에 반영해야 하는 총론의 '교수-학습방법'과 '교육 평가'를 제시하고자 한다.

(가) 교수-학습 방법

총론 2007년 개정 시안에서는 이전의 교수방법들 중 현행의 교수-학습방법 중 교육과정 편성과 운영에 해당하는 부분의 편성과 운영에 대해 진술하고 있다. 또한 교수방법이 인지적 측면만을 강조하는 것으로 오해될 수 있는 부분을 수정하여 정서적 지원을 강조하고자 한다. 예를 들어 '긍정적이고 수용적이며 사랑과 정성이 담긴 언어와 태도로 유아를 대한다', '개별 유아의 잠재력이 최대한 발현될 수 있도록 유아를 지속적으로 관찰하고 적절한 지원을 한다' 등이다. 이는 교사의 교수방법에서 인간을 존중하고 사랑하는 교육과정 개정 방향을 적극 반영한 부분이라고 할 수 있다. 또한 가능하면 자연환경을 강조하고자 활동자료집에 '주변의 다양한 자료와 자연물을 적극 활용하여 유아들이 직접적이고 구체적인 경험을 할 수 있도록 한다'는 항목을 포함하여 구체물을 통한 효율적 학습뿐만 아니라 자연과 동화될 수 있는 교육의 생활화를 꾀함으로써 자연 존중 세계관을 적용하고자 한다. 영역별 교육과정의 교수-학습 방법에서도 이를 반영하도록 하였다.

(나) 교육 평가

총론 2007년 개정 시안에서는 6차와 마찬가지로 교수-학습 방법 및 평가 부분에서는 유아평가만을 다루고자 한다. 교수평가와 교육과정 평가 등은 편성 · 운영 지침의 교육과정 평가와 질 관리 부분에서 포함하는 것이 적절하다고 보았기 때문이다. 또한 현행 평가방법의 다양화, 평가결과 활용 등의 항목은 자구수정을 하고 그대로 수용하고 있다. 평가항목 진술은 평가의 목적, 내용, 시기, 방법, 결과 활용 등의 체계를 적용하고 있다. 특히 평가는 성취한 결과보다는 유아의 특성과 변화 정도를 평가하는 것이 바람직하므로 평가 내용은 태도, 기술, 지식 등이 종합적으로 포함되도록 하며 평가시기와 장소는 때와 장소를 제한하기보다는 생활과 교육활동 속에서 이루어지도록 하고 있다. 영역별 교육과정의 평가도 이를 반영하도록 한다.

4. 표준보육과정과 유치원교육과정 비교

우리나라 영유아를 위한 국가 수준의 교육과정은 교육인적자원부에서 제정한 유치원교육과정과 여성가족부가 제정한 표준보육과정이 있다. 유치원 교육과정은 1969년 처음으로 제정된 이후 6차례에 걸친 개정이 이루어졌으며 현재 2007 개정 유치원 교육과정이 시행되고 있다. 유치원교육과정의 개정작업은 유치원교육의 전문성을 살리기 위하여 5차 교육과정부터 학회를 중심으로 관련 분야의 전문가들이 참여하여 왔다. 표준보육과정은 2004년 개정된 영유아보육법에 표준보육과정의 개발·보급을 위한 근거를 마련했으며, 관련 학회와 전문가들이 참여하여 기초연구를 통해 다양한 학문적배경과 관점을 토대로 각계의 의견수립을 거쳐 영유아를 위한 보육과정을 제시하였고(2005), 이를 구체화한 표준보육과정을 국가수준에서 개발하여 2007년부터 시행하였다.

유치원교육과정과 보육과정의 개정 및 제정이 이루어지고 있는 동안 유아교육과 보육의 통합에 대한 관심이 높아지고 있다. 따라서 이장에서는 교육과정, 보육과정 측면에서의 통합 방안을 모색하기 위하여 유아교육과정(7차)과 표준보육과정을 총론과 영역별 내용 중심으로 비교하면 〈표 5-6〉과 같다.

〈표 5-6〉 표준보육과정과 2007년 개정 유치원 교육과정 비교

〈총론 비교〉

구분	2007년 개정 유치원 교육과정	표준보육과정
고시령	교육인적자원부 고시 제2007-153호	여성가족부 고시 제2007-1호
부칙 및 제정 과정	부칙 1. 이 교육과정은 2009년 3월 1일 신입생부터 시행 2. 교육부 고시 제1998-10호 유치원교육과정(1998.6.30)은 2009년 2월 28일로 폐지	제정과정 1. 05. 1.29 영유아보육법 시행규칙 개정 -표준보육과정령을 두게 함(근거 규정 마련) 2. 06. 11. 10 영유아보육법 시행규칙 개정 -표준보육과정 구체화
대상 연령	만 3세~5세	가. 만 0세~만5세의 취학전 아동을 원칙으로 함 나. 필요한 경우 만 12세까지 연장하여 보육가능(영유아보육법 제27조 단서조항)
목적	유아에게 알맞은 교육 환경을 제공하여 유아를 교육하고 심신의 조화로운 발달을 돕는 것	영유아의 전인적인 성장과 발달을 돕고 민주시민으로서의 자질을 길러 영유아가 심신이 건강하고 조화로운 사회 구성원으로 자랄 수 있도록 함
추구하는 인간상	가. 전인적 성장의 기반 위에 개성을 추구하는 사람 나. 기초 능력을 토대로 창의적인 능력을 발휘하는 사람 다. 폭넓은 교양을 바탕으로 진로를 개척하는 사람 라. 우리 문화에 대한 이해의 토대 위에 새로운 가치를 창조하는 사람 마. 민주 시민 의식을 기초로 공동체 발전에 공헌하는 사람	가. 자율적인 사람 나. 창의적인 사람 다. 다양성을 인정하는 사람 라. 민주적인 사람 마. 우리 문화를 사랑하는 사람
목표	가. 몸과 마음을 건강하게 하며 기본생활 습관을 기른다. 나. 더불어 사는 태도와 우리 전통문화를 사랑하는 마음을 가진다. 다. 자신의 생각과 느낌을 자유롭고 창의적으로 표현하는 경험을 가진다. 라. 의사소통을 위한 언어 능력을 기르며, 바른 언어 사용 습관을 기른다. 마. 호기심을 가지고 주변 세계를 탐구하며 자연을 존중하는 태도를 가진다.	가. 건강하고 안전하며 바르게 생활하는 태도와 습관을 가진다. 나. 자신의 신체에 대해 긍정적으로 인식하고 기본 운동 능력을 기른다. 다. 자신을 존중하고 다른 사람들과 더불어 생활하는 태도를 가진다. 라. 기초적인 언어능력을 기르고 바른 언어생활 태도와 습관을 가진다. 마. 주변 환경에 호기심을 가지고 탐구하는 능력과 태도를 기른다. 바. 자연과 예술작품의 아름다움에 관심을 가지고 창의적으로 표현한다.

성격	유아교육법 제13조 제2항에 의거 가. 공통성과 다양성 추구 나. 전인발달과 행복을 추구하는 교육과정 다. 유아의 자율성과 창의성을 신장하기 위한 유아 중심의 교육과정 라. 실생활 속에서 하는 통합교육과정 마. 교육청과 유치원, 교원·유아·학부모가 함께 실현해 가는 교육과정 바. 교육의 질적 수준을 유지, 관리하기 위한 교육과정	가. 보육시설 영유아의 보육 목적과 목표를 달성하기 위한 국가수준의 보육과정이며, 보육시설에서 운영해야 할 보편적 보육내용을 제시한 것 나. 만 6세 미만의 영유아가 갖추어야 할 바람직하고 적합한 태도와 가치, 지식과 기술을 포함하며, 이를 통해 영유아의 잠재력을 최대한 발휘하고 영유아가 완전한 어른으로 성장하도록 함 다. 보육환경의 질을 높이고 교사의 역할을 강화하며, 부모, 가족, 지역사회와 협력을 꾀함.
구성 방침 및 체계	-구성방침 사람과 자연을 존중하고 사랑하는 한국인 육성을 기본방향으로 함 가. 사람을 존중하고 자연을 사랑하는 세계관을 바탕으로 함 나. 유아의 기본 생활 습관과 전통 문화, 창의성을 강조 다. 유아들의 발달 특성을 고려하여 수준별 교육과정을 구성 라. 유치원 교육의 정체성을 살리며 초·중등학교와 연계 마. 지역과 유치원이 자율적으로 운영 바. 교육과정 평가 체제를 통하여 교육에 대한 질 관리를 강화	-구성체계 가. 총 6개 영역으로 구성, 영유아보육법 시행규칙 제 30조[별표 8의 2]에 의거 나. 각 영역은 연령집단별로 구분-만 2세 미만, 만 2세, 만 3~5세 다. 각 연령집단별 보육내용은 각각의 수준으로 나누어서 구분
영역과 시간	가. 교육과정은 건강생활, 사회생활, 표현생활, 언어생활, 탐구생활의 5개영역으로 구성 나. 연간교육일수 : 180일 이상 다. 하루의 교육과정 운영은 시·도 교육청의 지침과 유치원 실정에 따라 반일제, 시간연장제 및 종일 등 다양하게 자율적으로 결정	가. 보육과정은 기본생활, 신체운동, 사회관계, 의사소통, 자연탐구, 예술경험의 6개영역으로 구성 나. 공휴일을 제외하고 연중 계속 운영하여야 하며, 지역 및 시설여건에 따라 보호자와 시설장의 협의에 의하여 기준시간 초과 보육 및 휴일 보육 운영가능 다. 보육시간은 월~금 : 12시간(07:30~19:30), 토요일 : 8시간 (07:30~15:30)을 원칙으로 하고, 보호자의 근로시간 등을 참작하여 조정 운영
편성·운영 지침	1. 시도 지역교육청 및 유치원에서의 편성 운영 1) 시·도 교육청 2) 지역 교육청 3) 유치원 2. 교육과정 평가와 질 관리	1. 보육과정의 운영 가. 보육 계획 수립 나. 보육 과정 편성 다. 보육 과정 실시 라. 보육 과정 운영 평가 마. 가정 및 지역사회의 협력 2. 그 밖의 사항 구체적 사항은 여성가족부 장관이 정하여 고시

교수·학습방법 및 평가	1. 교수학습방법 1) 유아의 발달과 흥미를 고려하여 놀이 중심의 통합적인 교육활동 전개 2) 하루의 교육활동 운영은 동적인 활동과 정적인 활동, 실내 활동과 실외 활동, 개별·대·소집단 활동, 유아 주도 활동 등이 균형 있게 이루어지게 한다. 3) 유아가 또래와 교사 및 주변 환경과 다양한 상호작용을 할 수 있도록 함 4) 긍정적이고 수용적이며 사랑과 정성이 담긴 언어와 태도로 유아를 대함 마. 교육활동 특성에 따라 다양한 질문을 하여 창의적 사고를 유도 5) 개별 유아의 잠재력이 최대한 발현 될 수 있도록 지속적으로 관찰하고 적절한 지원 6) 주변의 다양한 자료와 자연물을 적극 활용하여 유아들이 직접적이고 구체적인 경험을 할 수 있도록 함 7) 흥미 영역은 계절, 주제, 행사 및 유아의 요구 등에 따라 재구성 8) 시간 연장제 및 종일제의 오후 일과는 오전의 교육 활동을 그대로 반복하거나 지식 및 기능위주 교육을 하기보다는, 편안한 휴식과 함께 바깥 놀이와 개별 유아의 특성을 충분히 고려한 놀이 중심의 활동으로 구성 2. 교육 평가 1) 교육과정 목표와 내용을 준거로 유아의 특성과 변화를 평가 2) 유아의 태도, 지식, 기능 등이 종합적으로 포함되도록 평가 3) 유치원 일과 속에서 생활과 교육활동 전반에 걸쳐 포괄적으로 평가 4) 관찰, 활동 결과물 분석, 면담 등 종합적 평가, 결과 기록 5) 평가 결과는 유아에 대한 이해와 유아 지원을 위한 기초 자료로 활용	1. 보육과정에 대한 평가 1) 보육과정의 질 관리를 위하여 각 보육시설에서 주기적으로 보육과정구성과 운영에 관한 적절성과 실효성 평가 2) 보육과정의 모든 내용을 포괄적으로 포함하여 평가 3) 영유아의 발달수준, 흥미, 요구에 적합한 경험 및 학습을 촉진할 수 있는 다양한 활동과 교수학습 방법이 계획되고 통합적으로 운영되는지를 평가 4) 평가 결과는 다음 년도의 효율적인 보육과정 수립 및 운영에 반영 2. 영유아에 대한 평가 1) 영유아의 전반적인 발달 특성과 정도를 평가 2) 영유아의 성장 변화를 질적이고 종합적으로 기술하되 총체적 환경을 포함하여 평가 3) 평가 결과는 영유아의 전인적인 성장, 생활기록부 작성, 학부모와의 면담 자료로 활용

〈영역별 내용 비교〉

<table>
<tr><th colspan="3">2007년 개정 유치원 교육과정</th><th colspan="5">표준보육과정</th></tr>
<tr><th>내용 체계 / 영역</th><th>내용</th><th>하위내용</th><th></th><th>내용 범주</th><th>만 2세 미만</th><th>만 2세</th><th>만 3~5세</th></tr>
<tr><td rowspan="4">건강 생활</td><td>나의 몸 인식하기</td><td>· 감각기관을 활용하기
· 나의 몸을 인식하고 움직이기</td><td rowspan="4">기본 생활</td><td rowspan="2">건강한 생활</td><td rowspan="2">· 몸을 깨끗이 하기
· 즐겁게 먹기
· 알맞게 잠자기와 휴식하기
· 즐겁게 생활하기
· 규칙적인 배설 습관 갖기</td><td rowspan="2">· 몸을 깨끗이 하기
· 올바른 태도로 먹기
· 알맞게 잠자기와 휴식하기
· 즐겁게 활동하기
· 규칙적인 배설 습관 갖기
· 스스로 옷 입고 벗기
· 건강에 관심 갖기</td><td rowspan="2">· 몸과 주변 환경을 깨끗이 하기
· 식생활을 바르게 하기
· 적당한 잠자기와 휴식하기
· 적극적으로 활동하기
· 규칙적인 배설 습관 갖기
· 옷을 상황에 맞게 입기
· 건강에 관심을 갖고 건강생활 · 실천하기</td></tr>
<tr><td>나의 몸 움직이기</td><td>· 이동하며 움직이기
· 제자리에서 움직이기
· 도구 및 놀이 시설을 활용하기
· 바깥에서 신체 활용하기</td></tr>
<tr><td>건강하게 생활하기</td><td>· 몸과 주변을 깨끗이 하기
· 바른 식생활 하기
· 질병 예방하기
· 즐겁게 생활하기</td><td>안전한 생활</td><td>· 놀잇감을 안전하게 사용하기
· 위험한 상황을 알기</td><td>· 놀이규칙에 따라 안전하게 놀이하기
· 위험한 상황을 알고 조심하기
· 탈 것의 위험을 알고 안전하게 다니기</td><td>· 안전하게 놀이하고 다른 사람의 안전을 배려하기
· 위험한 상황에 처했을 때 안전하게 행동하기
· 교통안전 실천하기
· 안전교육의 중요성을 알고 참여하기</td></tr>
<tr><td>안전하게 생활하기</td><td>· 나와 다른 사람의 몸을 소중히 하기
· 안전하게 놀이하기
· 교통안전 규칙 지키기
· 위험한 상황을 알고 대처하기
· 환경오염이나 재난에 대비하기</td><td>바른 생활</td><td>· 예절 바르게 생활하기
· 질서 지키며 생활하기</td><td>· 예절 바르게 생활하기
· 질서 지키며 생활하기</td><td>· 예절 바르게 생활하기
· 질서 지키며 생활하기
· 아끼며 생활하기</td></tr>
</table>

사회 생활	나를 알고 사랑하기	· 나를 소중하게 여기기 · 나의 일 스스로 하기 · 나의 감정 알고 조절하기	신체 운동	감각과 신체 인식	· 감각적 자극에 반응하기 · 감각기관으로 탐색하기 · 신체 탐색하기	· 감각능력 기르기 · 감각기관 활용하기 · 신체를 인식하고 움직이기	· 감각능력 기르기 · 감각기관 활용하기 · 신체를 인식하고 움직이기
	가족과 함께 생활하기	· 가족과 화목하게 지내기 · 가족과 협력하기					
	이웃과 더불어 생활하기	· 예절 바르게 생활하기 · 다른 사람을 이해하고 존중하기 · 질서와 규칙 지키기 · 두레의 소중함을 알고 협력하기		신체 조절과 기본 운동	· 대근육 조절하기 · 소근육 조절하기 · 협응력 기르기 · 균형감 기르기 · 이동 운동 시도하기 · 비이동 운동 시도하기	· 신체 조절력 기르기 · 신체 균형감 기르기 · 이동 운동하기 · 비이동 운동하기 · 조작 운동하기	· 신체조절력과 신체균형감 기르기 · 이동 운동하기 · 비이동 운동하기 · 조작 운동하기 · 움직임의 요소를 인식하고 움직이기
	사회 현상에 관심 가지기	· 주변지역에 관심가지기 · 경제생활에 관심가지기 · 우리나라와 우리전통 문화에 관심 가지기 · 다양한 문화에 관심 가지기		신체 활동 참여	· 몸 움직임 즐기기 · 기구를 이용하여 신체활동 시도하기	· 신체 활동에 참여하기 · 기구를 이용하여 신체활동 시도하기 · 안전하게 신체 활동하기	· 자발적으로 신체 활동에 참여하기 · 여러 기구를 이용하여 신체활동하기 · 안전하게 신체 활동하기
	자연과 생활에서 아름다움 찾아보기	· 소리·움직임·조형물에 관심 가지기 · 예술적 요소 찾아보기		자기 존중	· 자신을 분리된 존재로서 인식하기	· 자신을 다른 사람과 구별하기 · 자신에 대해 긍정적으로 생각하기 · 독립적으로 행동하기	· 자신의 소중함을 알기 · 자신감과 독립심 기르기 · 성정체감 형성하기

표현생활	예술적 표현 즐기기	· 음악으로 표현하기 · 움직임과 춤으로 표현하기 · 조형활동으로 표현하기 · 극놀이로 표현하기 · 통합적으로 표현하기 · 창의적인 표현과정 즐기기	사회관계	정서 인식과 조절	· 자신의 정서를 느끼고 표현하기	· 자신의 정서를 적절하게 표현하기 · 다른 사람의 정서에 관심 가지기	· 자신과 다른 사람의 다양한 정서를 인식하고 표현하기 · 자신의 정서를 조절하고 활용하기
	감상하기	· 아름다움 느끼기 · 예술적 표현 존중하기 · 전통예술 감상하기		사회적 관계	· 다른 사람에게 관심 가지기 · 양육자와 애착 형성하기	· 가족관계 이해하기 · 또래에게 관심 가지기 · 자신이 속한 집단 알기	· 가족과 화목하게 지내기 · 또래와 사이좋게 지내기 · 공동체 정신기르기
				사회적 지식			· 지역사회에 관심 가지고 이해하기 · 우리나라에 관심 가지고 이해하기 · 세계와 여러 문화에 관심 가지기 · 경제생활에 관심 가지고 이해하기
	듣기	· 낱말과 문장 듣고 이해하기 · 이야기 듣고 이해하기 · 문학 작품 즐겨 듣기 · 바른 태도로 듣기		듣기	· 소리 구분하여 듣기 · 경험과 관련된 말의 의미 알기 · 운율이 있는 말 듣기	· 말소리 구분하여 듣기 · 말소리 듣고 의미 알기 · 운율이 있는 말 듣고 즐기기	· 낱말의 발음 경청하기 · 낱말과 문장을 듣고 이해하기 · 이야기 듣고 이해하기 · 동요, 동시, 동화 듣기 · 바른 태도로 듣기

언어 생활	말하기	·낱말과 문장으로 말하기 ·생각과 느낌 말하기 ·이야기 지어 말하기 ·바른 태도로 말하기	의사 소통	말하기	·발성과 발음으로 소리내기 ·친숙한 사물의 이름 말하기 ·말소리와 몸짓으로 의사표현하기	·바르게 발음해보기 ·사물의 이름 말하기 ·자신의 느낌과 생각 말하기 ·행동에 맞게 말하기	·바르게 발음하여 말하기 ·낱말과 문장으로 말하기 ·자신의 느낌, 생각 경험 말하기 ·상황에 맞는 언어 사용하기 ·바른 태도로 말하기
	읽기	·읽기에 관심 가지기 ·책에 관심가지기		읽기	·읽어 주는 짧은 글에 흥미 가지기 ·그림책에 흥미 가지기	·글자 모양에 흥미가지기 ·읽어주는 글 즐기기 ·그림책에 흥미 가지기	·읽기에 흥미 가지기 ·동요, 동시, 동화 읽기 ·읽어 주는 글 이해하기 ·그림책 읽기를 즐기기
	쓰기	·쓰기에 관심 가지기 ·쓰기 도구 사용하기		쓰기	·긁적거리기 시도하기 ·쓰기 도구에 흥미 가지기	·긁적거리기 ·쓰기 도구에 흥미 가지기	·낱말과 문장으로 쓰기에 흥미 가지기 ·자신의 느낌, 생각 경험 쓰기에 흥미 가지기 ·쓰기 도구와 매체 사용하기 ·말과 글의 관계 알기
	탐구하는 태도 기르기	·사물과 현상에 지속적인 관심 가지기 ·탐구 과정 즐기기		탐구적 태도	·주변의 사물과 자연 현상에 관심 가지기 ·반복하여 탐색하기	·주변의 사물과 자연 현상에 관심 가지기 ·반복하여 탐색 즐기기 ·문제해결에 관심 가지기	·주변의 사물과 자연 현상에 관심 가지기 ·탐구과정 즐기기 ·기초 탐구 기술 활용하기
탐구 생활	과학적 기초 능력 기르기	·물체와 물질에 대해 알아보기 ·생명체와 자연환경 소중하게 여기기 ·자연현상에 대해 알아보기 ·간단한 도구와 기계 활용하기	자연 탐구	수학적 탐구	·수량 지각하기 ·주변공간 탐색하기 ·비교하기 ·간단한 규칙성 지각하기	·수량 인식하기 ·공간과 도형 인식하기 ·비교하기 및 순서 인식하기 ·간단한 규칙성 인식 ·구분하기	·수 개념 형성하기 ·공간과 도형 개념 형성하기 ·측정하기 ·규칙성 이해하기 ·자료 수집하기와 분석하기

탐구 생활	수학적 기초 능력 기르기	·수 감각 기르기 ·공간 및 도형에 대해 알아보기 ·기초적인 측정해 보기 ·규칙성 이해하기 ·자료 정리 및 결과 나타내기	자연 탐구	과학적 탐구	·주변의 사물 지각하기 ·주변 생명체에 관심 가지기 ·자연 현상 지각하기	·물체와 물질의 특성 탐색하기 ·주변 생명체의 외적 특성 알기 ·자연현상 인식하기 ·생활 도구에 관심 가지기	·물체와 물질의 기본 특성 알기 ·생명체와 환경과의 관계 알기 ·자연현상 이해하기 ·도구와 기계 활용하기
			예술 경험	심미적 탐색	·소리, 움직임, 시각적 자료에 호기심 가지기	·주변 환경의 예술적 요소 탐색하기	·음악적 요소 탐색하기 ·움직임과 춤 탐색하기 ·가작화 요소 탐색하기 ·미술적 요소 탐색하기
				예술적 표현	·리듬 있는 소리로 반응하기 ·몸동작으로 반응하기 ·모방행동 즐기기 ·단순한 미술 경험 시도하기	·리듬 있는 소리, 노래, 춤으로 표현하기 ·모방과 단순한 가작놀이하기 ·단순한 미술활동 즐기기	·리듬 만들기 ·노래 부르기 ·춤으로 표현하기 ·극놀이로 표현하기 ·미술활동 즐기기 ·다양한 미술재료 사용하기 ·통합적으로 표현하기
				예술 감상	·소리나 노래 즐겨듣기 ·주변의 아름다움 경험하기	·주변 환경의 예술적 요소에 관심 갖고 즐기기	·음악 감상하기 ·춤 감상하기 ·극놀이 감상하기 ·미술작품 감상하기

토의과제

-. 유아교육과정의 정의 및 특징을 설명하시오.

-. 1차 유치원 교육과정에서 6차 교육과정의 교육과정 영역을 비교 설명하시오.

-. 2007년 개정 유치원 교육과정과 표준보육과정의 목적 및 추구하는 인간상을 비교하시오.

-. 2007년 개정 유치원 교육과정의 언어생활영역과 표준보육과정의 의사소통영역을 비교 설명하시오.

제 6 장

놀이와 유아교육

본 장에서는 유아기놀이의 특성과 중요성과 놀이유형을 설명하고 유아교육기관에서 놀이환경을 어떻게 구성해야 할지에 대해 살펴보았다.

1. 놀이의 특성과 중요성

1) 놀이의 특성

놀이이론은 크게 고전 이론과 현대이론으로 나뉘며 고전이론은 19세기 후기와 20세기 초기에 나타난 놀이 이론들도 놀이의 생물 발생적인 중요성을 강조며, 놀이의 이유와 목적을 잉여 에너지(surplus energy), 휴식(recreation/relaxation), 연습(practice), 그리고 반복(recapitulation)으로 설명한다. 현대놀이 이론은 영유아들의 놀이 행동의 원인이 되는 선행 조건이나 놀이의 목적이나 결과보다는 놀이가 진행되는 과정 그 자체를 중요시한다. 현대의 놀이 이론으로는 정신 분석적 이론, 인지 발달적 이론, 사회 문화적 이론, 각성 조절 이론, 상위 의사소통론 등이 있다. 고전놀이이론이 영유아들이 왜 놀이를 하는가와 같은 단순한 놀이의 목적에 관심을 두었다면 현대놀이이론은 영유아의 발달에서 놀이가 미치는 영향이나 기능적 역할에 관심을 두고 있다. 현대 놀이이론은 유아들이 놀이를 통해 세상을 이해하게 되고 사회와 문화를 배우며 자신의 사고와 감정을 표현한다고 본다. 따라서 유아기 교육은 놀이를 중요시하며 놀이중심의 교육을 실현하고자 노력한다.

유아들은 놀이를 하는 동안 놀잇감을 다루는 방법을 알게 되고 자연현상을 탐구하고 자료를 실험하는 동안 다양한 가설을 설정하고 검증해 보면서 확산적인 사고를 형성하게 된다. 또래와 언어를 사용하여 의사소통을 하는 동안 현실에서 만날 수 있는 여러 가지 문제와 부딪히고 문제를 해결하는 방법을 탐구하며, 언어와 문해 능력을 발달시키게 된다. 놀이를 활성화시켜 주기 위해 교사는 유아들이 놀잇감과 자료를 자유롭게 다룰 수 있도록 시간, 공간, 자료를 중요시하는 환경을 구성해야 한다. 유아들이 놀 수 있는 공간이 협소하면 진정한 놀이 중심의 교육을 실현하기가 어렵기 때문이다. 발달에 적합한 학습 기회를 제공하기 위한 가장 좋은 수단으로 놀이를 활성화시키기 위해서는 교사 대 유아의 비율과 물리적 환경으로서 공간의 크기가 적절해야 한다(Bredekamp & Copple, 1997). 읽고, 쓰고, 셈하기와 같은 기초가 되는 학문적 기술을 가르쳐야 한다는 교육과정은 때로는 유아기 놀이 중심 교육을 방해하는 요인이 되기도 한다. 유아교육기관은 놀이를 중요하게 생각하는 곳이라고 생각할지라도 초등교육과정에서 놀이가 무시된다면 유-초 연계교육적 차원에서 문제가 될 수 있다. 퍼뮤러와 브렐(Perlmutter & Burrell, 1995)은 초등학생의 놀이가 대부분 어린 유아들보다 더 분명하고 정교하다고 하면서, 학문적으로 풍부한 놀이 영역에서 노는 동안 초등학생들은 더 어린 유아들보다 정교한 문해와 수학 활동을 하였다고 보고하였다. 유아기 놀이는 최소한의 실수를 경험할 수 있는 기회를 준다. 놀이는 활동의 지속성에 영향을 미친다. 놀이를 통해 실패나 좌절을 자주 경험한 유아들은 어떤 일이 지나치게 어렵다고 해서 좋아하는 활동을 그만두지는 않는다. 유아가 실패하거나 흥미를 보이지 않을 때 부모가 거세게 강요할 경우 유아와 부모 둘 다 좌절하게 된다. 유아는 부모에 의해 요구되는 활동들을 회피하게 된다. 반면에, 놀이를 통해 새로운 것을 경험한 유아들은 좀더 새로운 활동을 가지려고 하며, 더 어려운 도전에도 나아가려고 한다. 그러므로 놀이는 유아들에게 성공감을 줄 수 있다.

유아기 놀이는 일반적으로 과정지향적, 내재적 동기, 비실제성, 규칙의 반영, 정신활동의 특성을 지닌다.

(1) 과정 지향적 특성

놀이는 어떤 목적을 위한 수단이 아니라 그 자체가 목적이다. 이것이 '일'과 '놀이'라는 용어 사이의 근본적인 차이이다. 놀이 활동 중 유아의 관심과 흥미는 놀이의 산출물이나 결과보다 오히려 놀이의 과정에 있다. 유아들은 놀이 과정에 빠져 놀이의 처음 목표가 변해 버리기가 일쑤다. 유아들은 노는 동안 즐겁기 때문에 놀이를 즐긴다. 그러나 유아들은 성인처럼 놀이와 일을 구분하지 않지만 일과 놀이는 분리되기보다 연속적 과정에 놓여 있다.

(2) 내재적 동기

놀면서 배운다는 인식하에 유아교육기관에서의 놀이를 내적으로 동기화된 학습활동으로 여긴다. 때로 어른들은 어린 유아들에게 게임을 할 때조차 규칙이나 목표를 가져야 한다고 생각한다. 놀이가 내재적으로 동기 유발되었을 때 유아들은 외부 칭찬이나 보상이 없더라도 활동 그 자체에서 즐거움을 가지게 되고 놀이를 즐기게 된다. 이것은 곧 학습으로 이어진다. 내적으로 동기 유발된 놀이는 지속 시간이 길고 열정적으로 놀이에 몰입하도록 한다.

(3) 비실제성

사회극 놀이, 퍼즐 맞추기, 블록 쌓기 또는 게임 놀이 등과 같은 모든 놀이의 형태에서 발생하는 놀이의 사건은 유아들이 실제로 경험하는 일상적인 경험과는 분리되어 발생하는 비실제성의 특성을 지닌다. 놀이상자가 가게 놀이를 위한 진열대로 사용하기도 하고 환상극놀이에서는 성으로 변환되어 사용하기도 한다. 때로는 나무 블록을 전화처럼 사용하기도 하고 성을 꾸미는 벽돌로 사용하기도 한다.

(4) 규칙

놀이에서 유아들은 필요할 때마다 임의로 규칙을 만들어낸다. 그러나 불필요할 경우 유아들이 임의로 만드는 규칙으로부터 자유로워지기도 한다. 놀이를 통해 유아들이 창안해 내는 다양한 규칙은 인지적, 사회적 학습 기회를 제공한다. 유아 자신들이 정한 규칙을 통해 놀이 방향을 조절하기도 하고 규칙을 새롭게 변화시키기도 한다.

(5) 정신 활동

놀이를 통해 유아들은 탐색하고, 실험도 하고, 조사하는 과정에서 질문을 해 봄으로써 의미와 이해를 구성하고 재구성해 보는 과정을 가진다(Rubin, Fein, & Vandenberg, 1983). 놀이는 새로운 것에 호기심을 가질 수 있게 한다. 호기심은 인간의 중요한 자산이며 인간의 원초적 본능이다. 유아들의 호기심은 살아 있으며 아는 것 자체가 즐거움이다. 유아 스스로 생각하고 자신의 힘으로 해결해 가는 일의 재미나 즐거움을 맛본 유아들은 주변 일에 왕성한 흥미를 가지며, 여러 가지를 시도해 보게 된다.

2) 놀이와 유아발달

놀이는 유아들의 삶이면서 동시에 학습과 직결되어 있다. 유아는 일상생활 속에서 놀이를 통해 세상을 가장 잘 배우고 자신을 끊임없이 성장 발달시켜 나가기 때문이다. 놀이는 유아들의 성장과 발달을 돕는 자연스러우면서도 가장 훌륭한 교육적 수단이 된다.

(1) 놀이와 인지 발달

유아들이 이미 알고 있는 지식을 새로운 지식과 연결짓는 능력을 가지고 있는데 이는 놀이를 통해서 자연스럽게 획득된다. 피아제(1962)는 놀이가 유아기 지적 성장과 밀접하게 연관이 있다고 주장한다. 유아들은 놀이를 통해 그들이 갖고 있는 현재의 지식에 기초로 세상에 대한 많은 것들을 탐색해 보고, 사물에 대한 개념을 인식하게 하며, 잘못된 개념을 끊임없이 수정해 나갈 수 있게 한다고 보았다. 유아 놀이의 또 다른 특성은 상징적 이해의 발달이다. 그들이 세상의 물체와 사람과 놀이를 할 때 물체의 영속성, 즉 어떤 사물이나 어떤 사람은 눈에 보이지 않아도 여전히 존재한다는 생각을 발달시킨다. 그때 유아들은 물체 또는 사람에 관해 상징을 사용하여 물체 또는 사람을 표상한다. 상징에 대한 이해능력은 언어의 발달 수준, 실재와 가상의 발달 수준과 밀접한 관련이 있다.

언어능력이 아직 완전하게 발달하지 않은 아이들은 보고 듣고 만지는 등의 직접 경험을 통해서만 지식을 얻을 수 있다. 유아들은 놀이를 하는 가운데 여러 사물을 직접 관찰하고 다루어 봄으로써 그 사물의 성질을 이해하게 된다. 이는 물리적인 지식의 원천이 되는데 유아들은 이런 기초지식을 바탕으로 색이나 모양, 용도 등을 구별해 놀이에 사용하면서 확대, 응용하게 된다. 또한 차근차근 놀이를 진행하면서 어떤 행위나 사건의 인과관계도 알게 되어 논리적인 사고의 틀을 마련한다.

놀이를 통해 얻게 되는 인지 발달로는, 첫째, 여러 가지 놀잇감을 가지고 놀면서 수, 분류, 서열화, 공간, 시간, 보존개념 등을 획득할 수 있고 둘째, 놀이 중에 접하는 새로운 사물이나 상황을 탐색하고 실험하면서 다양한 문제 해결 능력을 키우며, 셋째, 사물이나 상황에 상징적 의미를 부여하는 놀이(예를 들면, 막대기를 말이라 가정하고 말 타기 놀이를 하는 경우)를 하면서 추상적 사고력을 향상시킨다. 놀이의 결과를 통해 성취감을 느낄 뿐 아니라 그 과정 속에서 결과를 예측하는 힘을 기른다.

(2) 놀이와 언어 발달

유아들은 놀이를 통해 끊임없이 언어를 연습해 나간다. 언어에 대한 연습은 영아기부터 시작된다. 영아들은 재미있는 것을 학습할 때는 같은 행위를 반복하여 재미를 지속시킨다. 예를 들면, 옹알이 같은 소리를 만들어 내는 것은 자신들의 능력을 실험하는 영아스러운 방법으로 간주될 수가 있다. 이러한 영아들의 행동 결과는 재미있고 특별하여 양육자이 긍정적으로 반응하게 만든다. 영아는 반복해서 옹알이를 하는 동안 옹알이는 더욱 복잡하고 섬세해진다. 그 결과, 옹알이는 단어로 발전하고 나아가 구나 문장으로 발전하게 된다.

언어놀이는 유아기 동안 더욱 활발하게 나타난다. 놀이를 하는 동안 다양한 놀잇감과 놀이자료, 주변환경의 물체나 사물에 대한 다양한 어휘를 배운다. 특히 가장놀이를 하는 동안 유아들은 자신이 맡은 역할에 알맞은 적절한 언어를 사용할 수 있게 되며 상대의 역할을 인식하고 적절한 대화를 하게 되면서 언어발달은 가속도가 붙게 된다. 사회극놀이를 통해 또래들과 사회적 관계를 형성하게 되면서 자기중심적 언어는 탈 중심화된 언어로 바뀌게 되면서 유아들은 차츰 타인의 말에 귀를 기울이고 서로의 언어를 공유하게 되면서 의사소통 능력을 기르게 된다.

브루너(Bruner, 1986)는 "언어의 가장 복잡한 문법적이며, 실용적인 유형은 놀이에서 처음 나타난다"고 하였다. 유아가 놀이에서 사용하는 언어는 탈맥락적이다. 탈맥락화된 언어는 의미를 전달하는 형용사, 대명사, 접속사의 사용이 나타나며, 상대적으로 비언어적 의미와 맥락적 관계와는 독립적이다. 유아는 가작화 놀이에서 사람, 대상, 상황의 변형을 표현하고, 놀이 상황장면에서 전개되는 놀이 주제를 변별하고 정교화한다. 놀이는 유아의 표상능력을 강화시키고, 이후 읽기, 쓰기 수업에서 탈맥락화된 교재를 이해하는 데 필요한 기술을 사전에 풍부하게 학습하는 데 도움을 준다. 놀이를 하는 동안 유아는 자신의 행위를 구어로 표현한다.

유아들은 놀이를 통해 다양한 어휘를 습득하고 정확한 발음과 목소리 조절 능력이 발달되며 문장구성력을 향상시킨다. 다양한 상황이나 역할에 적합한 언어 사용으로 바른 언어생활 습관을 자연스럽게 익힐 수 있다. 놀이 경험을 통해 자기중심적 언어에서 남의 말을 잘 듣고 이해하며, 자신의 의견을 교환하는 의사소통 능력을 기를 수 있다. 가게 놀이, 우체국 놀이와 이와 같이 글자를 접할 기회가 많은 놀이를 하면서 읽기, 쓰기에 관심을 가지고 자발적인 쓰기 활동이 조성된다. 이 시기 유아들이 사물 및 상황 가작화 놀이에서 사용하는 언어능력은 이후 초등학년 시기의 읽기 성취를 예고해 준다(Smilansky & Shefatya, 1990). 유아기 놀이는 언어발달을 촉진시키는 탁월한 기능을 한다.

(3) 놀이와 정서 발달

유아들은 놀이를 통해서 자신의 감정을 표출하면서 일상에서 쌓인 스트레스와 억압된 감정을 해소한다. 놀이는 또래와의 상호작용을 필요로 하고 놀이 중 또래들의 정서 표현 방식을 관찰할 기회를 갖게 되며, 사람들의 정서가 다양하다는 것을 알게 된다. 유아들은 또래들의 다양한 정서 표현 방법을 관찰하면서 동일한 정서가 다르게 표현될 수 있다는 것도 배운다. 타인의 정서에 감정이입 하기도 하고 때로는 자신의 감정을 통제해야 할 필요가 있다는 것을 배우게 된다. 자기 규제능력은 일상에서 발생하는 갈등과 문제 상황을 잘 극복해 나갈 수 있는 통찰력을 발달시키고, 놀이 상황에서는 자신이 가진 부정적 정서, 즉 공포, 갈등, 감정, 불안, 공격성, 적대감 등을 투사할 수 있다. 놀이는 유아들의 부정적 정서를 해소시켜 부정적 행동을 축소시켜 주는 반면, 유아들의 사고와 행동을 긍정적으로 발달시켜 유아들의 정서가 건강하게 발달하도록 돕는다.

(4) 놀이와 사회성 발달

모든 사회놀이는 정해진 규칙이 있다. 까꿍 놀이와 같은 부모와 영아의 단순한 게임에서도 참여자가 차례를 지키는 규칙의 설정이 필요하다. 사회극 놀이에서 규칙은 훨씬 더 복잡하다. 출생 초기에는 부모와 놀이를 하면서 부모에게 친밀감을 갖게 되고, 애착관계를 형성한다. 친구와 놀이를 하면서 다른 사람과 더불어 살아가는 데 필요한 사회적 능력-질서 지키기, 협동하기, 놀잇감 공유하기 등을 배운다. 놀이는 사회적 기술을 획득할 수 있게 한다. 높은 수준의 사회극 놀이를 하는 유아는 또래에게 보다 긍정적인 사회적 행동을 나타냈다. 놀이 경험을 통해서 주변 사회에 대한 관심, 이해, 지식을 높일 수 있다. 피아제는 조망수용능력이 아직 발달되지 않은 유아는 타인과의 관계형성에 어려움을 겪는다고 한다. 조망수용은 다른 사람의 관점에서 사물을 볼 수 있는 능력으로 이것은 다른 사람이 무엇을 보고, 느끼는지를 이해하는 기초가 된다. 조망 수용 능력은 사회성과 도덕성 발달, 사회적 능력에 중요한 역할을 하는데, 이는 사회극 놀이를 통해 잘 발달된다. 유아는 다양한 상황에서 아기, 부모, 조부모, 소방관, 영웅적인 인물과 같은 다양한 역할을 맡으면서 타인의 입장을 조망하는 능력을 키우게 된다.

(5) 놀이와 신체 발달

영아가 즐거워하는 수많은 행동은 탐색일 경우가 많다. 영아들은 자신의 모든 감각을 동원하여 세상을 이해하려고 노력한다. 가능한 다양한 방식으로 물체를 조작하고 움직이며, 물체를 조사하고 탐구한다. 영아들은 물체를 수시로 입 속으로 가지고 간다. 이러한 영아들의 모습은 우리가 일반적으로 놀이라고 부르는 것이 아니다. 이는 탐색에 속하며, 영아가 물체, 사람, 새로운 환경을 탐색하는 행동을 보일 때 아주 진지하다.

그러나 물체, 사람 또는 환경에 대해서 보다 친숙해짐에 따라 영아의 행동은 보다 자발적이 되고 여유가 생긴다. 이는 영아가 물체와 사람과 상호작용하는 새로운 방법을 발전시키고 경험을 넓혀 나가고 있는 과정에서 발생한다. 영아는 많은 시간을 실제로 놀이와 관련지으며 보낸다. 실제 놀이 효과의 또 다른 보기는 영유아 모두의 운동 발달과 관련이 있다. 그들이 자신들의 운동을 조정하는 것을 학습하고 연습함에 따라 그들의 운동 능력은 보다 세련된다. 영유아는 기고, 서고, 걷고, 뛰게 되고 운동을 통한 순수한 즐거움을 얻게 된다. 영아기의 아기들은 손과 눈의 협응이 잘 이루어져 일상생활에 필요한 여러 가지 행동을 할 수 있다. 영아들의 운동 행동은 인지, 언어, 사회 기술의 발달과 관련이 있다. 숟가락, 젓가락의 사용과 혼자 옷을 입고 벗는 행위가 그 예다. 2세가 되면 블록을 6~7층씩 쌓을 수 있다. 유리잔을 혼자 잡을 수 있고 크레용으로 선을 그릴 수 있게 된다. 3세에는 던지는 공을 받으며, 옷의 단추를 풀고 신발을 신을 수 있으며, 4세가 되면 혼자 옷을 입고 벗고 가위를 가지고 종이에 그려진 선을 따라 자를 수 있다. 5세 때는 단추를 잘 채울 수 있다.

놀이는 유아들의 근육을 발달시키고 자기 몸에 대해 인식하게 해 준다. 가게 이름을 적어 본다든지 친구에게 선물을 그려 준다든지 하는 쓰기 놀이는 소근육 발달을 돕는다. 쓰기 도구를 가지고 노는 것은 유아들의 미세한 운동 기술을 도우며, 쌓기 놀이를 하려면 필요한 블록을 집어서 쌓을 위치로 운반하고 자신이 디자인한 형태에 맞추어 균형 있게 쌓는 동작을 해야 한다. 이러한 놀이 동작이 반복되면서 처음에는 작은 단위 블록을 손바닥 전체로 서툴게 잡던 유아가 점차 손가락 끝으로 정교하게 잡을 수 있게 되며, 눈과 손의 협응이 잘 이루어져 원하는 위치에 잘 쌓을 수 있게 된다(이숙재, 1990).

유아들은 모험심이 많아서 새로운 동작을 시도해 보려는 욕구가 높다. 기어오르기, 뛰기, 던지기, 매달리기, 기어가기 등의 대근육 운동 능력이 발달된다(Hurlock, 1978). 유아들이 한 발로 먼저 뛰고, 또 다른 발을 뛰는 것을 보게 되면 단순히 즐거움으로 같은 행동을 반복한다. 남녀 유아의 운동 발달은 사춘기 이전까지는 큰 차이가 없으나 여아가 남아보다 운동발달이 좀더 빠르다. 이런 남녀의 운동능력의 차이는 놀이 활동에서 차이를 보인다. 여아는 실내에서 하는 놀이를 즐기나 남아들은 밖에서 할 수 있는 놀이를 즐긴다. 학동기의 아동들은 뜀뛰기 능력이 게임에 이용되고, 이로 인해 자기 신체에 대해서 자신감을 가지게 된다(Isenberg & Quisenberry, 1988).

모든 유아들이 건강한 신체를 위해 놀이를 할 필요가 있지만 신체를 이용한 놀이들은 유아 류머티즘 관절염, 유아 동맥경화와 같은 질병 예방도 되다. 활동적인 놀이는 신체의 유연성을 주고 근육을 강화시켜 준다.

(6) 놀이와 창의성 발달

유아들은 놀이를 통해 새로운 것을 실험하고 신기한 것들을 만들어 본다. 놀면서 일상의 상황을 창의적으로 바꾸어 보고 일상생활의 제한된 틀에서 벗어날 수 있는 다양한 활동을 한다. 유아의 놀이 중에 새롭고 독특한 아이디어를 생각할 기회가 많기 때문에 놀이는 유아의 독창성을 발달시킨다. 특히 가장놀이를 하는 동안 유아는 탐색을 다각적으로 하게 되는데, 이는 융통성 있게 사고하는 능력을 발달시키고 결국 창의성을 신장시키게 된다. 또한 '~인 척하는' 가작화 요소가 포함된 상상 놀이를 하면서 상상력이 발달된다. 가장놀이를 하는 동안 유아들은 새롭고 독특한 아이디어를 생각할 기회가 많이 갖게 되고 독창성이 발달된다. 가장놀이 뿐만 아니라 게임에서도 창의성을 발휘한다. 일반적으로 3~4세 유아들은 특정한 규칙 없이 게임을 하는데 게임을 하는 동안 유아들은 규칙을 바꾸기도 하고 게임의 내용을 변화시킨다. 유아들은 놀이를 하는 동안 처음의 놀이 형식을 변화시켜 새로운 놀이 규칙을 재창조한다. 시간과 경험에 따라 유아들이 창안한 규칙은 점차 게임의 외형적인 규칙에 가까워진다. 이처럼 유아들은 놀이를 통해 상상력과 창의성을 개발해 나간다.

2. 놀이 유형

놀이 유형은 학자들의 견해에 따라 각기 다르다. 대표적인 분류로는 사회적 측면과 인지적 측면으로 분류할 수 있는데, 파튼(Parten, 1932)은 사회적 활동으로 놀이 발달에 관심을 가졌고, 피아제(Piaget), 스밀란스키(Smilansky) 등은 유아의 인지 활동 측면에서 놀이 유형을 분류하였다(고문숙 · 임영심 · 황정숙, 2007).

1) 사회적 놀이

사회적 놀이란 유아들이 또래들과 상호작용하면서 사회적 기술을 습득할 수 있는 놀이로 연령이 증가하면서 혼자놀이에서 점점 협동놀이로 발달해 간다. 파튼(1932)은 놀이를 사회성 발달에 근거를 두고 2세에서 5세 사이의 아동 42명을 대상으로 사회적 행동을 관찰하여 다음 6가지 유형으로 분류하였다.

(1) 아무것도 하지 않는 행동

하는 일 없이 남이 하는 것을 무심코 보는 행동이다. 주위에 특별한 자극을 주지 않는 한 아무런 행동도 취하려 하지 않으며 심심하면 자기의 몸이나 사물을 만지작거리며 그저 멍하게 앉아 시간을 보내는 경우를 말한다. 이 행동은 약 2세까지 계속된다.

(2) 지켜보는 행동

다른 어린이가 노는 것을 지켜보는 행동을 말한다. 이때 어린이는 자기가 보고 있는 어린이에게 말도 걸고 질문을 하기도 하고 제안도 하지만 직접 놀이에 참여하지는 않는다. 이런 경우 어린이는 자기가 관찰하고 있는 집단의 어린이에게 말을 할 수 있는 정도의 가까운 거리에 앉아 있거나 서 있으므로 해서 그 집단에서 일어나는 모든 것을 보고 들을 수 있다. 놀이에 관심이 많은 상태이므로 무심코 보는 행동과는 다르다. 대체로 2~3세경에 많이 나타난다.

(3) 혼자 놀이

혼자서 장난감을 가지고 독립적으로 노는 상태를 말한다. 다른 어린에게 가까이 가보려는 노력도 하지 않고 다른 사람이 무엇을 하든지 상관없이 자기의 놀이를 지속한다. 그림 그리기, 퍼즐 맞추기, 집짓기, 책 보기 등으로 시간을 보낸다. 주로 2~3세 어린이에게서 많이 볼 수 있다.

(4) 평행 놀이

옆의 어린이와 같은 종류의 놀이에 참여하지만 혼자서 독립적으로 노는 상태이다. 옆의 어린이가 사용하는 것과 비슷한 장난감을 가지고 놀면서 가끔 옆을 쳐다보며 관심을 보이며 흉내도 내지만 옆에 있는 어린이의 활동에 영향을 미치거나 간섭하려고 하지 않는다. 또래와 함께 놀이를 하는 것이 아니라 옆에서 노는 것이다. 옆의 어린이가 놀이를 그만두면 자기도 중단하는 경우가 많다. 2~3세경의 유아에게서 볼 수 있다.

(5) 연합 놀이

다른 어린이와 함께 노는 놀이로서 서로 이야기를 주고받거나 놀이 자료를 빌리기도 하고 빌려 주기도 한다. 모두 같거나 유사한 활동을 하며 어떤 목적을 가지고 함께 놀지만 활동의 구분이나 일정 조직이 있는 것은 아니다. 여럿이 자전거를 각각 타고서 서로 지나칠 때마다 웃고 이야기한다. 주로 3~4세 유아에게서 볼 수 있다.

(6) 협동 놀이

어떤 목표를 얻기 위해 한 두 명의 어린이가 지휘하는 가운데 이루어지는 조직적 집단 놀이다. 각 어린이마다 역할이 하나씩 주어지면서 펼쳐지는 놀이로 현실을 재현 하거나 상상 놀이가 주로 이루어진다. 학교놀이, 병원놀이, 상점놀이, 가족놀이 등이 이에 속한다. 주로 4세 이후의 어린이 들이 하는 놀이다.

2) 인지적 놀이

인지적 놀이란 유아들의 지적활동을 자극하는 놀이를 말한다. 스밀란스키는 놀이를 인지적 측면에서 다음과 같이 분류하였다

(1) 기능 놀이

기능놀이는 기능적인 즐거움을 위해 사물을 가지고 운동의 움직임을 계속 반복하는 단순한 놀이행동을 말한다. 특별히 기술이 필요하지 않은 반사행동이나, 재미있는 결과를 보기 위해 시도하는 행동 등을 포함하며 이는 주로 감각 운동기능을 중심으로 손·발을 많이 움직여서 하는 놀이다. 즉, 놀이는 장난감, 자동차, 오토바이가 움직이는 것을 보고 기뻐하거나 홀로 뛰뛰기를 하거나 공을 던지거나 자기의 신체를 움직여서 나타내는 단순하고 반복적인 근육 운동 놀이다. 이는 감각기관이나 운동기관의 발달과 밀접한 관련이 있으며 약 2세부터는 감소하는 경향이 있다.

(2) 구성 놀이

구성놀이는 놀잇감이나 물건을 조작해서 뭔가를 새롭게 만들어 내는 놀이로,

기능적인 놀이에서 창조적인 놀이로 전환된 것이라고 할 수 있다. 블록으로 집 만들기, 미술재료로 자동차 만들기, 모래로 성 쌓기 등 적목, 점토, 공작, 종이접기, 그림그리기의 놀이가 그 예이다. 구성놀이를 통해 주의 집중시간이 증가되며 놀이에 대해 구체적인 주제를 선정하고 놀이의 내용을 조직화할 수 있다.

(3) 상징 놀이

상징놀이는 출생 후 2세경 표상능력이 발달하면서 단순한 모방활동을 떠나 상상이나 상징을 나타내는 놀이 "....체" 하는 가장놀이를 말하며, 자신의 요구나 희망을 만족시키기 위해 상상적인 상황으로 대치하는 놀이이다. 의사, 간호원, 미용사, 요리사, 경찰, 구조대원 등과 같이 다른 사람의 역할을 가장하는 역할 모방놀이와 베개를 등에 업고 아기를 달래는 활동 또는 연필은 주사기로 가장하고 주사놓는 흉내를 내는 것 등과 같은 가상전환 활동이 여기에 속한다.

(4) 사회극 놀이

사회극 놀이와 상징놀이는 가작화 요소를 포함하는 것이 공통점 이지만 상징놀이와 구분지어 정의할 때는 두 명 이상의 유아가 같은 주제를 가지고 언어적으로 상호작용하는 놀이로 규정한다. 사회극 놀이는 상징놀이의 가장 발전된 형태로 평가되고 있는데, 이 놀이는 모방, 가상, 상징, 언어화, 의사소통, 상황적 즉흥성, 사회적 상호작용, 생활, 동화책 등에서 오는 단편적인 생활 경험의 통합과 규칙 등이 지배적으로 나타나는 특징이 있다.

(5) 규칙 있는 게임

규칙 있는 게임은 보다 정교화된 규칙을 준수하여 목적을 달성하도록 만든 놀이로 유아들이 미리 정해 놓은 규칙을 받아들여 거기에 적응하는 놀이이다. 규칙 있는 게임에서 유아들이 놀이를 통해 정해진 규칙 내에서 자신의 감정과 행동을 조절하는 방법을 터득하고 다른 사람의 의견을 수용하고 집단에 필요한 사회적 기술도 배우게 된다. 따라서 가장 높은 놀이 유형으로 볼 수 있다. 규칙이나 구조, 일정 목표를 가지는 활동으로 꼬리말 잇기, 말놀이, 잡기 등과 같은 놀이가 있다. 유아들은 연령이 발달될수록 놀이규칙을 보다 복잡하게 사용하게 된다.

3. 놀이 환경

1) 실내 환경

영아를 위한 환경은 영아들의 기본 욕구를 충족시키고, 물리적으로 안전하고 정서적으로 안정된 공간 속에서 감각적 탐색이 가능해야 하며, 신체, 사회적 정서 발달을 촉진시키는 놀잇감이 구비되어 있어야 한다. 일반적으로 밀집한 공간은 공격적 행동을 유발하게 만든다. 따라서 공간은 여유가 있어야 하며 교재와 교구는 안전한 것이어야 한다. 정서적 안정과 사랑스런 공간을, 연출하기 위해 쿠션이나 안락한 분위기를 연출하는 커튼, 안정된 색채를 사용해야 한다. 영아기는 신체발달이 활발히 이루어지는 시기이며 물체탐색을 위한 물체, 자연물, 촉감탐색, 소리탐색이 가능한 공간이어야 한다. 실내 공간에는 식사 및 간식 영역, 낮잠영역, 배변 화장실 영역, 대근육 영역, 탐색 작업영역, 역할놀이영역 등이 구성되어야 한다. 영아를 위한 교실 구성은 모든 영역이 교사의 눈에 들어올 수 있도록 개방적으로 구성해야 한다. 장은 가리개로 사용하기보다 벽에 붙여서 가운데 공간을 대근육 영역으로 확보하고 영아의 활동을 돕도록 한다. 교재 교구를 구성할 경우에는 감각운동기, 전조작기 전반부에 적합한 감각적, 탐색적, 기능적 놀잇감을 확보하여 제공한다. 수유나 기저귀를 사용하는 영아가 있을 경우에는 기저귀 갈이대나 수유(수납 공간) 확보가 필요하다. 또한 기저귀 갈이대 부근에 놀잇감 비치, 청결 위생에 유의한다.

(1) 영아를 위한 실내 환경구성

① 기저귀 갈이 및 화장실 영역

이곳은 배설에 대한 긍정적인 감정을 갖게 하는 데 중요한 역할을 하므로 밝고 상쾌하며 채광이 잘 들게 구성해야 한다. 화장실 문은 달지 말고 대변기 사이에 낮은 칸막이를 하고, 영아의 신체크기에 맞는 변기를 사용하여 영아의 자신감, 독립심을 길러준다. 세면대와 목욕 샤워시설을 갖추어야 하고 변기 사용법과 손 씻는 방법에 대한 그림 자료를 적절한 곳에 붙여주어야 한다. 구비해야 할 자료로는 기저귀, 물휴지, 비누, 로션, 그림이나 사진, 딸랑이, 모빌, 음악 상자, 안전 거울, 수건 등이다.

기저귀갈이 영역

② 창의적 표현 영역

이곳에는 영아용 미술재료와 다양한 악기 등을 구비하여 영아들이 자유롭게 미술자료나 음악도구를 사용하여 자신을 표현해 볼 수 있도록 한다. 조용하고 밝은 곳이 적합하며 영아들이 자유롭게 표현해 볼 수 있는 공간과 분위기를 조성해 주어야 한다. 낮은 책상, 자료를 넣을 수 있는 장, 작품보관 및 전시를 위한 설비, 바닥 재질을 쉽게 닦고 치울 수 있는 것으로 한다. 여러 종류의 종이, 크레용, 사인펜, 풀(딱풀), 물감, 붓, 화판, 다양한 그림과 사진 등의 미술자료를 준비하여 다양하게 활용할 수 있도록 한다. 그리기 활동의 기본자료 이외에 꾸미기 자료로 폐품이나 여러 종류의 종이 등을 구비해 둔다.

창의적 표현 영역

③ 역할 영역

실제 사물과 유사한 놀잇감을 가지고 가정에서 일어나는 행동을 흉내내보면서 상상놀이를 즐기는 영역이다. 영아기는 사회적 상호작용이 시작되는 시기이므로 극놀이에 자연스럽게 참여하여 사회성을 길러줄 수 있도록 기회를 제공한다. 이 시기는 눈앞에 보이는 사물과 공간에만 국한되지 않고 기억이나 경험을 통하여 모방놀이, 상상놀이가 크게 확장되는 시기이므로 자기의 경험을 재현하고, 집처럼 상상하고 놀이할 수 있도록 놀이집이나 싱크대, 식탁과 의자, 소도구 등을 갖추어 주어야 한다. 소꿉놀이자료로 인형 침대, 인형용 우유병, 동물 인형, 보자기, 가방, 모형음식, 주방용품, 입고 벗기 쉬운 옷, 모자, 넥타이, 스카프, 놀잇감, 싱크대, 빈 화장품통(깨지지 않는 것), 놀잇감 전화기, 자동차, 놀이집 등을 비치한다. 역할영역 성별에 관계없이 다양한 역할을 언어 및 행동으로 표현해 볼 수 있는 기회를 제공한다. 충분한 공간을 확보해 주고 쌓기 놀이와 연계되어 놀이가 이루어지므로 서로 인접하게 배치한다.

역할영역

④ 탐색 · 조작 영역

이곳은 영아가 감각을 통해 사물을 인식하고 소근육 눈과 손의 협응력을 발달시켜 주는 다양한 재료를 비치해 둔다. 교사는 조용하게 집중할 수 있는 공간을 확보해 주고, 바닥에는 카펫을 깔고 낮은 책상을 준비해 준다. 조작 놀잇감은 영아가 손으로 만지고 놀면서 조작할 수 있는 정도의 크기로 제공하며 조각의 수와 모양이 너무 복잡하지 않은 것으로 준비한다. 놀잇감은 영아가 삼킬 수 없는 크기여야 하며 유해한 성분이 없는 재질로 만들어진 것을 제공해 준다. 퍼즐, 소리나는 놀잇감, 누르면 튀어나오는 놀잇감, 각종 악기류, 안전거울, 페그 보드, 모양상자, 딸랑이, 질감이 다른 인형류, 소형블럭 등을 정리할 수 있도록 정리장에는 놀잇감의 사진이나 그림을 부착해 두면 좋다. 탐색활동을 위한 자료는 집에서 기를 수 있는 동식물, 주변에서 볼 수 있는 다양한 사물, 사진이나 모빌, 그림 등 관찰할 수 있는 것을 준비해 주고 색, 모양, 질감, 소리 등을 탐색할 수 있게 한다.

탐색 · 조작영역

⑤ 언어 영역

이곳에는 편안한 의자, 낮은 탁자, 카펫, 쿠션 등을 비치하여 조용하고 안정된 분위기에서 그림책을 탐색할 수 있도록 꾸며준다. 눈으로 그림을 보고 손으로는 여러 가지 감촉을 느껴보도록 하는 감각책을 비치한다. 책 표지 그림의 전면이 보이도록 전시한다. 넘기기 쉬운 딱딱한 종이로 된 책, 모양책, 헝겊책, 비닐책, 사진책, 손인형 등을 제공한다. 그림책과 관련되는 여러 인물의 인형, 퍼펫, 배경을 연출할 수 있는 사진자료 등을 구비해 둔다. 햇빛이 잘 드는 곳으로 동적이며 시끄러운 영역과는 분리하여 배치한다.

언어 영역

⑥ 신체, 움직임 영역

영아를 위한 실내환경에서 반드시 필요한 영역이다. 영아기는 신체적 성장이 급격하게 진행되는 시기로 잠시도 가만히 있지 못하고 움직임이 많다. 신체를 숙달시키기 위해 오르기나 내려오기 등 움직여서 노는 것을 즐기므로 놀이실내에 이들의 욕구와 발달을 충족시키는 개방된 공간과 대근육 활동을 위한 놀이시설을 준비해 준다. 신체적 기술을 연습하고 에너지를 발산할 수 있는 낮은 오르기 기구, 대형 스펀지 블록, 미끄럼틀, 흔들보트, 계단, 터널 등의 놀이기구를 상황에 따라 유동적으로 구성하면 좋다. 영아가 많은 종류의 소리와 움직임을 보고, 듣고, 탐색하는 가운데 즐거움을 찾을 수 있도록 하는 것이 중요하다. 다양한 악기, 신체표현을 위한 녹음기, 녹음테이프, 스카프, 리본, 테이프 등을 활용한다.

신체, 움직임 영역

⑦ 쌓기놀이영역

놀이실의 모든 곳에서 볼 수 있는 개방적이고 동적인 공간에 설치한다. 안전, 위험이나 다툼, 소음 등의 문제를 방지하기 위해 넓은 공간이 필요하고 카펫을 깔아준다. 블록은 크기가 작지 않은 것으로 준비하며 여러 명이 놀기에 부족하지 않도록 준비한다. 삼각형, 아치 같은 특수 형태보다는 기본형의 블록을 제시한다. 적절한 소도구, 인형, 자동차 등을 첨가해 주되, 영아의 흥미에 맞게 조금씩 첨가해 준다.

(2) 유아를 위한 실내 환경

물리적 놀이 공간은 유아들의 놀이에 영향을 미친다. 교사는 유아들의 놀이를 활성화시키기 위해서 놀이 공간을 구성해 줄 필요가 있다. 이때 편리하고 충분한 공간을 제공하여 유아들이 손쉽게 장난감에 접근할 수 있어야 하며, 같은 장소에 같은 재료를 비치하더라도 새롭게 재배치하여 유아들의 호기심을 자극할 수 있어야 한다. 또한 유아의 지각 수준에 맞게 정연하고 단순하고 매력적이고 눈과 손으로 쉽게 파악할 수 있도록 배치해야 하고 각각의 활동 영역을 명확하게 구분하되 전체 공간이 교사의 시야에 들어올 수 있어야 한다. 이러한 놀이공간은 유아들의 놀이를 활성화시켜 줄 것이다 놀이공간은 실내 환경에서는 주로 흥미영역으로 구성된다. 각 흥미영역 구성의 일반적 원리는, 첫째, 유아의 발달수준과 발달의 원리를 기초로 한다. 둘째, 충분한 공간이 마련되어야 한다. 셋째, 교실 전체를 한눈으로 볼 수 있어야 한다. 넷째 각 영역은 활동의 성격과 소음의 정도에 따라 서로 방해되지 않아야 한다. 다섯째, 다양성과 융통성을 고려해야 한다. 각 영역의 특수성과 통합성이 유지되어야 한다. 여섯째, 유아 스스로 교구나 자료를 선택, 활용, 정리할 수 있는 선반, 보관 장이 배치되어야 한다. 일곱째, 각 영역은 정해진 공간이 있어야 한다. 흥미영역의 공간은 융통성이 있으면서도 구획된 느낌을 주어야 하며, 대체로 ㄴ자형, ㄷ자형, U자형 등으로 구성할 수 있다. 이러한 환경구성 원리에 입각하여 구성할 수 있는 흥미영역의 종류와 각 영역별 설치시의 유의사항, 비치해야 할 자료 및 영역별 교육적 특성 등을 소개하면 다음과 같다.

① 역할놀이 영역

역할놀이 영역은 일상생활의 다양한 사람들의 역할을 맡으며 놀이를 장소로 한다. 공간은 충분히 넓어서 활동하는데 불편함이 없어야 한다.

역할놀이는 여러 직업에 따른 사람들의 역할을 학습할 뿐만 아니라 자연스런 놀이를 통해 사회적 관계에 대한 학습이 이루어진다. 사회적 기술을 발달시키고 자신의 경험을 재구성하는 장소이다. 또한 현실에는 없는 가상적 인물이나 사건에 대한 연출을 해보면서 상상력을 키워 나가기도 한다. 유아들이 놀이에 초대하는 경우 초대에 응하고 적절할 때에 빠져 나오도록 한다. 역할놀이에서 유아들은 밥 먹는 것처럼 행동을 하고 물이 없지만 물이 있는 것처럼 가장하여 설거지를 하는 놀이를 한다. 유아들이 초대했을 때 교사도 상황을 가장할 수 있다. 예를 들면 유아가 인형을 업고서 '아기가 아파요'라고 말하면 교사는 '어디가 아픈지 진찰을 해봐야겠군요'라면서 마치 의사처럼 가장하기의 모델을 보여주고 유아들의 놀이 에피소드를 풍부하게 만드는 아이디어를 제공한다. 유아들이 의사가운을 입고 돌아다니기만 한다면 교사는 아픈 환자가 되어 극놀이 영역을 방문하여 "배가 아파요, 선생님"라고 말하면서 유아로 하여금 의사의 역할 수행을 하도록 도움을 줄 수 있다.

역할놀이 영역은 쌓기 놀이 영역이나 블록영역과 연결할 수 있도록 구성하면 놀이의 확장 정도에 따라 공간을 활용하기에 좋을 것이다. 교사는 이 영역에 여러 종류의 의상과 도구를 마련해 주고 수시로 가구를 재배치하고 향후 소품을 추가할 수 있도록 융통성 있게 구성하여 역할의 주제에 따라 분위기를 연출할 수 있어야 한다.

역할영역

② 쌓기놀이 영역

이곳은 시끄럽고 소음이 나는 활동영역으로 소음을 줄임으로써 인접영역에 방해가 되지 않도록 바닥재 선택에 신경을 써야 한다. 블록은 견고하고 위험하지 않아야 하며 다양한 형태와 크기의 것을 구비하여 유아들의 공간지각능력, 구성능력, 비교 분류능력 등을 키워줄 수 있어야 한다. 블록 이외에도 유아들의 흥미나 활동주제와 관련지어 다양한 구성놀이를 할 수 있는 가족인형, 동물인형, 기타 여러 가지의 소품이 비치되면 좋다. 쌓기 영역은 유아들이 상상하는 특정한 사물의 크기나 공간을 꾸며 자신의 세계를 창조할 수 있다. 이곳에서 유아들은 신체적 인지적 발달 이외에도 협동심과 사회적 규칙을 배워 나갈 수 있다. 쌓기 놀이 영역에서 상호작용을 할 때는 교사는 유아들의 놀이를 잘 관찰하고 있다가 유아의 의도를 파악하여 놀이에 개입하거나 중재역할을 하고 안전에 각별히 유의하여 지도해야 한다. 유아들이 구성한 구조물에 대한 설명을 할 경우에 교사는 열심히 들어주고 유아들이 놀이에 초청할 경우 적절히 상호작용해 준다.

쌓기 영역

③ 조작놀이 영역

조작놀이 영역에서 유아들은 그림 맞추기, 구슬 꿰기, 바느질하기나 끼워서 구성할 수 있는 놀잇감을 갖고 구성하기 활동을 한다. 이러한 놀이는 눈과 손의 협응력, 분류능력과 공간감각의 증진뿐만 아니라 일상생활에 필요한 감각기능을 발달시킨다. 퍼즐 맞추기, 구슬 끼우기, 순서 짓기 활동의 조작놀이는 소 근육 능력, 1:1대응, 부분과 전체 알기, 공간관계, 분류, 서열, 비교, 눈과 손의 협응력 등과 같은 논리 수학적 사고를 길러준다. 이러한 활동은 이후 논리적 수학적 학습을 가능하게 만드는 기초 능력을 길러준다.

④ 책방, 언어영역

책방은 조용한 공간에 안락하고 편안한 분위기를 조성할 수 있도록 구성하면 좋다. 이를 위해 천장은 낮게, 밝은 조명이 있고 편안한 의자나 방석을 비치해 두면 좋다. 책꽂이에는 그날의 활동주제와 관련되는 유아들을 위한 다양한 동화와 영상매체가 있어야 한다. 동화에 나오는 등장인물의 인형이나 소품이 있어서 자신이 읽거나 들은 이야기를 재구성할 수 있도록 하면 좋다. 이 때 녹음기와 헤드폰이 있으면 유아들은 자신이 재구성하고 싶은 이야기를 스스로 녹음하였다가 다시 들어보는 활동을 해 볼 수 있을 것이다. 책방에서의 활동은 듣기, 말하기, 읽기, 쓰기와 같은 언어발달을 도우며 이야기 꾸미기 능력 및 이야기 속의 등장인물이나 사건을 표현하는 능력을 키울 수 있다. 유아가 책을 읽어달라고 할 때 책을 읽어준다. 책에 쓰여진 글자를 그대로 읽어준다. 책을 읽어 주는 중간에 유아가 말하는 이야기를 잘 들어준다. 다음 장으로 넘어갈 때 약간의 멈춤을 갖는다면 유아가 그 장을 다 읽었다는 것을 인식하도록 도움을 줄 수 있다. 유아가 책장을 넘기려고 할 때는 넘기게 한다. 책장을 넘길 때 손에 침을 묻히거나 구겨지지 않도록 한다. 책을 읽어주면서 유아들을 살피고 재미있게 듣고 있는지 살핀다. 어려운 어휘에 대한 유아의 질문에 대해서는 내용의 이해를 돕기 위하여 쉬운 말로 풀어서 이야기해 준다. 책을 다 읽어 준 후에는 유아들의 생각이나 느낌을 들어볼 수 있으나 강요하지 않는다. 또한 교사의 책에 대한 생각, 느낌, 교훈적인 이야기를 하지 않도록 한다. 유아들에게 책에 있는 글자를 읽어보도록 강요하지 않는다. 계속 읽어 달라고 요청을 하면 같은 책이라도 다시 읽어준다. 하지만 여러 명의 유아들의 요청이 있을 때는 순서를 정하여 읽어줄 수 있다. 책을 다 본 후에는 제자리에 정리하도록 한 후 다른 활동을 하도록 도와준다. 유아들이 책을 만들거나 편지나 카드 만들기를 하면서 쓰기활동이 자발적으로 이루어진다.

책방 · 언어영역

⑤ 음률 영역

음률활동영역은 음악에 맞추어 신체를 자유롭게 움직일 수 있는 넓은 공간이 필요하며 유아가 소리를 정확히 변별할 수 있으면서 소음으로 인접 영역에 방해가 되지 않도록 환경을 구성하여야 할 것이다. 활동실과 분리한다면 소음이 차단되어 효과적일 수 있다. 낮은 선반에는 다양한 종류의 악기, 녹음기, 헤드폰, 테이프 등의 소품을 준비해 두면 좋다. 음률 활동 영역은 음악에 맞추어 신체를 자유롭게 움직일 수 있는 넓은 공간이 필요하며, 유아가 소리를 정확히 변별할 수 있으면서 소음으로 인접 영역에 방해가 되지 않도록 배치하여야 한다. 그러므로 활동실과 분리하여 배치하거나 소음 차단막을 쓰는 것이 효과적이다. 바닥에는 카펫을 깔아 안정된 분위기를 조성해 주고 소음을 줄여줄 수 있다. 낮은 선반이나 걸이, 정리장을 비치하고 다양한 종류의 악기, 녹음기, 전축, 피아노, 헤드폰 등의 필요한 소품을 준비하여 둔다.

신체음률영역

⑥ 미술 영역

미술영역은 물을 사용하여야 하므로 수도 가까이에 구성하는 것이 좋다. 바닥에는 비닐을 깔아 물기가 다른 영역으로 스며들지 않도록 하여야 한다. 활동을 위한 이젤, 책상, 걸상, 물과 싱크대 등이 필요하며 자료를 보관하는 자료장과 작품을 건조시키고 전시할 수 있는 건조대 및 전시장소가 필요하다. 선반과 작은 장에는 각종 재활용품을 종류별로 세분화하여 깔끔하게 분류해 두어야 한다. 작품을 하기 위한 작업대와 각종 미술용품이 비치되어 있어야 한다. 또한 비닐 앞치마나 가운을 걸 수 있도록 하고 작품을 구성하느라 더러워진 바닥을 청소할 수 있는 청소용품이 비치되면 좋다. 유아들의 흥미, 주제, 재료, 기법 및 구성에 따라 다양한 미술활동이 전개될 수 있도록 해야 하며 평면작업 뿐만 아니라 입체 작업 등 다양한 활동을 통하여 여러 가지 재료의 특징과 다루는 방법을 알게 한다. 이곳에서 유아들은 창의력과 대소근육발달, 협응력 등을 키워나갈 수 있다.

2) 실외 환경

교사는 실내 환경과 마찬가지로 실외환경을 구성할 수 있어야 한다. 실외환경은 동적인 활동이 이루어질 수 있도록 신체를 단련할 수 있는 놀이터를 의미한다.

① 실외놀이기구

오르기, 흔들기, 균형 잡기, 기기, 건너가기, 미끄럼 타기, 등 다양한 신체적 운동을 위해 마련된 시설로 대게는 고정적으로 배치된다. 기존에는 미끄럼, 그네, 정글짐, 시소, 등으로 분리설치 되었으나 근래에는 다양한 모양의 복합적인 종합놀이 시설로 구성되어 있다. 고정시설 이외에도 흔들리는 시소나 스프링 목마, 터널 등의 놀이 기구를 변하 있게 배치해 줄 수도 있다(김진영 · 백혜리 · 최윤정, 2007). 이러한 기구는 유아들이 바닥에 떨어지는 경우를 대비해 단단한 시멘트를 피하고, 반드시 모래나 흙으로 설치하고 관리상의 위생적인 문제 때문에 고무바닥으로 설치하는 것도 좋다. 실내에서 이루어지기 힘든 놀이가 중심이 되며 이에 대한 환경구성의 유의사항, 비치해야 자료 등을 소개하면 다음과 같다.

실외놀이기구

② 모래놀이

모래는 쏟아질 수 있고, 변동성을 가지며, 무게 부피, 견고성을 갖고 있고 만져서 감촉을 느낄 수 있다. 모래 틈을 메우고 구멍을 파고 두드리는 활동을 통해 긴장을 해소하며 정서적 안정감을 갖게 한다. 이러한 모래놀이 공간은 위생상 관리를 소홀히 하지 않아야 하며, 정기적으로 밑쪽을 위로 뒤집어 엎어주어서 햇볕에 소독시켜 주거나 자주 깨끗한 것으로 교체해 주어야 한다.

심리학에서는 대소변을 훈련시키거나 전반적 정서장애 문제를 치료하기 위한 놀이요법으로 로웬펠드(Lowenfeld, 1929)는 모래상자놀이 요법을 고안하였다(박진옥, 1986). 모래 영역은 다른 영역에 방해받지 않도록 모래 주위를 통나무나 돌로 막아놓는다. 깊이는 유아들이 들어가 편안함을 느낄 정도 깊이의 웅덩이 형태가 좋다. 길이는 10명 정도의 유아들이 모두 들어가 평온함을 느낄 수 있으면 좋다. 인접에 물이 있으면 좋고 그늘이 지면 좋다. 모래는 깨끗하게 말린 것으로 사용하고 모래를 파고 담고 여러 형태를 찍을 수 있도록 하는 도구가 있어야 하고 이러한 도구를 보관하는 정리함이 있어야 할 것이다.

모래놀이

③ 물놀이

물은 유아가 태어났을 때부터 자연스럽게 즐기게 되는 놀이 소재의 하나로 비용이 많이 들지 않는 실험소재이며, 제공하기 쉬우면서도 갖고 노는 그 자체로 유아에게 큰 기쁨을 제공한다. 물은 무정형성질 때문에 마음대로 변형시키면서 실험할 수 있고 특별한 기술 없이 어떤 유아들도 쉽게 접근할 수 있고 큰 만족감을 가져다 준다. 물의 다양성으로 나타나는 결과의 불규칙성은 유아의 마음을 자극하고 호기심을 발달시키는 데 도움을 준다. 이러한 물놀이 영역에는 물에 대한 성질을 탐구할 수 있는 수로가 만들어져 있으면 좋다. 다양한 물놀이를 위한 도구와 빨래를 위한 소품, 비누거품을 만들기 위한 자료 등이 구비되어야 할 것이다. 교사는 유아들이 이곳에서 물에 대한 과학적 탐구활동을 하면서 탐구심을 키워나가도록 돕는다. 이외에 임시로 제작된 고무소재의 중소규모나 또는 대형 풀장기능을 대신할 수 있는 소재를 활용해 여름철에 시원하게 지내면서 놀이 할 수 있는 공간을 제공해 주는 것도 괜찮은 방법이 될 수 있다.

실외 수영장

④ 목공놀이

이곳에서 유아들은 연장을 안전하게 다루는 방법, 대소근육의 발달, 여러 물체의 탐구와 창작능력을 키워나간다. 연장을 사용할 때 발생하는 소리로 인해 다른 활동에 방해가 되지 않도록 신경을 써야 할 것이다. 또한 교사는 안전사고에 각별한 신경을 써야 할 것이다. 연장을 사용한 후 안전하게 담아두는 보관함이 있어야 할 것이다. 또한 각 연장을 사용하는 방법을 준수하도록 안전사고에 대비하는 규칙을 설정해 두어야 할 것이다.

⑤ 사육장

유아들이 동물을 직접 기르고 돌봐주는 경험을 할 수 있는 장소가 필요하다. 새, 토끼, 강아지, 닭, 오리, 염소 등은 쉽게 기를 수 있는 동물이므로 동물 사육장을 설치하면 좋다. 유아들이 당번을 정하여 직접 먹이를 가져오기도 하고 성인의 보살핌으로 사육장을 관리하여야 한다. 배설물 처리가 용이하여야 할 것이다.

사육장

⑥ 넓은 공간

유아들에게는 뛰어놀거나, 달리기, 공놀이, 술래잡기 등을 할 수 있는 넓은 공간이 필요하다. 흙이나 잔디를 구성하여 자유로운 활동이 가능하도록 축구골대나 농구골대를 제외하고는 빈 공간으로 두는 것이 좋다.

⑦ 자연 학습장

식물을 심고 기르면서 관찰하는 공간으로 밭에 여러 가지 채소와 과일을 심고 기르면서 직접 체험 활동을 하는 공간이다.

자연학습장

⑧ 오솔길 산책로

산책을 하면서 가벼운 운동효과도 가질 수 있고 자연을 느끼면서 여유롭게 휴식할 수 있는 공간이다

⑨ 자전거 길

자전거나 장난감 자동차 등을 직접 타고 다닐 수 있는 공간으로 시멘트바닥에 길을 그리고 횡단보도와 차고 주유소 등 교통놀이나 교육을 할 수 있는 공간으로 활용될 수도 있다.

⑩ 실외 휴식 공간

활동 중에 햇빛을 피하여 쉬거나 친구들과 담소를 나누며 휴식을 할 수 있는 공간이다.

실외휴식공간

토 의 과 제

-. 놀이의 현대이론과 고정이론의 차이점에 대해 토의하시오.

-. 인지적 놀이와 사회적 놀이는 어떤 차이가 있는지 토의해 보시오.

-. 영유아기 놀이환경이 영유아 발달에 미치는 영향에 대해 토의해 보시오.

제 7 장

부모교육

본 장에서는 영유아기 부모역할의 중요성을 인식하기 위해 부모교육의 개념이 무엇인지 살펴보고, 부모-자녀관계를 증진시키기 위해 도움이 되는 이론을 살펴보았다.

1. 부모교육의 개념 및 필요성

산업화 이후 핵가족이 일반화되면서 남성과 여성의 영역을 구분하는 성 역할에 대한 이분법적 사고는 보다 남성 여성 모두가 상황에 적절한 역할을 융통성 있게 수행할 수 있어야 한다는 성 역할에 대한 양성성의 개념으로 그 중요성이 강조되기 시작했다. 현대사회의 확대가족제도의 붕괴는 전통적 양육모델을 제시해 주지 못하여 양육에 대한 혼란을 가중시키고 있다. 양육의 분야가 더 이상 여성의 분야가 되어선 안 된다. 이러한 시대적 요청은 성역할 개념을 변화시키고 있다. 부부가 함께 상생하는 가정 속에서 여성들은 진정한 어머니의 역할에 대한 보람과 함께 자신의 자아실현을 위해 노력할 수 있을 것이다. 영유아기에 잘못 발달되어질 경우, 이를 회복하려면 이 시기에 투자한 것의 몇 배의 노력을 기울여도 회복이 힘들거나 완전치 못할 경우가 많다. 또한 유아기에 잘 형성된 전반적 발달은 평생을 두고 건강한 영향을 미친다는 측면에서도 역시 그러하다.

따라서 유아기교육의 적절한 투자는 그 어느 시기의 투자보다 경제적이며 이는 국가 경쟁력을 강화할 수 있는 원동력이 된다. 따라서 현대는 부모교육의 중요성이 점점 더해가고 있다. 1960년대까지만 해도 "제 먹을 것은 갖고 태어난다"라는 말이 있을 정도로 자녀양육이란 신체적 필요를 채워주는 것과 동일시해 왔었던 것이 사실이다. 이 시기 부모교육은 전문가들이 자녀양육에 대한 지식·정보·기능을 교육시키는 소극적 의미로 사용되었다. 그러던 것이 1960년대 이후에 20세기에 들어서면서부터 부모로서의 역할은 신체적 필요만을 채워주는 것만으로 충분하지 않다는 인식이 보편화되기 시작하였다(이원영, 1985). 이 시기의 부모교육은 기관의 프로그램에 부모가 직간접으로 개입하여 자녀의 성장발달에 도움을 주는 부모참여(parent involvement)라는 의미로 사용되기 시작하였다. 부모참여의 용어 속에는 부모가 자녀양육의 전문가임을 인정하는 의미가 내포되어 있으며 보다 적극적 부모교육의 의미로 사용된다.

이처럼 시대가 변화하면서 부모교육의 의미는 소극적 개념에서 적극적 개념으로 바뀌고 있음을 알 수 있다.

일반적으로 부모교육이란 부모를 대상으로 자녀성장발달 증진을 위해 도움을 주고 부모의 역할을 보다 효과적으로 수행하도록 도움을 주는 다양한 교육활동을 말한다. 현대적 부모교육은 종종 부모 참여로도 칭하며 그 개념은 서로 중복될 때가 많다. 많은 연구가들은 유아기동안 부모의 참여가 영유아들의 학습활동에 대한 성취를 높이고 있다고 한다. 부모가 기관에 긍정적 관계로 참여할 때 영유아들은 문제행동이 축소되고 학급 학습에 대한 관심이 증가한다고 한다. 부모가 참여함으로써 부모는 영유아기 신체, 인지, 언어, 사회, 정서발달에 부모 자신이 지대한 영향을 끼친다는 사실을 인식하게 된다. 교사는 부모참여를 유도하여 영유아기 발달을 도울 수 있도록 적절한 정보를 부모에게 제공해야 할 것이다. 뿐만 아니라 부모는 자녀와 상호 작용하는 동안 자신의 미성숙된 인성을 다듬어 나간다. 결혼 전 부모로서의 역할 수행에 대한 심리적 준비를 하였다고 할지라도 아이를 낳아 기르는 동안 심리적 준비는 자녀-부모관계에 대한 체험을 통해 부모자신의 인성도 함께 성숙해 나간다는 것이다. 부모와 교사의 역할은 서로 근본적으로 다른 차원이지만 중첩되는 부분이 많다. 부모와 교사는 서로 상보적 관계를 유지하며 아이들과 함께 할 때 유아들의 전인적 발달에 보다 도움이 될 수 있다. 부모는 자녀와 혈연으로 맺어진 애정적 관계에 있기 때문에 정서적인 안정감과 친밀감을 교류하는 기능이 교사보다 강점이 있다. 교사는 부모가 갖지 못한 전문성으로 자녀를 과학적이고도 효율적으로 자녀발달에 대한 정보를 수집하고 관리하며 양육 및 교육에 임할 수 있는 전문성의 측면에서 부모보다 강점이 있다. 그러나 이 두 기능은 분리되어 작동되는 것이 아니다. 애정을 바탕으로 하는 전문성 있는 양육 및 교육이 되기 위해 부모와 교사의 긴밀한 협력구조를 구출할 필요가 있다. 이외에도 기관에 부모참여를 도모하는 것은 부모의 자아실현 및 교육적 성취의 유익함뿐만 아니라 지역사회의 인적 자원을 개발하고 활용하는 이점이 있다.

이상으로 부모교육의 필요성은 부모가 유아기 발달의 중요성을 인식하고, 부모 자신의 자아실현을 획득하기 위해, 사회적 변화에 대처하는 부모자녀관계를 향상하기 위해, 국제 경쟁력을 강화하기 위해 그 필요성이 요청되고 있다.

2. 부모-자녀 관계

결혼과 더불어 시작되는 부모역할에 대한 준비는 자녀의 임신과 함께 본격적으로 이루어지며 부모는 단계별로 자녀에 대한 역할을 적절히 수행할 수 있어야 한다. 부모-자녀관계를 원만히 형성하기 위해 부모발달단계에 적합한 부모됨의 역할에 대해 숙지할 필요가 있다. 다음은 갈린스키(Galinsky)의 부모기의 6단계이다(Galinsky, 1987).

1단계 : 이미지 형성기 임산부의 신체적 준비와 함께 임신에 대한 심리적 수용과 적응은 태아의 전반적 발달에 지대한 영향을 미친다. 자녀의 잉태를 심리적으로 환영하고 수용하는 것은 임신중의 영양 및 건강관리와 함께 태아에게 중요한 심리적 환경을 제공한다. 임산부는 부모됨에 대한 희망을 갖고, 부모역할에 대하여 준비하여야 한다. 부부가 함께 육아의 구체적 책임과 육아과정의 역할분담과 가사의 조화로운 운영에 대해 의논하고 합의해 두는 것이 필요하며, 이상적 부모상을 정립해 두는 것이 바람직하다. 이 시기 동안 예비부모들은 자신의 원가족과 심리적 개별성을 가지면서 연결되도록 관계정립을 하여야 한다. 부모가 자신의 부모와 성숙한 관계를 맺지 못하면 자녀에게도 미성숙과 미분화의 유산을 물려주게 되고, 건경하지 못한 가족관계를 맺을 수 있게 되기 때문이다.

2단계 : 양육기 스스로 생존할 능력이 없는 영아를 돌보고 건강하고 안전하게 기르기 위해서는 많은 에너지 소모가 따르고 희생이 수반된다. 자녀와의 애착관계를 안정적으로 맺어야 한다. 부모는 자녀의 욕구를 민감하게 파악하여 충족시켜 주어야 하며, 자녀에게 사랑과 신뢰감을 심어주기 위한 심리적, 물리적 환경을 적절히 조성해 줌으로써 자녀들이 신체적, 정서적으로 건강하게 성장해 나가도록 도와야 한다. 부모는 자신의 욕구와 자녀의 욕구를 슬기롭게 조화시켜 나가도록 노력을 기울여야 한다.

3단계 : 권위 형성기 부모에 대한 전적인 의존으로부터 점차적으로 벗어나서 스스로 자신을 돕고 관리하는 힘을 키워 주어야 한다. 이 시기 동안 기본생활습관 훈련을 통해 자조기술을 습득할 수 있도록 하여 자녀의 전반적 생활의 틀을 잡고 행동의 옳고 그름을 배우고 익힐 수 있도록 부모는 지혜로운 조력자의 역할을 하여야 한다.

부모는 자녀에게 적절한 행동규범을 익힐 수 있도록 일관되고 명료한 태도로 생활의 규칙을 지도함과 동시에 점차 자율적으로 자신의 일들을 수행해 나갈 수 있도록 조력해 주어야 한다. 이를 위해 부모자신이 합리적이고 일관적인 태도로 생활의 모범을 보여주어야 부모로서의 권위를 형성할 수 있다.

정해진 규칙을 확고하게 지킬 수 있도록 지도하는 과정에서 자녀들은 심리적 좌절과 인내를 경험하기도 하는데, 부모는 자녀의 좌절을 따뜻하고 지지적인 태도로 격려해 이를 극복할 수 있는 힘을 길러주어야 한다. 강인함과 부드러움의 조화를 이룰 수 있는 부모역할이 요구되는 시기이다. 또한 자녀의 사회적 상호작용을 확대시켜 나갈 수 있도록 자신의 욕구 못지않게 타인의 욕구도 소중하다는 것을 일깨워 줌으로써 타인에 대한 민감성과 배려성을 길러주어야 한다.

4단계 : 설명하며 가르치는 시기 초등학교 시기의 아동에게는 놀이와 학습을 통해 해야 할 일을 끝까지 해낼 수 있는 인내력과 근면성을 길러주어야 한다. 이 시기동안 놀이와 학습의 조화를 이룰 수 있도록 지도하는 것은 중요하다. 놀이는 생활에 쌓인 스트레스를 해소하여 원만한 인격을 이룰 수 있게 한다. 놀이를 통해 인간관계를 맺는 방법을 배우고, 창의력과 지도력을 함양시킨다. 놀이와 학습을 배분하는 능력을 기르면 자녀의 생활이 매우 활기차고 능력적이 될 수 있다.

자녀의 학습수준과 집중력을 과목별로 정확히 파악하여야 한다. 효율적인 학습방법을 터득할 수 있도록 하고, 규칙적으로 학습하는 습관을 길러주어야 한다. 매일 계획대로 공부를 마치고 난 다음에는 자녀가 좋아하는 활동을 할 수 있도록 배려하고, 자녀의 장점과 능력을 발견하여 격려해 줌으로써 자녀에게 과업에 대한 유능감을 키워줄 수 있어야 한다. 이외에도 자녀의 나이와 절제력에 알맞은 금전교육을 키워줄 수 있어야 한다. 차츰 부모와 함께 용돈의 쓰임새를 계획하여 차츰 스스로 관리할 수 있도록 지도한다. 또한 사춘기의 신체적, 심리적 변화에 준비할 수 있도록 배려해 주어야 한다.

5단계: **상호의존기** 신체적으로는 성인과 비슷하면서 심리적으로는 아동도 성인도 아닌 존재인 청소년은 성적 욕구와 호기심이 강하지만 자신의 호기심을 어떻게 다스려야 할지 몰라서 당황해 한다. 부모는 이러한 자연스러운 현상을 이해해 주고 자녀와 대화를 통해 자녀도 이러한 상황을 수용할 수 있도록 하고, 사회적으로 용인될 수 있도록 성적용구와 호기심을 충족시킬 수 있는 방법에 대해 의논한다. 자녀가 성인이 되어간다는 사실을 부모가 인정하는 태도가 무엇보다 중요하다.

청소년기 자녀를 둔 부모는 자신의 마음을 신속하게 전달하는 방법과 자녀의 마음을 잘 읽고 이해하는 방법, 갈등이 있을 때 이를 대화로써 해결하는 방법들에 대해 알고 있어야 한다. 청소년기 자녀들은 자아를 정립해 나가는 성숙성을 보이기도 하지만 아직 자신을 다스리는 힘이나 의사결정능력이 미숙한 점이 많아 편견에 사로잡힐 때가 많다. 부모는 성숙된 자녀를 존중하면서 동시에 자녀의 가치관, 직업, 종교, 진로에 대해 끊임없이 관심을 갖고 방향점을 찾아주는 역할을 소홀히 해선 안 된다.

6단계: **떠나보내는 시기** 성인이 된 자녀를 한 성인으로 존중하고, 직장, 군대, 대학, 결혼 등의 자립의 기반을 조성하여야 한다. 부모-자녀 관계를 대등한 성인관계로 발전시키고 부모는 이전보다 좀더 부부중심적인 관계를 유지하여야 한다.

3. 부모의 역할 및 양육태도

초기 영아기 부모와 자녀의 관계형성은 영아의 애착발달의 측면에서 아주 중요하다. 정신분석이론의 관점은 구순 욕구를 충족시켜 주는 대상과의 사이에서 형성하는 일정한 관계. 영아에게 젖, 모유에 대한 욕구충족이 애착형성을 이루는 중요한 요건이 된다. 즉 먹여 주고 만족감을 주는 부모 양육행동은 좋은 애착형성의 요건이 된다. 인지발달이론의 관점에서 애착을 형성하기 위해 영아는 우선 애착대상과 다른 대상을 구별할 수 있는 지각적 변별력을 갖추어야 한다. 안정된 애착관계를 갖기 위해서는 애착 대상이 시야에 사라져도 어딘가에 존재한다는 것을 아는 대상영속성도 획득되어야 한다. 애착은 보통 7-9개월 사이 대상영속 성이 획득되는 시기와 유사한 기간에 형성된다. 동물행동학적 이론에서의 애착형성은 종의 보존과 생존에 중요한 의미를 갖는 본능적 반응의 결과로 본다. 하로우(Harlow)는 애착발달의 주요인이 수유욕구 충족이 아니라 접촉위안이라는 사실을 실험을 통해 밝혔다.

일반적으로 부모의 양육행동에 영향을 미치는 요인은 크게 개인적 요인과 관계적 요인으로 구분된다. 개인적 요인으로는 부모 또는 자녀의 특성 즉, 기질, 성격, 친밀성, 심리적 성숙, 부정적 정서, 심리적 장애등을 들 수 있고, 관계적 요인으로는 부부생활, 주변의 지지적 관계, 결혼, 직장 등을 들 수 있는데, 이 두 요인은 서로 영향을 주고받는다.

개인적 요인의 예를 들어보자, 친밀감이 높은 임산부는 그렇지 못한 임산부에 비하여 임신에 대한 불안감이나 우울감의 정도가 낮고 안정감이 있다. 그렇지 못한 임산부는 태아에게도 그런 영향을 끼치게 되어 까다로운 기질의 아기가 될 가능성이 높다.

또한 까다로운 기질을 갖고 태어나는 아기는 순한 기질을 갖고 태어나는 아기에 비하여 부모의 양육행동을 효과적으로 수행하지 못하게 할 가능성이 크다.

관계적 요인의 예를 들어보자. 부부간의 갈등이 있는 부모는 그렇지 않은 부모에 비하여 아동의 문제행동을 야기시킬 가능성이 크다. 왜냐하면 부부간의 갈등으로 인하여 건전한 역할 분배가 이루어지지 못하게 된다. 공정치 못한 부부간 역할분배는 자녀의 역할 수행에 바람직하지 못한 영향을 미치게 되어 자녀의 문제행동을 야기시키게 되며, 이는 다시 부모와 자녀와의 관계를 방해할 수 있기 때문이다.

자기중심적이며 융통성이 적은 기혼 성인은 그렇지 못한 기혼 성인에 비하여 결혼생활을 불만족스럽게 만들 가능성이 많기 때문이다.

자녀와 부모를 둘러싸고 있는 환경 역시 부모-자녀관계에 영향을 끼친다. 예를 들어, 직장 스트레스로 인해 나빠진 부모의 심리건강은 자녀의 양육행동에 바람직스럽지 못한 영향을 미치게 되며 이는 다시 자녀의 행동에도 좋지 못한 영향을 미친다.

부모와 영아의 출생초기관계는 일생동안 부모자녀관계에 지속적으로 영향을 끼칠 만큼 아주 중요하다. 이 시기동안 애착은 전 생에 영향을 끼친다. 애착(attachment)이란 한 개인이 자신과 가장 가까운 사람에 대해서 느끼는 강한 감정적 유대관계를 말한다. 일단 애착이 형성되고 나면, 애착이 형성된 대상에 대해서는 가까이 다가가고 싶고 근접해 있고 싶은 욕구를 갖게 된다. 바울비(Bowlby)는 인간의 애착은 생후 초기에 강하게 형성되며, 특정 인물에게 애착을 느낀 영아는 그 인물을 세상을 탐색하는 안전기지(secure base)로서 사용한다고 하였다. 그는 아이가 정서적으로 의존하고 있는 의미 있는 사람이나 어머니가 사망할 경우에 분노, 지속적인 불안 등을 경험한다고 가정하였다. 그는 어린 시절의 상실의 경험이 성인기의 정서적 반응에 영향을 준다고 설명한다. 에인스워드(Ainsworth, 1973)는 애착이란 출생 후 1년여 동안 영아와 그를 돌보는 사람 사이의 밀접한 심리적 유대관계를 의미한다. 애착은 성장하는 아이의 정서, 사회성 및 성격발달에 매우 중요한 역할을 한다. 그는 어머니와 분리되었을 때 아기의 반응과 새로운 환경을 탐색하는 양상에 따라 애착유형을 안정애착, 안정회피애착, 저항애착, 불안정 혼돈애착의 4가지로 나누었다. 안정애착은 낯선 상황에서 어머니만 있으면 두려움 없이 상황을 탐색 낯선 장난감에 호기심을 보임, 친숙한 상황에서 어머니가 잠시 떠나는 것에 대해 크게 격리불안을 보이지 않음, 어머니는 아기의 요구에 민감하게 반응, 아기 스스로 노는 것을 충분히 허용한다. 안정회피애착은 영아는 어머니가 떠나도 별 동요를 보이지 않음, 어머니가 들어와도 다가가려 하지 않고 무시함, 어머니는 아기의 요구에 무감각함. 아기와의 신체적 접촉이 적음, 화가 나 있거나 초조하며 거부하듯이 아기를 다룬다. 저항애착은 어머니가 있어도 잘 울고 보채지만, 어머니가 떠나면 극심한 불안을 보임, 어머니가 돌아오면 화를 내지만 어머니 곁에 머물러 있으려고 함, 어머니와 접촉에 관심이 없거나 다가서서 안겼다가는 이내 화난 듯이 밀어내버리는 양극적 반응을 보임, 어머니는 아기의 요구에 무감각하고 아기 다루는 방식이 어색하지만 화가 나있거나 아기를 거부하는 느낌은 없다. 불안정혼돈애착은 회피와 저항이 복합된 반응을 보임, 낯선 상황에서 어머니가 돌아오면 처음에는 안겼다가는 이내 화난 듯이 밀어버리거나 어머니에게서 떠나는 양극적인 반응을 보임, 어머니와의 접촉에 대한 욕구는 강하나 어머니로부터 무시당하거나 구박받은 데에서 오는 공포가 공존한다.

부모의 양육태도에 관한 연구는 부모자신이 자기 자녀와의 관계를 이해하는 것이 건전한 부모자녀관계를 형성하는데 필요하다고 인식되었고 점차 부모의 양육태도에 변화가 있었다(이원영, 1983). 부모교육에 선행되어야 할 일반적·보편적인 양육 태도 및 행동에 관한 제 학자들의 이론과 연구는 학자에 따라 다양한 유형으로 나누어지는데 보통 자녀에 대한 부모의 애정·통제·합리성 정도 등에 따라 몇 가지 유형으로 나뉜다. 가장먼저 이론으로 정립한 사이몬(Symonds, 1949)은 부모의 애정을 받고 자란 유아집단과 그렇지 못한 유아 집단 간의 비교를 통해 부모의 양육태도를 수용-거부와 지배-복종의 두 차원으로 보았다.

여기서는 부모교육의 대표 이론으로 드라이커스(Dreikurs, 1958), 기노트(Ginott, 1965), 고든(Gorden, 1975), 번(Berne, 1961, 1964), 쉐퍼(Schaefer, 1959)의 이론을 개략적으로 살펴본다.

드라이커스의 부모교육 이론을 민주적 부모교육이론이라고 한다. 민주적인 자녀 양육방법은 평등과 상호존중의 원리에 입각한다. 민주적인 부모란 자녀를 격려할 줄 아는 부모이다. 이는 자녀를 사랑과 존경할만한 인격을 지닌 존재로서 가치있게 여긴다는 것을 의미한다. 부모와 자녀의 수평적 관계를 유지하고자 노력하는 데는 질서가 있는 자유를 유지할 때 가능하다.

드라이커스는 만일 자녀가 잘못된 행동을 할 경우, 자녀의 잘못된 행동의 이면에 사회적 목적이 숨어 있다고 본다. 자녀는 자신의 위치를 찾고 유지하려고 노력하는데 만일 자신의 위치를 찾은 자녀는 소속감을 느끼게 되나 그렇지 못한 자녀는 소속감을 느끼지 못하기 때문에 잘못된 행동을 하게 된다고 본다. 잘못된 행동의 유형에는 관심끌기, 힘 행사하기, 보복하기, 무능력감 보이기 등이 있다.

기놋의 부모교육이론을 인본주의 부모교육 이론이라고 한다. 이는 인본주의 심리학을 근간으로 하고 있으며 자녀의 의사소통을 증진하는 방법을 중요시한다. 부모는 자녀와의 의사소통을 증진시키기 위하여 자녀의 그대로의 감정과 행동을 수용하고 상호존중해야 한다. 긍정적인 강화의 남용을 막기 위해서는 칭찬보다는 격려를 장려한다. 격려는 자녀로 하여금 '나는 능력 있다'는 느낌을 가질 수 있도록 하는 것이다. 그러기 위해 부모는 자녀의 행동에 긍정적 변화가 보일 때 그 행동이 집단에 기여한 바를 구체적으로 알려주는 방법이다. 위협, 뇌물공세, 빈정대는 말은 자녀의 인격을 왜곡되게 만드는 바람직하지 못한 상호작용의 형태를 사용하지 말아야 하고 부모와 자녀가 의사소통을 할 때는 부모의 신체적 크기를 낮추고 자녀의 눈을 보면서 대화하는 것이 좋다고 한다.

고돈의 부모교육 이론을 부모효율성 훈련이론이라고 한다. 자녀의 정서적 문제가 정신학적인 것이 아니라 인간관계에서 발생하는 의사소통의 문제가 주된 원인으로 본다. 부모는 부모-자녀관계에서 발생하는 자녀의 행동을 이해하고 문제점을 파악하여 개선해 보려는 시도를 해야 한다. 우선, 자녀에게 문제가 발생했을 경우 부모는 경청의 방법을 사용함으로써 부모는 자녀로 하여금 스스로 문제를 발견하고, 문제를 좁혀나갈 수 있도록 도와주어야 한다. 경청의 방법은 조용히 들어주기, 인식반응 보여주기, 계속 말하도록 격려하기, 적극적으로 들어주기 등의 유형이 있다. 다음으로 부모자신이 자신의 감정을 다스리지 못하여 부모와 자녀의 의사소통이 단절되는 경우 부모는 나 전달법(I-message)을 사용하여 자녀에게 부모의 감정을 솔직하게 전함으로써 문제상황에 대한 자녀의 이해를 구하고 자녀로 하여금 문제를 잘 인식할 수 있도록 돕는 방식이다. 나 전달법이란 부모가 문제 발생의 상황을 구체적으로 설명하고, 그로 인한 부모의 느낌을 솔직하게 이야기하며, 그러한 느낌을 갖게 된 원인을 구체적으로 설명하고, 부모가 기대하는 바가 무엇인지 알려주는 대화 기술의 방식이다.

번의 부모교육이론을 상호교류분석이론이라고 한다. 이는 인간 사이의 상호교류를 분석하고 부모들에게 적용하여 부모-자녀관계를 개선하고자 하는 이론이다. 스스로 자신의 자아 상태를 자율적으로 선택할 수 있도록 능력을 갖추게 하는데 중점을 둔다. 인간 생존의 중요한 가치와 사회적 상호교류의 기본이 되는 심리적 교류는 보완적 교류, 교차적 교류, 잠재적 교류가 있다.

쉐이퍼는 부모양육태도 모형을 애정적-자율적 태도, 애정적-통제적 태도, 거부적-자율적 태도, 거부적-통제적 태도로 분류하였다. 애정적-자율적 태도의 부모 밑에 자란 자녀는 능동적, 외향적, 독립적, 사교적, 창의적이며 적대감이 없는 아이로 자라게 되며, 애정적-통제적 태도의 부모 밑에 자란 자녀는 애정적-자율적 태도의 모형에 비해 의존적이고 사교성과 창의성이 낮은 편이며 상상적 적대감정을 품을 수 있다고 한다. 거부적-자율적 태도의 부모 밑에 자란 자녀는 공격적이고 충동적이며 자신의 행동을 잘 조절하지 못하며, 거부적-통제적 태도의 부모 밑에 자란 자녀는 자아에 대한 분노가 많고 내적 갈등과 고통이 많아서 자학적이거나 퇴행적이 되기도 한다고 하였다. 쉐이퍼의 양육태도모형은 다음과 같다.

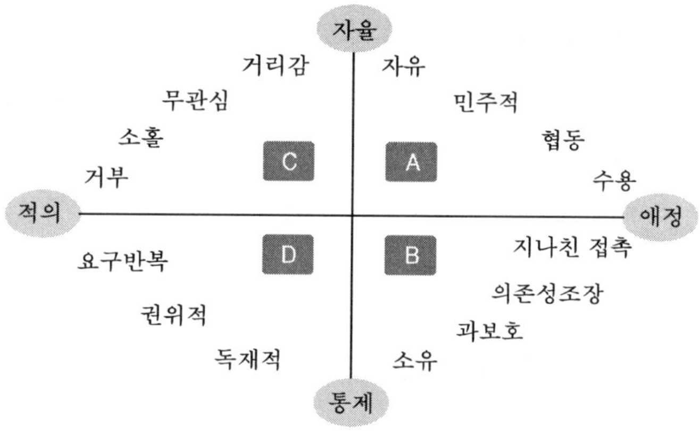

쉐이퍼 양육태도 모형

토의과제

-. 영유아가 건강하게 성장 발달하기 위해 보호와 교육은 어떤 기능을 해야 하며 어떤 관계여야 하는지, 부모와 교사는 어떤 역할을 해야 하며, 어떤 관계를 구축해야 하는지 토의해 보시오.

제 8 장

유아교사

본 장은 유아교사직이 전문직임을 인식하고, 전문직으로서의 유아교직의 특징을 알아보았다. 그리고 교사로서 갖추어야 할 역할을 살펴보기 위해 역할의 의미, 일반적인 교사의 역할 그리고 유아교사의 역할을 정리하였으며, 유아교사의 자질을 개인적 자질과 전문적 자질로 구분하여 탐색하였다. 그리고 유아교사의 발달단계를 살펴본 다음, 유아교사 윤리의 중요성과 영역을 상세하게 제시하였다.

1. 유아교사의 전문성과 역할

교육은 인간의 능력을 최대한 발달시키기 위해 가르치고 기른다는 의미를 지니고 있다. 다시 말하면 교육이란 인간형성을 위해 가르치고 기르는 작용 또는 인간의 잠재력을 최대한 계발하여 새로운 환경에 잘 적응케 하는 작용이라 할 수 있다.

교육의 개념에 포함된 의미는 다음과 같이 요약할 수 있다. 먼저 교육은 가치지향적이어야 한다. 둘째, 교육은 의도적, 계획적인 학생행동의 변화에 주력해야 한다. 마지막으로 교육은 학생들의 성장 가능성을 최대한으로 신장시키려는 작용이어야 한다.

이와 같이 교육은 고유한 특성을 지니고 있으며, 이를 직업으로 하는 교사들에게도 타 직업과는 다른 기준을 요구하고 있다. 본 장에서는 먼저 유아교사에 있어서 가장 큰 특성인 전문성에 대해 알아본 다음 교사의 역할과 자질에 대해 살펴보고자 한다.

1) 유아교사의 전문성

전통적으로 출산을 한 여성이 육아를 담당해 왔기 때문에 유아를 교육하는 사람에게 전문가라고 인정하는 인식은 비교적 최근에 생겨났다. 유아를 가르치는 일은 교직에 해당되므로 교직의 전문성을 알아본 다음 유아교사의 전문성에 대해 논의하기로 하겠다.

역사적으로 볼 때 교직에 대한 관점은 성직, 노동직 그리고 전문직으로 변화되어 왔다.

첫째, 성직관은 고대사회에서 기원을 찾을 수 있다. 당시에는 교직에 종사하는 자가 성직자처럼 인간의 정신과 영혼을 다루었으므로 교직을 특별한 소명의식을 지닌 것으로 인식하였다. 따라서 교직자는 물질적인 이득이나 명예보다는 사랑과 인내로 제자를 가르치며 단순한 지식이나 기술이 아니라 인간의 영혼과 지성을 알려주어 참다운 인간을 기르도록 해야 한다는 것이다. 이 관점에서의 교사는 높은 윤리성과 인격을 갖춘 사람이어야 한다.

둘째, 노동직 관점은 교직은 일종의 정신적 노동이며, 노동의 대가로 보수를 받기 때문에 교직도 노동직과 동일하다는 것이다. 단 교사는 가르친다는 전문성을 지닌 점이 생산직 노동자와 다르다는 것이다. 하지만 노동자가 노동을 제공하고 그 대가로 보수 등을 받는 것과 교사가 교육을 제공하고 보수를 받는 것을 동일하게 적용하는 것이 맞지 않다고 보는 입장도 있다.

셋째, 교직을 전문직으로 보는 관점으로, 이 주장은 현대에 이르러 대두되기 시작하였다. 이 관점에서 교사는 까다로운 자격기준과 절차에 의해 임용되고, 가르치는 것에 대한 이론과 기술을 체계적으로 학습하며, 교사로 활동할 때 고도의 자율성・윤리성・봉사성을 요구하기 때문에 교직은 전문직이라고 주장한다. 최근 가장 보편적으로 인식되는 것이 전문직 관점이다. 우리나라 역시 교직이 전문직이라는 관점에 동의를 하고 교육 전문가의 직업을 분류하고 있다. 이러한 분류는 〈표 8-1〉에 제시되어 있다.

〈표 8-1〉을 살펴보면 우리나라 교직의 분류는 대학교수, 중등학교 교사, 초등

학교 교사, 유치원 교사 그리고 특수학교 교사로 나뉘어졌으며, 다음으로는 교육 전문가, 장학사 그리고 기타 교육 전문가의 순으로 제시되었다. 〈표 8-1〉에서 나타난 것처럼 유치원 교사는 전문가로 인정되고 있다.

〈표 8-1〉 교육전문가의 직업 분류

15	교육전문가		
151	대학교수		
1510	대학교수		
15101	인문사회계열 교수		
15102	이학계열 교수		
15103	공학계열 교수	153	초등학교 교사
15104	의약계열 교수	1530	초등학교 교사
15105	예체능계열 교수	15300	초등학교 교사
15106	사범계열 교수	154	유치원 교사
15109	기타 대학교수	15400	유치원 교사
152	중등학교 교사	155	특수학교 교사
1520	중등학교 교사	157	기타 교육전문가
15201	도덕 및 윤리교사	1571	교육연구전문가
15202	국어 교사	15720	장학사 및 관련 전문가
15203	수학 교사	1579	그 외 기타 교육전문가
15204	사회 교사	15790	그 외 기타 교육전문가
15205	과학 교사		
15206	예체능 교사		
15207	실업 및 전산 교사		
15208	중등학교 교사		
15209	기타		

그리고 교직은 개인의 이익을 추구하는 사적 직업이라기보다는 인류사회나 국가의 발전을 위해 헌신적으로 봉사해야 하는 공적 직업으로 타 직업군에 비해 높은 직업윤리를 요구한다. 따라서 교직에 종사하는 교사는 이러한 고유 업무를 수행하기 위해서 전문성을 필요로 하게 된다.

유아 교사의 경우도 마찬가지이다. 유아 교사가 되기 위해서는 고유한 지식과 기술을 학습하여 유아에게 최선을 다해 교육해야 한다. 이러한 과정에서 다른 교직에서처럼 높은 수준의 윤리의식이 요구된다. 특히 발달초기에 해당되는 유아에게는 교사의 영향력이 많이 미치므로 더욱 강화된 직업윤리가 필요할 것이다.

위에서 살펴본 바와 같이 전문직이라는 것이 유아교사의 중요한 특성이라 할 수 있겠다.

다음으로 전문직의 특성을 알아봄으로써 유아교사의 전문성에 대해 좀 더 깊게 이해하고자 한다.

리버맨(Liberman, 1956)은 전문직의 특성 및 조건을 다음과 같이 제시하였다(안창선 외, 2004 재인용).

첫째, 전문직은 유일하고 독특한 종류의 사회적 봉사 기능을 가지고 있다.

둘째, 전문직은 그 직무 수행에 있어서 고도의 지적 기술을 요한다.

셋째, 전문직은 상당히 장기간의 준비교육을 필요로 한다.

넷째, 전문직은 전문인 개인은 물론 집단적 활동에서 광범한 자율권을 행사한다.

다섯째, 전문직은 자율권의 범위 내에서 행한 전문인의 판단과 행동에 대해 개인적 책임을 묻는다.

여섯째, 전문직으로부터의 보수는 사회봉사보다 우선되지 않는다.

일곱째, 전문직은 자율적 통제를 위해 자치조직을 가진다.

여덟째, 전문직은 전문인 스스로 준수해야 할 직업윤리를 가지고 있다.

그리고 김남성(2005) 등은 전문직의 특성 및 조건을 크게 세 가지로 제시하고 있다.

첫째, 전문직은 고도의 지적 기술을 요구한다.

교사에게 필요한 고도의 지적 기술은 교육의 철학적·심리학적·사회학적 배경과 교수과정, 학생지도, 교육정책 및 계획, 학교와 지역사회의 관계에 대한 적용력, 분석력, 종합력, 평가력을 뜻한다.

전문직에서 요구되는 고도의 기술을 체계적·전문적으로 배우기 위해서는 장기간의 직전(直前)교육이 필요하고 또 이러한 능력과 기술을 유지·발전시키기 위해서는 계속적인 연구와 교육(재교육)이 필요하다.

둘째, 전문직은 자율성을 요구한다.

자율성이란 타율성에 반대되는 개념으로 외부의 강요나 지시에 따르지 않고 자유롭게 자기의 문제를 결정하는 행동 또는 과정으로, 이것은 전문직이 되기 위한 하나의 기본 조건이다.

교사가 학생을 가르치는데 필요한 수업목표와 방법을 결정하고 선택하는 일은 전적으로 교사의 권리이자 책임이다. 예술가에게 자율성이 없다면 올바른 창작을 기대할 수 없는 것과 마찬가지로 교사에게 자율권이 없다면 올바른 교육을 할 수 없을 것이다.

그러나 전문직의 자율성은 결코 절대적일 수는 없다. 교직의 경우에도 자율권의 행사에는 한계가 있다. 즉 교직의 자율권 행사 때문에 학생의 자유와 복지증진이 저해되어서는 안 되며, 국가와 사회의 기본질서가 무너지면 안될 것이다.

셋째, 전문직은 고도의 직업윤리를 요구한다.

직업윤리는 전문직에서 요구되는 필수 조건이며, 전문직 종사자일수록 높은 직업윤리를 필요로 한다. 교사도 이런 면에서 결코 예외일 수 없으며, 오히려 다른 전문직에 비해 높은 수준의 직업윤리를 요구받고 있다고 볼 수 있다. 왜냐하면 교사는 영리적 이익추구나 권력과 명예를 위해 일하는 것이 아니라 하나의 인간을 바람직한 방향으로 지도하고 가르치는 일을 하고, 이를 위해 투철한 사명감과 소명의식 그리고 희생과 봉사정신을 필요로 하기 때문이다.

위에서 살펴본 바와 같이 전문직은 상당한 기간의 준비교육 기간을 거쳐 고도의 지적 기술과 직업 윤리를 갖추어야 하며, 자율적으로 봉사해야 하는 것임을 알 수 있다. 그 밖에도 전문직은 자격 여부를 알 수 있는 자격증이 주어지며, 사회적인 지위가 부여된다는 특성이 있다. 유아교직 역시 이러한 전문직의 특성에 부합하기에 전문직이라 볼 수 있다. 다음에서는 전문직의 특성을 살펴보면서 유아교육의 현실적인 부분을 생각해 보기로 하겠다.

첫째, 전문직은 고도의 지적기술을 필요로 한다. 전문화된 지식은 그 직업에 종사하는 사람들만이 배타적으로 공유하는 것이어서 외부인들이 이해하기 어렵다. 유아교사의 경우에도 유아교육에 관련된 교육학적 지식, 발달심리학적 지식, 사회학적 지식 등 전문적인 지식을 알아야 한다. 그런데 부모들의 경우 자녀의 발달과 학습에 대하여 그 누구보다 잘 알고 있다고 확신하기 때문에 교사들의 전문성을 인정하지 못하는 부분이 있다.

둘째, 전문직은 직업에 종사하는 이의 자율성을 필수적으로 요구한다. 전문직에 종사하는 사람들은 자신이 하는 일에 대하여 비교적 많은 자율권을 가지고 의사 결정을 할 수 있다. 유아 교사들 역시 교육과정 운영시 상급 학교 교사들보다도 많은 자율권을 가지고 있다고 볼 수 있다. 그러나 이러한 자율권은 학부모들과 사회의 요구가 지나치게 강할 경우 교사의 교권이 상당히 침해되는 경우도 있다.

셋째, 전문직은 고유한 윤리강령을 가지고 있다. 전문직은 개인의 의사결정이 존중되기 때문에 개인 간의 가치가 충돌할 때 적절한 기준을 제시해 줄 수 있는 윤리강령이 있어야 한다. 우리나라에서 교직에 종사하는 사람들을 위한 사도강령이 존재한다. 하지만 유아교사만을 위한 윤리강령은 아직 제정되지 않았다.

넷째, 전문직은 자격을 갖춘 사람에게 자격증을 부여한다. 즉 전문직 종사자는 취업시 전문성을 갖추었다는 자격증을 제시해야 한다. 유아 교사 역시 일정 기간 현직교육을 통해 필요한 학점을 이수하여 자격을 부여받는다.

다섯째, 전문직은 각자에 맞는 사회적인 지위와 경제적인 부상을 받게 된다.

전문직에 종사하는 사람들에게는 그에 맞는 사회적인 지위와 경제적인 보상이 주어지며, 사회의 구성원들도 이를 인정하고 수용한다. 우리나라에서 유아교사들에게 주어지는 사회적 지위는 그리 높지 않으며 그에 따른 경제적인 보상 역시 높지 않은 편이다.

위에서는 유아교직의 특성 중에서 전문직 특성에 대해 살펴보았다. 유아교직은 고도의 지적 기술, 자율성, 윤리강령, 자격증 부여 그리고 사회적 지위와 경제적 보상 등 전문직이 갖추어야 할 조건들을 갖추고 있으나, 앞으로 개선해 나가야 할 부분이 상당할 것으로 사료된다.

2) 유아교사의 역할

교육은 인간형성과 사회 및 국가의 발전을 위해 중요한 역할을 담당하고 있으며, 이러한 것을 직접적으로 담당하는 주체가 교사이다. "교육의 질은 교사의 질을 넘지 못한다"라는 표현이 있듯이 교사는 교육의 질을 좌우하는 중요한 부분이다. 아래에서는 유아교사가 담당해야 할 역할을 알아보기 위해 역할의 의미, 일반적인 교사의 역할 그리고 유아교사의 역할에 대해 논하고자 한다.

(1) 역할의 의미

역할의 의미를 살펴보면 다음과 같다.

역할이란 사회에서 특정한 지위에 있는 사람들이 의식적으로 수행하는 그리고 다른 사람들에 의해서도 어느 정도 명확하게 인정을 받고 있는 포괄적인 행동방식이다. 따라서 역할의 개념에는 '그 지위에 관련된 행동 유형 또는 경향성', '사회적 지위', '기대되는 직업적 활동'이라는 세 가지 요소가 포함되어 있어야 한다.

이러한 역할의 개념을 이해하면 교사가 어떠한 역할을 수행해야 할 것인지에 대한 기본적인 방향을 설정할 수 있다. 이를 세부적으로 알아보겠다.

첫째는 '그 지위에 관련된 행동 유형 또는 경향성'으로, 교사는 교원으로서의 역할에 대해 분명하게 의식하고 있어야 한다는 점이다. 교사 스스로가 자신의 역할을 인식하고 의식하는 것을 역할지각 또는 역할파지(role perception)라고 한다.

둘째, '사회적 지위'이다. 교원의 역할은 교사 자신을 제외한 다른 사람들에 의해 사회적으로 인정되어야 한다는 점이다. 교사라는 지위에 있는 자에게는 주변 사람들이 어떠한 것을 해 주기를 기대하게 되는데, 이를 역할기대(role expectation)라 한다.

셋째, '기대되는 직업적 활동'이 있다. 역할이 역할수행자나 다른 사람들의 의식 속에서 결정된다는 것은 역할의 내용이 고정되어 있는 것이 아니라 사회, 역사, 문화 등에 따라 변화되는 것임을 의미한다. 즉, 교사의 역할은 절대적이거나 고정되어 있는 것이 아니라 사회의 상황이나 제도, 역사적 맥락, 가치관, 인간관, 교육관 등에 따라 변화되어야 하는 것이다.

역할행동은 역할기대와 역할지각의 상호작용에 의해서 결정된다. 역할기대와 역할지각이 일치하는 경우 교사의 역할에 대한 올바른 지각은 교사로서의 역할을 성공적으로 수행해낼 수 있게 한다. 하지만 역할기대와 역할 지각이 일치하지 않는 경우도 생길 수 있는데 이것을 '역할갈등'이라고 한다.

역할갈등이 일어나는 원인을 개인의 역할 간 갈등, 개인 간 역할갈등, 자아특성과 역할기대의 불일치에서 오는 갈등의 세 가지로 구분할 수 있다. 개인의 역할 간 갈등이란 한 사람이 여러 역할을 동시에 수행할 때 어느 역할을 채택해야 할지가 분명치 않은 데서 나타날 수 있는 갈등이다.

개인 간 역할갈등이란 하나의 역할에 대해 여러 사람이 서로 다른 기대를 하는 데서 생기는 갈등으로 교사의 경우 교장, 동료교사, 학생, 학부모 등의 기대가 상충될 때 생길 수 있다. 또한 교사는 자신의 특성과 사회의 기대 사이에서 갈등을 겪기도 한다.

훌륭한 교사는 이러한 여러 가지 역할갈등을 적절히 극복함으로써 자기의 역할을 성공적으로 수행해 나가야 한다. 교사는 자신의 역할을 명확히 지각하고 어느 정도 역할기대에 부합되는 행동을 하면서 동시에 자신의 욕구를 충족시킬 수 있는 기회를 가져야 하는 것이다.

(2) 일반적인 교사의 역할

교사는 한 가지 역할을 수행하는 것이 아니라 여러 역할을 수행하게 되는데, 이를 큰 범주로 나누면 학교에서의 역할과 사회에서의 역할로 분류할 수 있다.

학교에서의 교사 역할은 교과 및 학습지도자로서의 역할, 생활지도자로서의 역할, 평가자로서의 역할, 학급 경영자로서의 역할, 학교 경영 참여자로서의 역할, 행사교육자로서의 역할, 직장인으로서의 역할 등 일곱 가지로 나눌 수 있다.

사회에서의 교사 역할은 중요한 사회구성원으로서, 사회의 모범으로서의 역할을 담당해야 하는가 하면, 사회변화의 촉진자로서, 교사의 권리와 권위를 신장시키는 주체로서, 그리고 끊임없이 연구하는 연구자로서의 역할을 수행해야 하는 것이다.

또한 교사가 담당해야 할 일반적인 역할이라 인식되는 것은 다음과 같다(김종서 외, 2002).

첫째, 학습 조력자로서의 역할이다. 이는 교사가 학습자에게 필요한 지식을 가르쳐 잘 학습할 수 있도록 하는 것으로 교사의 일차적인 임무라고 볼 수 있다. 그러나 교사의 역할은 지식을 전달하는 일에만 국한되는 것이 아니고 교수·학습과정에서 특정한 개념과 원리 등을 잘 설명하거나, 학생들의 개인차를 고려하여 학습과제를 준비하는 것까지를 포함한다.

둘째, 인생 안내자로서의 역할이다. 교사는 학생들에게 인생에 대한 많은 것들을 가르침으로써 학생들은 이를 통해 인간적인 성숙에 이르고 인생을 배울 수 있다는 것이다. 따라서 교사는 올바른 인생 안내자가 되기 위해 때로는 애정 상대자, 부모 대행자, 훈육자로서의 역할을 하고 있다.

셋째, 모형으로서의 역할이다. 교사는 사회의 가치, 의식구조, 생활양식 등을 대표하는 입장에 있으며, 학생들의 동일시 대상이 된다. 따라서 교사는 언어적 표현, 태도, 행동 등에서 학생들에게 좋은 모범을 보여주기 위해 노력해야 한다.

(3) 유아교사의 역할

전문가로서의 유아교사 역할은 여러 측면에서 언급될 수 있으나, 일반적으로 유아를 보호해 주는 역할, 훈육하는 역할, 가르치는 역할, 성장과 발달을 촉진해 주는 역할 등으로 요약될 수 있다(이은화 외, 2003 재인용). 유아교사가 발달 초기 단계에 있는 유아의 심신을 안전하게 보호하는 것은 가장 기본적인 것이며, 유아들의 발달적 요구들을 충족시키면서 가르치는 것이 주요한 업무라고 볼 수 있다.

여러 학자들은 유아교사의 역할에 대해 다양한 견해들을 제시하고 있다. 이를 살펴보면 다음과 같다.

스포덱(Spodek, 1985)은 교사들이 모든 상황에서 교사들이 양육역할(nurturant role), 교수역할(instructional role), 그리고 관계적 역할(relational role)을 수행한다고 가정하였다.

먼저 양육역할은 유아기 특성상 그들의 건강, 보호, 안전에 특히 주의해야 하는 측면으로, 교사는 유아들에게 사랑과 편안함을 제공해야 한다는 것이다. 주의해야 할 점은 다른 교육적 요구들이 무시되지 않도록 조심해야 한다는 것이다.

다음으로 교수역할은 교사에 대한 전통적인 관점인 지식 전달이라는 직접적인 형태뿐만 아니라, 학습 상황을 만들어 주고, 교육자원을 접하게 하며, 유아들로 하여금 현실세계에 대해 지각하게 하고, 평가하는 등 교수의 간접적인 형태까지를 포함한다. 교수역할에는 교육과정 설계자, 진단자, 교수조직자로서의 역할이 함께 포함된다. 교육과정 설계시에는 의도된 학습의 범위, 제공될 순서, 유아교육기간 내에서의 제 요소들의 균형 등이 모두 고려되어야 한다. 진단자로서의 교사는 프로그램 계획 시 사용될 각 유아에 대한 관련 정보를 수집하며, 계속적으로 유아 행동을 관찰하고, 유아의 작품을 분석하고, 표준화된 검사와 교사제작용 검사들을 실시함으로써 학급 유아에 대한 정보를 수집한다. 수집된 정보는 체계적으로 기록되어야 하고, 이들 업무가 수행된 후에는 설계된 교육 경험들을 전달하고 모든 인적 및 물적 자원들을 적절하게 조직할 수 있다.

마지막으로 관계적 역할에서 교사는 유아와의 상호작용을 통해 유아를 안내하고 그들에게 도움을 주어야 한다.

그 외에도 쉬케던즈(J. A. Schickedanz, M. Z. York, I. S. Stewart & D. A. White, 1990) 등은 유아교사의 역할을 4가지 유형으로 제시하고 있다. 첫째, 지식 전달자로서의 역할이다. 이 유형에서는 교사가 유아 스스로 지식을 구성할 수 있도록 특별한 주의를 기울여 언어 및 비언어적으로 도움을 주어야 한다고 본다.

둘째, 계획자 · 조직자 · 평가자로서 교사는 교수의 가장 중요한 측면인 계획 · 조직 · 평가를 수행한다. 가장 효과적인 계획은 이전의 계획으로부터 나온 경험에 대한 평가를 토대로 해야 한다. 셋째, 훈육자로서 교사는 유아가 자아 존중감을 갖고 다른 유아들과 협력할 수 있도록 하며, 활동을 잘 계획하고 조직함으로써 문제행동 발생을 예방하며, 기대되는 행동에 대한 모델이 되고자 한다. 넷째, 의사결정자로서 교사는 항상 유아들을 관찰함으로써 이를 프로그램 수정 시에 반영하고, 기본적인 프로그램이 설정되면 언제, 어디서, 어떻게 상호작용할 것인지를 결정한다.

3) 유아교사의 자질

교사의 자질이란 교직에 종사하는 이가 갖추어야 할 개인적 특성 및 교직 관련 태도를 뜻한다. 다시 말하면 교사의 지적, 정서적, 사회적, 신체적인 특성과 가르치는 일에 관련된 특정한 태도와 수행 능력을 의미한다. 교사의 질은 교육의 질에 많은 영향을 주므로 이를 높이기 위한 노력은 필수적이라고 하겠다.

패터슨은 인간주의적 교사의 자질로 다음과 같은 것들을 들고 있다. 정직성 혹은 솔직성을 가질 것, 유아 개인의 고유한 가치를 존중할 것, 공감적 이해를 할 것, 아동에 대한 진실한 애정을 가질 것 등을 들고 있다.

또한 강기수(2002)는 인간학적인 관점에서 바람직한 교사상을 다음과 같이 제시하고 있다.

첫째, 교사는 성선설과 변화관에 근거한 교육관을 지녀야 한다. 말하자면, 교사는 아동을 선하고 무한한 가능성을 지닌 존재로 보고, 그 잠재된 가능성은 얼마든지 계발 가능하다고 보아야 한다는 것이다.

둘째, 교사는 긍정적으로 사고하고 교직을 보람으로 여기는 사람이어야 한다. 교사가 생각하고 행동하는 것은 아동들에게 많은 영향을 주므로 교사는 긍정적인 사고를 지녀야 하며 가르치는 일에 보람을 느끼는 사람이어야 한다.

셋째, 교사는 인간을 좋아하고 사랑하는 사람이어야 한다. 교육이란 인간을 대상으로 하기 때문에 교사는 가르치는 대상을 좋아하고, 많은 관심을 가져야 한다. 특히 가르치는 대상이 어리면 어릴수록 더욱 그러하다. 이러한 인간에 대한 사랑은 곧 교육애로 직결되어진다.

넷째, 교사는 부단히 노력하고, 솔선수범하는 사람이어야 한다. 즉, 교사는 아동의 모델링 역할을 담당하게 된다. 따라서 앞장서서 실천할 수 있어야 한다.

다섯째, 교사는 원만한 인간관계의 소유자여야 한다. 교사는 동료교사나 교육기관의 상사나 학부모 그리고 아동들과도 원만한 인간관계를 맺어야 한다. 특히 아동들과의 관계에 있어서는 편애하지 않고 공평하게 일을 처리하는 자세와 아이들의 의견을 끝까지 들어주고 존중하는 개방성과 포용성 등이 요구된다.

여섯째, 교사는 해당 교과에 대해 폭넓은 안목과 지식을 갖춘 사람이어야 한다. 즉 교사가 가르치는 교과에 대해 해박하고 심오한 지식을 가진 전문가이어야 한다. 여기에서 말하는 교사의 지식은 물론 해당교과에 대한 지식뿐만 아니라 아동에 대한 이해, 지식을 효과적으로 전달하는 학습지도 기술, 교육과정, 평가 등의 교육 전반에 관한 지식을 포함한다.

일곱째, 교사는 솔직하고 진실한 사람이어야 한다. 교사는 학생들과 솔직하고 진실한 만남 관계를 형성할 수 있어야 한다.

여덟째, 교사는 아동을 이해하고 아동의 마음에 공감해야 한다. 교사는 아동을 이해할 때 아동의 신체적, 지적, 정서적 측면으로 구분하여 이해하는 것이 바람직하다.

아홉째, 교사는 신체적으로 건강해야 한다. 즉, 교사가 건강에 문제가 없으면 긍정적이고 낙관적인 인생관을 지니게 되며, 아이들을 위해 열정적으로 봉사하고, 헌신하게 된다.

위에서는 일반적인 교사의 자질이라고 생각되는 부분에 대해 살펴보았는데, 다시한번 요약하면 교사는 신체적, 정신적, 사회적 그리고 인지적 측면에서 건강해야 함을 알 수 있다.

다음에서 유아교사의 자질로 중요한 것에 대해 생각해 보기로 하겠다.

유아교사의 자질에 대한 견해를 살펴보면 개인적 자질과 전문적 자질로 나누어 제시하였다(이은화 외, 2003; 박은혜, 2006).

개인적 자질을 의미하는 것으로는 신체적으로 건강하고 안정된 정서를 소유하고 있고, 인내심, 융통성 그리고 긍정적 사고를 지니면서 성실하게 봉사하려는 태도를 지닌 것이라 볼 수 있다.

그리고 전문적 자질은 유아교사라면 꼭 필요한 전문적 지식과 기능을 말하는 것으로 지식적 측면, 교수기술적 측면 그리고 환경구성적 측면으로 나눌 수 있다.

지식적 측면은 유아의 발달과 유치원 교육과정에 관한 지식이 핵심이 되며, 일반적인 교양적인 측면도 포함이 된다. 교수기술적 측면은 유아와 부모와의 의사소통기술, 교재교구 제작 및 활용기술 그리고 프로그램 실행능력 등을 들 수 있다. 환경구성적 측면은 적절한 교육환경을 구성하고 교육자료를 선택하고 준비하는 능력을 의미한다.

그 외에도 자질있는 유아교사란 어떤 자세와 태도를 갖추어야 하는가를 살펴볼 때 유아를 사랑해야 하며, 변화를 두려워하지 말고 지속적으로 유아를 가르치기 위한 노력을 해야 하며, 집단과 조직에 대한 지식을 갖추어야 한다고 할 수 있다.

위에서 살펴본 바와 같이 유아교사의 역할과 자질에 대해서는 많은 학자들이 논의하고 있는데, 이는 유아교육의 질적인 부분을 좌우하는 매우 중요한 부분이라고 할 수 있다.

2. 유아교사의 발달

최근 발달적 관점에서 유아교사를 조명할 때 교사직의 변화과정을 연구해야 한다는 주장이 대두되고 있다. 즉 인간의 발달과정과 동일하게 교사 역시 미숙한 발달초기를 경험하지만 시간이 지나면서 절정에 이른 다음 쇠퇴기를 거쳐 교사직을 마감하게 된다. 그리고 개인마다 발달의 개인차가 있는 것처럼 교사들에게 개인차가 있으므로 각 교사의 개인차를 인정하고 개인적 성장을 도울 수 있어야 할 것이다. 아래에서는 이러한 발달적 관점에서 교직주기에 따른 발달과 유아교사의 관심사 발달에 대해 살펴보면서 유아교사에 대한 이해를 돕고자 한다.

1) 교직주기에 따른 발달

유아교사가 되기 위해서는 준비를 할 수 있는 기간을 보낸 다음 교직에 들어와서 성장과 퇴보의 과정을 지속적으로 경험하면서 교사로서의 수명을 마치게 된다. 이러한 연속적인 과정을 교직주기라고 할 수 있다. 교사의 직업주기에 관한 대표적인 훼슬러(Fessler, 1995)의 연구를 알아보기로 하겠다(박은혜, 2006 재인용).

첫 번째는 교직 준비 단계이다. 이 시기는 교사에게 요구되는 전문적인 기술과 능력을 갖추기 위해 교육을 받는 단계를 의미하는데 초임교사 뿐만 아니라 주임교사, 원감 혹은 원장과 같은 새로운 업무를 맡았을 경우에도 필요하다.

두 번째는 교직 입문 및 적응의 단계이다. 이것은 자신이 속한 체제에 부합되도록 사회화되는 단계를 말하는데, 교사들의 개인적 특성과 기관의 풍토에 따라 각자의 상황에 적응하는데 소요되는 기간은 다양하게 나타난다.

세 번째는 능력 구축의 단계이다. 이는 교사들이 좀더 적극적으로 자신의 역할을 수행하기 위하여 노력하는 기간으로 이 단계에 있는 교사들은 자신의 능력과 기술을 향상시키고자 노력하게 된다.

네 번째는 열중과 성장의 단계이다. 이 단계에 있는 교사들은 교직 수행에 필요한 전문적인 기술과 지식을 지니고 있어서 자신의 직업에 대해 높은 만족도를 나타낸다.

다섯 번째는 좌절의 단계로 가르치는 일에 대한 좌절감과 환멸감을 느끼게 된다. 이 시기에 해당되는 교사들은 가르치는 일의 의미를 찾기가 힘들며 자신이 과연 가르치는 일에 적절한 사람인지 의심하기도 한다.

여섯 번째는 안정 혹은 침체의 단계이다. 이 시기에 교사들은 자신이 하는 일에 너무나 익숙해져 있으므로 더 이상 변화의 노력을 하지 않고 현 상태를 유지하고자 한다.

마지막 단계는 교직 쇠퇴 혹은 퇴직 단계이다. 이 단계는 교사들이 퇴직을 위한 준비를 하게 된다. 퇴직사유로 가르치는 일을 그만두는 것과 육아나 상급학교 진학을 위한 일시 휴직, 교사가 아닌 행정가로서의 이직 그리고 다른 직장으로의 이직 등도 포함된다.

위에서 교직주기의 대표적인 연구를 살펴보았다. 이것을 이해할 때 주의할 점은 교사들이 모든 단계를 거쳐 가는 것은 아니며, 개인에 따라서 경험하지 않는 경우도 있다. 즉 교사가 되어가는 과정에서 개인적인 요인과 조직적인 요인이 복합적으로 작용하기 때문에 교직주기는 예측가능한 단계들을 설명한 것이라 할 수 있다.

2) 유아교사의 관심사 발달

교사에 입문하면 연속적인 발달단계를 경험하게 되는데, 각 단계마다 고유의 특징이 있다. 즉 각 단계마다 교사들의 관심사가 달라진다는 것이다.

유아들이 시간의 흐름에 따라 신체적이고 심리적인 발달을 하는 것과 같이 교사들의 경우에도 여러 영역에서 성장과 변화의 과정을 거치면서 발달하게 된다.

일반적으로 교사의 발달이란 교사가 되기 위해 양성기관에 들어가는 시기부터 교사생활을 마치는 시기까지를 의미한다. 이러한 발달 시기동안 교사는 자신의 업무를 진행하면서 문제와 좌절에 당면하여 스트레스 상황에 노출될 수도 있으며, 또는 흥미와 기대감을 가질 수도 있다. 이와 같이 교사의 관심사는 변화하게 된다.

그리고 교사는 한 방향을 따라 순서적으로 발달한다는 주장과 교사발달이 한 가지 이상의 복합적이고도 역동적인 발달을 한다는 주장으로 나눌 수 있다. 아래에서는 전자에 해당하는 순서에 따른 교사 발달에 대해 살펴보고자 한다. 이를 위해 풀러(Fuller)와 브라운(Brown)이 제시한 이론과 캐츠(Katz)의 이론을 제시하고 교사에 대한 이해를 돕고자 한다(이은화 외, 2003 재인용).

먼저 풀러와 브라운의 이론을 살펴보기로 하겠다. 이 이론은 풀러의 기초 이론을 여러 차례 수정하고 보완한 것으로 4개의 단계로 나뉜다.

첫째 단계는 교직 이전의 관심사로 예비교사들은 교사에 대해 환상적으로 보는 경향이 강하며 교육과정의 부적절성에 대해 비판하는 경향이 있다.

둘째 단계는 생존에 대한 관심사인데, 교직을 경험하면서 학급통제, 가르칠 내용숙달 그리고 장학사 평가 등 교사로서의 생존에 관심을 변화시킨다.

셋째 단계는 교수상황 관심사로 변화한다. 이 시기는 교사 자신이 수행하고 있는 교수활동에 관심을 보인다.

넷째 단계는 학생에 대한 관심사 단계이다. 이 단계에서는 학생의 학습이나, 사회·정서적 요구, 공평함 등에 관심이 많게 된다.

캐츠는 풀러의 교사 관심사 이론을 확장하여 생존단계, 강화단계, 갱신단계 그리고 성숙단계로 구분하여 전개하였다. 단계별에 따른 특징을 살펴보면 아래와 같다.

첫째 생존단계는 교직을 경험하는 첫 1년간의 시기로 교사들은 현장에서 여러 문제점에 부딪히게 된다. 따라서 교사들은 심리적으로 안정감을 갖고 교실현장에서의 활용할 수 있는 통찰력이 필요하다.

둘째는 강화단계이다. 교사경력 1~3년 정도의 시기를 의미하는데, 이 시기에 이르면 업무에 대한 안정감과 자신감을 가지게 된다. 그리고 다른 업무나 기술을 익히고 문제를 지닌 유아에게 관심을 가지는 등 가르치는 일에 대해 확고하게 체계를 세우고자 한다.

셋째는 갱신단계로 2~5년 경력을 지닌 교사에게 해당된다. 이 시기는 새로운 것에 관심을 지니고 시도하고자 한다. 따라서 다양한 프로그램에 대한 정보와 도움을 얻고자 하는 노력을 하게 된다.

넷째 단계는 성숙단계로 교사경력 3~5년 이내에 이르게 되는데, 이 시기에 교사들은 교사로서의 자신을 인정하고 자아갱신을 위한 전략과 관습을 개발하며, 교육과 관련된 여러 문제에 대해 자신의 관점을 갖게 된다.

캐츠의 연구는 교직 경험이 많아짐에 따라 유아교사들의 관심사가 달라지므로 각 단계별에 맞는 교육내용과 방법을 찾아야 함을 알려주고 있다.

3. 유아교사의 윤리

교육윤리는 교육활동을 수행하는 교사가 지켜야 할 규범을 의미하는데, 여기에는 공식적인 것과 비공식적인 것들이 모두 포함된다. 다시 말하면 교직 행동에 대한 포괄적 지침이며, 교육의 질을 제고하기 위한 교사 행동의 지향점이라 할 수 있다.

특히 교육은 인간을 인간답게 만드는 일이다. 즉 교육 대상자에게 가르침을 제공하여 신체, 인지, 정서 그리고 사회성 발달을 포괄하는 전인적인 발달을 추구한다. 이러한 과정에 교사의 영향력은 지대하므로 교사의 윤리가 강조되어질 수밖에 없다. 그리고 유아기는 발달의 기초가 형성되는 시기로, 유아의 건전한 성장과 바람직한 발달을 위해서 교사의 영향력이 더욱 더 중요하게 된다. 이 장에서는 유아교사 윤리의 중요성과 영역 그리고 유아교사의 윤리에 대해 알아보기로 하겠다.

1) 유아교사 윤리의 중요성 및 영역

어떤 사회나 집단에서도 그 곳에 포함된 구성원이 지켜야 할 규칙이나 규범이 있다. 사회나 집단 유지를 위한 공식적 통제체제가 법이라면, 바람직한 사회를 위한 자율적인 통제체제가 윤리이다. 특히 전문직에 종사하는 집단일수록 공식적이고 외적인 통제를 가하기보다는 내재적인 고차원의 윤리의식을 강조하는 경향이 많다.

교사는 학생 개인의 성장과 국가사회 발전의 원동력이 되는 핵심적인 교육이라는 전문적인 활동에 종사하는 사람이다. 그러므로 교사에게도 반드시 준수해야 할 법률적 규칙이 있는가하면 교수·연구 활동과 조직생활을 위해 지켜야 할 윤리가 있다. 교사에게는 다른 어떤 직업보다도 엄격한 윤리를 적용하고 있는데, 그 이유는 가르치는 활동이 국가와 사회 발전에 많은 영향을 주기 때문이다.

교원의 행동에 대하여 윤리성이 강조되는 이유를 좀 더 자세히 살펴보면 다음과 같다(권건일·신재흡, 2006 재인용).

첫째, 교직은 학생의 인간 형성을 돕는 직종이며, 국가사회의 장래를 좌우하는 국민의 질을 결정하기 때문이다.

둘째, 교직은 전문직이므로 교원의 실천 또는 행동 규범으로서의 윤리 규정을 필요로 한다.

셋째, 교원이 강력한 교육력을 갖기 위해서는 윤리가 필요하다. 만일 교권이 확립되지 못한다면 교육력이 약화되어 높은 수준의 교육성과는 기대할 수 없다. 교권의 확립은 교직윤리가 확립되어야만 가능하다.

넷째, 학생 지도의 효과를 높이기 위하여 윤리가 강조된다. 교사의 윤리·도덕성은 학생의 도덕적·윤리적 성장 및 발달에 중요한 영향을 미친다.

다섯째, 산업화 내지는 탈산업화 사회에서 도덕과 윤리의 재건을 위해 윤리는 강조된다. 오늘날의 사회는 물질 지향적인 사회이기 때문에 윤리·도덕적으로 타락하였기에 사람으로서의 도리를 찾는 교육이 시급하다. 이를 위해서는 교원들의 확고한 윤리관이 필요하다.

이번에는 교사 윤리의 영역에 대해 살펴보기로 하겠다.

교사 윤리의 영역이 어떠할 것인가에 대한 논의는 다양하다. 몇 가지 견해를 살펴보면 다음과 같다(김남성 외, 2005 재인용).

브루바커(Brubacher, 1969; 301-303)는 교사윤리의 범위를 교과목에 대한 헌신, 교사와 학생 간의 관계, 교사들 간의 관계로 나누어 제시하고 있다. 이를 자세하게 살펴보기로 하겠다.

첫째, 교과목에 대한 교사 헌신의 핵심은 전문성이란 철저히 지식에서 나타난다는 입장이다. 교사가 교과목에 대해서 가지는 윤리적 의무는 가능한 한 객관적이어야 한다는 것이다.

둘째, 교사와 학생 사이의 관계이다. 교사는 학생의 최대이익을 위해 행동해야 하는 윤리적 원리에 따라 그러한 정보를 완전히 비밀로 보장해 줄 윤리적 의무를 가진다. 뿐만 아니라 학생의 성장과 발달이 교사 자신의 입장보다 우선되어야 한다는 생각이 내재해 있어야 한다.

셋째, 교사와 그의 동료 사이의 관계이다. 교사와 그의 동료 사이의 관계는 유아들에게 직접적인 영향을 주지는 않지만 궁극적으로는 유아의 최대이익이라는 윤리적 원리와 관련을 가지게 된다. 또한 교사들은 자기의 동료들이 비윤리적 행위를 하지 않도록 상호 억제하고 감시하는 의무를 가진다.

그리고 이돈희(1980)는 교사의 윤리를 교과에 관련된 영역, 학생이해, 동료와의 협동 그리고 교육의 사회적 목적으로 나누어 제시하고 있다(김남성 외, 2005 재인용).

첫째, 교과에 관련된 능력의 윤리이다. 교사는 교과 지식뿐만 아니라 그에 관련된 지식까지 폭넓게 알고 있어야 한다는 것이다.

둘째, 학생의 이해에 관련된 윤리이다. 교사는 개별 학생에 대한 충분한 이해력을 바탕으로 지도해야 하며, 학생과의 관계에서 알게 된 정보에 대해서는 비밀을 유지해야 한다는 것이다.

셋째 윤리는 동료교사와의 협동에 관련된 것이다. 교사들은 교육의 목적을 위한 동기에서 단합하여야 하며, 또한 교사는 사회나 개별 학생에 대해서 교사로서의 권위를 손상시켜서는 안 됨을 숙지하여야 한다.

넷째, 교육의 사회적 목적과 관련된 윤리로, 교사는 학교나 사회가 추구하고 있는 다양한 가치에 대하여 중립적이어야 한다.

위에서 살펴본 것처럼 교사윤리의 영역은 교과 지식, 대인관계 그리고 사회에 대한 윤리를 담고 있는 것이라 할 수 있다. 이러한 교사 윤리는 유아를 교육 대상으로 하는 유아교사에게도 적용된다고 하겠다.

2) 유아 교사의 윤리

유아교사에게는 교직 업무를 수행하면서 교사 스스로가 지키기를 기대하는 규범이 있는데, 이를 유아교사의 윤리라고 할 수 있다. 이는 외부에서 강제적으로 강요하기보다는 교사라면 당연히 해야 하는 내재적인 것이다.

캐츠는 유아교육에서 특히 윤리강령이 필요한 이유에 대해 4가지 이유를 들고 있다(박은혜, 2006 재인용).

첫째는 유아교사의 힘과 지위로 인한 것이다.

유아교사들은 대개 유아들의 인격을 존중하고 그들의 요구를 들어주기 위해 노력하지만 경우에 따라서 유아들을 함부로 대하기도 하고, 공평하지 못하게 일을 처리하는 경우도 있다. 이럴 경우 유아들은 스스로 자신을 방어할 수 있는 능력이 아직 부족한 경우가 허다하다. 교사는 유아들에게는 상대적으로 높은 지위를 가질 수 있지만 부모들과의 관계에서는 반드시 그렇지 않다. 만일 부모들이 뭔가를 요구한다면 거절하기 힘들지만 유아들에게는 쉽게 교사가 원하는 대로 행동을 하게 된다. 이러한 상황에서 교사의 옳은 판단을 돕기 위해 윤리강령이 필요하게 된다.

둘째, 유아의 다양성 측면이 윤리 강령을 필요로 한다. 즉, 윤리강령은 서로 다양한 요구를 가진 유아나 부모로 인하여 발생하는 문제들을 해결하는데 도움을 준다.

셋째, 경험적 기초의 애매성이다. 유아교육과정은 다른 각급 학교의 교육과정과는 달리 유아의 경험과 과정을 중요시한다. 이는 다시 말해서 반드시 가르쳐야 하는 유아교육의 내용이 미리 결정되어 있는 것이 아니라 끊임없이 변할 수 있다는 것이다. 이러한 교육과정 운영의 자율성은 때로는 흥미진진함을 불러일으키기도 하지만 유아교사가 끊임없이 의사결정을 해야 한다는 의미가 된다. 윤리강령은 이렇게 불확실성이 높은 상태에서 철학적인 기초를 제공해 줌으로써 교사의 결정에 방향을 잡아주는 역할을 할 수 있다.

넷째, 역할의 애매성이다.

최근 유아교육기관에 맡겨지는 유아들의 연령은 점점 낮아지는 반면 시간과 숫자는 점점 더 늘어나고 있는 추세이다. 이에 따라 교사가 담당해야 할 역할은 날로 늘어나게 된다. 어떤 경우에는 부모의 역할과 구분이 애매해지는 경우가 생긴다. 만약 교사가 부모의 의견과 자신의 의견이 일치하지 않는 경우 교사는 판단을 내리기 어려운 딜레마에 빠지기가 쉽다. 윤리강령은 바로 이러한 딜레마 상황에서 교사가 옳은 판단을 내릴 수 있도록 도와줄 것이다.

위에서 살펴본 윤리강령은 유아교사가 교육현장에서 발생할 수 있는 여러 갈등상황에서 기준을 세울 수 있도록 도와주는 것이라 할 수 있다.

우리나라에서 교원 윤리에 관해 규정한 것으로는 사도헌장과 사도강령이 있다. 사도강령은 사도헌장을 보다 구체적으로 풀이한 행동강령으로 전문과 5개장에 걸쳐 25개 항목의 사도를 위한 실천적 지표를 선포한 것이다. 이것의 세부내용이 아래에 제시되어 있다.

(1) 사도헌장(대한교육연합회, 1982년 5월 15일 제정)

오늘의 교육은 개인의 성장과 사회의 발전 및 내일의 국운을 좌우한다.

우리는 국민교육의 수임자로서 존경받는 스승이요, 신뢰받는 선도자임을 자각한다. 이에 긍지와 사명을 새로이 명심하고 스승의 길을 밝힌다.

- 우리는 제자를 사랑하고 개성을 존중하며 한마음 한뜻으로 명랑한 학풍을 조성한다.
- 우리는 폭넓은 교양과 부단한 연찬으로 교직의 전문성을 높여 국민의 사표가 된다.
- 우리는 원대하고 치밀한 교육계획의 수립과 성실한 실천으로 맡은 바 책임을 완수한다.
- 우리는 가정교육, 사회교육과의 유대를 강화하여 복지국가 건설에 공헌한다.

(2) 사도강령(대한교육연합회, 1982년 5월 15일 제정)

민주국가의 주인은 국민이므로 나라의 주인을 주인답게 길러내는 교육은 가장 중대한 국가적 과업이다.

우리 겨레가 오랜 역사와 찬란한 문화를 계승, 발전시키며, 선진제국과 어깨를 나란히 하여 인류복지 증진에 주도적으로 기여하려면, 무엇보다도 문화국민으로서의 의식개혁과 미래 사회에 대비한 창의적이고 자주적인 인간육성에 온 힘을 기울여야 한다.

그러기 위하여 우리 교육자는 국가발전과 민족중흥의 전도자로서의 사명과 긍지를 지니고, 교육을 통하여 국민 각자의 능력을 최대한으로 계발하여 개인의 자아실현과 국력의 신장 그리고 민족의 번영에 열과 성을 다하여야 한다.

또한 교육자의 품성과 언행이 학생의 성장발달을 좌우할 뿐만 아니라 국민윤리 재건의 관건이 된다는 사실을 명심하고 사랑과 봉사, 정직과 성실, 청렴과 품위, 준법과 질서에 발판을 둔 사도확립에 우리 스스로 헌신하여야 한다.

이러한 우리의 뜻은 교직에 종사하는 모든 교육자가 공동체 의식을 가지고 노력하여야만 이루어질 수 있다는 것을 인식하고 사도헌장 제정에 때맞추어 우리의 행동지표인 현행 교원 윤리 강령을 사도강령으로 개정하여 이를 실천함으로써 국민의 사표가 될 것을 다짐한다.

제 1 장 스승과 제자

스승의 주된 임무는 제자로 하여금 고매한 인격과 자주정신을 가지고 국가 사회에 봉사할 수 있는 유능한 국민을 육성하는 데 있다. 그러므로

1. 우리는 제자를 사랑하고 그 인격을 존중한다.
2. 우리는 제자의 심신발달이나 가정의 환경에 따라 차별을 두지 아니하고 공정하게 지도한다.
3. 우리는 제자의 개성을 존중하며, 그들의 개인차와 욕구에 맞도록 지도한다.
4. 우리는 제자에게 직업의 존귀함을 깨닫게 하고, 그들의 능력에 알맞은 직업을 선택하도록 지도한다.
5. 우리는 제자 스스로가 원대한 이상을 세우고 그 실현을 위하여 정진하도록 사제동행한다.

제 2 장 스승의 자질

스승은 스승다워야 하며 제자의 거울이 되고 국민의 사표가 되어야 한다. 그러므로

1. 우리는 확고한 교직관과 긍지를 가지고 교직에 종사한다.

2. 우리는 언행이 건전하고 생활이 청렴하여 제자와 사회의 존경을 받도록 한다.
3. 우리는 단란한 가정을 이룩하고 국법을 준수하여 사회의 모범이 된다.
4. 우리는 학부모의 경제적, 사회적 지위를 이용하지 아니하며 또 이에 좌우되지 아니한다.
5. 우리는 자기향상을 위하여 전문적인 지식과 전문화된 기술을 계속 연마하는데 주력한다.

제 3 장 스승의 책임

스승은 제자 교육에 열과 성을 다하여 맡은 바 책임을 다하여야 한다.
그러므로

1. 우리는 사회의 일원으로서 모든 책임과 의무를 다한다.
2. 우리는 교재연구와 교육자료 개발에 만전을 기하여 수업에 최선을 다한다.
3. 우리는 교육의 성과를 공정하게 평가하고 이를 교육에 충분히 활용한다.
4. 우리는 제자와 성인들을 위한 정규교과 외의 활동에 적극 참여한다.

제 4 장 교육자와 단체

교육자는 그 지위의 향상과 복지의 증진을 위하여 교직단체를 조직하고 적극 참여함으로써 단결된 힘을 발휘할 수 있다. 그러므로

1. 우리는 교직단체 활동을 통하여 교육자의 처우와 근무조건의 개선을 꾸준히 추진한다.
2. 우리는 교직단체의 활동을 통하여 교육자의 자질향상과 교권의 확립에 박차를 가한다.
3. 우리는 편당적, 편파적 활동에 참가하지 아니하고 교육을 그 방편으로 삼지 아니한다.
4. 교직단체는 국가의 주요 교육정책 결정에 참여하여 교육자의 여망과 주장을 충분히 반영시킨다.
5. 교직단체는 교육의 혁신과 국가의 발전을 위하여 다른 직능단체나 사회단체와 연대 협동한다.

제 5 장 스승과 사회

스승은 제자의 성장발달을 돕기 위하여 학부모와 협력하며, 학교와 사회와의 상호작용의 원동력이 되고 국가발전의 선도자가 된다. 그러므로

1. 우리는 학교의 방침과 제자의 발달상황을 가정에 알리고, 학부모의 정당한

의견을 학교교육에 반영시킨다.
2. 우리는 사회의 실정을 정확하게 파악하고 지역사회의 생활과 문화 향상을 위하여 봉사한다.
3. 우리는 사회의 요구를 교육계획에 반영하며 학교의 교육활동을 사회에 널리 알린다.
4. 우리는 국민의 평생교육을 위하여 광범위하게 협조하고 그 핵심이 된다.
5. 우리는 확고한 국가관과 건전한 가치관을 가지고 국민의식 개혁에 솔선수범하며, 국가발전의 선도자가 된다.

토의과제

-. 전문직의 특성을 열거하고, 유아교직과 관련지어 설명하시오.

-. 유아교사의 역할을 설명하시오.

-. 바람직한 유아교사의 자질에 대해 토의하시오.

-. 교직주기에 따른 유아교사의 발달단계를 제시하시오.

-. 유아교사의 윤리가 중요한 이유에 대해 논의하시오.

제 9 장

유아교육 프로그램

본 장은 유아교육현장에서 실천하고 있는 다양한 프로그램의 이론적 측면과 실제적 측면을 살펴보았다. 먼저 프로그램의 개념과 발달배경 그리고 변천과정을 살펴봄으로써 이론적 토대를 제시한 다음 현장에서 활용되고 있는 다양한 프로그램의 특성과 교육과정을 제시하였다. 프로그램의 유형은 몬테소리 프로그램, 프로젝트 접근법, 레지오 에밀리아 접근법, 발도르프 교육, 생태교육 프로그램, 장애아 통합교육 그리고 다문화 교육과정의 순으로 제시하였다.

1. 유아교육 프로그램의 이론적 개요

1) 프로그램의 개념과 발달 배경

프로그램은 '진행되는 계획이나, 순서 혹은 목록'으로 정의된다. 그러므로 유아교육 프로그램이란 유아를 대상으로 진행되는 일련의 계획표 또는 그 차례를 의미하는 것이다.

유아교육 프로그램은 어떤 특정 이론에 의해 조직된 유아 교육 과정의 모델로써, 일반적인 교육과정의 개념보다 구체화되고 실제 현장에서 가르치는 교육내용을 상세하게 기술한 협의의 개념으로 이해될 수 있다.

유아교육 프로그램이 발달하게 된 배경을 살펴보면 다음과 같다.

첫째, 사회 구조의 변화로 인한 것이다. 1980년대 이후 현대사회의 산업화와 도시화 경향으로 인해 대가족 제도가 점점 사라지고 핵가족화 현상이 두드러지게 증가하였다. 우리나라의 경우 대가족은 1985년 10.7%에서 10년 후인 1995년에는 9.1%로 감소하였으며, 2000년에는 7.9%로 집계되었다. 반면에 핵가족은 1985년 75.3%에서 2000년에는 76%, 1995년 79.8%, 그리고 2000년에는 82.0%로 나타나 해마다 증가하는 것을 알 수 있다(통계청, 2001).

핵가족화 현상은 유아교육 프로그램에 많은 영향을 주었다. 핵가족 제도 하에서는 대가족 제도에 비해 자녀양육에 대한 모델을 찾을 수 없고, 어머니 외의 대리 양육자가 부재한 실정이다. 게다가 자녀수도 감소하였기 때문에 가정 내에서의 형제자매 관계가 약화되고 있다. 이와 같이 가정의 양육적·교육적 기능이 약화됨에 따라 유아교육기관에 대한 의존도가 높아졌다.

둘째로는 취업여성의 증가를 들 수 있다. 과거에 비해 여성의 교육 수준이 향상되면서 자아실현과 경제적 자립의 욕구가 강해졌다. 그리고 가정의 테두리 내에서 강조되던 여성의 역할이 사회적으로 확대되는 가치관의 변화를 겪게 되면서 어린 자녀를 둔 기혼여성의 취업이 점점 증가하고 있다. 이에 따라 가정에서 자녀를 돌봐줄 인력은 점차 부족한 상태이다. 가정의 약화된 교육적 기능을 보완해주고 유아를 수용할 수 있는 시설이 절대적으로 필요하게 되어 유아교육기관이 설립되기 시작하였고, 점차 자녀 교육에 대한 책임도 부모로부터 유아교육기관으로 옮겨지게 되었다.

유아 프로그램을 계획하고 실천함에 있어서 중요하게 고려할 사항을 살펴보면 다음과 같다.

첫째, 유아의 발달 단계와 연령을 고려해야 한다. 교육기관에 재원하는 영유아들의 연령이 점차 하향화되어 가고 있다. 따라서 유아의 연령이 만 3세 이하인지, 만 3세 이상인지에 따라 해당 연령 유아들의 발달 특성을 고려하여 그 프로그램의 내용도 달라져야 한다. 또한 특별한 요구를 가진 유아들에게 적용할 통합 프로그램도 함께 고려해 보는 것이 필요하다.

둘째, 다양한 가족 환경과 부모 요구를 충분히 고려해야 한다. 가족형태, 부모의 학력, 직업, 자녀 교육에 대한 태도, 유아교육에 대한 인식 등을 고려하여 부모의 기관에 대한 요구와 이해도가 영유아 프로그램과 연계성 있게 진행되도록 해야 한다.

셋째, 유아교육기관의 유형과 특성을 고려해야 한다. 기관의 일과 운영시간, 운영 형태, 기관장의 교육철학, 시설의 물리적 환경, 교사 대 원아 수 비율에 따라 프로그램의 개발 유형이 달라져야 한다.

2) 프로그램의 변천 과정

유아교육 프로그램의 변천과정을 크게 20C 이전과 20C 이후로 나누어 살펴보기로 하겠다.

(1) 20세기 이전

20세기 이전의 프로그램 발달에 대해 살펴보면 고대, 중세, 근세 사회 그리고 19C로 나눌 수 있다.

고대사회는 부족과 종족의 존속·유지가 가장 중요한 사회였다. 유아라는 존재는 종족을 유지하기 위한 수단적인 존재로 인식되었다. 플라톤과 아리스토텔레스에 의해 영·유아교육에 대한 주장이 이루어졌으나, 아동을 독립된 인격체로 본 것은 아니었다.

중세시대는 기독교적 사상의 영향력 하에 있었다. 이 시기는 교회를 통해서만 인간 자체의 모습을 드러낼 수 있고 선의 질서를 따른다고 보았다. 유아들의 경우에도 수도원에 보내지게 되어 엄격한 교육을 받았으며, '성인의 축소판'으로서의 유아를 인식하였다. 발달초기에 해당하는 유아시기의 중요성에 대한 인식이 없었을 뿐만 아니라 유아를 경제력과 군사력 확보의 수단으로 파악하였다.

근세에 들어서 유아교육은 루터, 코메니우스, 로크 그리고 루소 등 여러 학자들에 의해 유아의 존재를 새롭게 인식하게 되었다.

루터는 유아에게 체벌을 금지하고 남녀를 똑같이 교육시켜야 한다는 보편적 교육을 주장하였다. 코메니우스는 모든 사람들에게 교육의 기회를 주어야 한다고 주장하고, 자연의 질서에 따르는 합자연주의 방식과 실물중심의 교육방법을 강조하고 유아의 자발적·자율적 활동이 허용되는 교육방식을 강조하였다.

로크는 개인마다 고유한 기질을 가지고 있지만 대체로 환경이 정신을 형성한다고 보아 유아기 학습을 중요하다고 보았다. 엄격한 훈육과 체벌에 대해서는 반대하는 입장이었다.

루소의 사상은 자연주의·아동중심주의로 볼 수 있다. 그는 유아를 위한 프로그램은 유아의 성장을 잘 관찰하여 적절한 시기에 적절한 경험을 할 수 있도록 해 주어야 한다고 하였다.

이와 같이 근세에 들어서 유아의 존재에 대해 새롭게 인식하고, 그 단계에 맞는 교육을 실시해야 한다는 주장이 나타났다.

19세기는 신인문주의 시대로 인간의 모든 조직을 완성하려는 이상과 인간성의 미적, 종합적인 발달을 이상으로 추구하려는 시기였다.

페스탈로치는 인간에게 내재된 무한한 잠재력을 계발하는 것이라고 하였으며, 교육은 구체적인 것에서 추상적인 것, 단순한 것에서 복잡한 것, 이미 알고 있는 것에서 미지의 것으로 확대해 가야 한다고 하였다. 그리고 직관교육을 강조하였다.

프뢰벨은 교육의 목적이 유아 속의 신성을 표현하는데 있으며, 교육내용은 종교, 자연, 수학, 언어, 예술 등을 주장하였고, 교육방법은 보상과 격려의 방법을 사용해야 한다고 강조하였다. 그리고 유아 놀이의 중요성을 피력하여 이후 유아교육에도 많은 영향을 주었다.

(2) 20세기의 유아교육

20세기에 들어서면서 유아를 과학적으로 이해하려는 노력이 시작되었으며, 국가 사회적 차원에서 유아교육을 발전시키려는 노력을 하고 있다. 대표적인 학자들을 중심으로 이에 대해 알아보기로 하겠다.

먼저 듀이를 살펴보면, 그는 교육이란 '경험의 계속적인 개조'라고 하였으며, 또한 "교육은 아동중심, 경험중심, 활동중심, 흥미중심, 생활중심이어야 한다"고 주장하였다. 즉, 유아는 학습자 스스로의 활동에 따라 교육이 이루어지는 것이며, 이 모든 활동은 신체적, 지적, 정서적 활동을 포함한 전인 교육이어야 하고 학습자인 유아가 중심이 되어야 한다고 하였다.

그리고 몬테소리는 유아들은 독특한 인격을 가지고 있고 교육은 각각의 유아에게 개별화되어야 한다고 생각하였다. 또한 몬테소리는 시각, 미각, 청각, 촉각 같은 감각 교육에 중점을 두었으며 일상 생활훈련, 언어 교육, 수학 교육, 문학 교육도 중시하였는데, 이를 교육하기 위해 다양한 교구를 개발하였다.

피아제는 인간의 지능발달을 이해할 수 있는 '인지 발달 이론'을 완성하였으며, 유아가 환경과의 상호작용을 통해 지적발달을 이루어나가는데, 인지적 갈등과 능동적인 환경 구성에 대한 주장을 하였다.

다음으로 비고츠키를 살펴보면 그는 피아제와 달리 지식 구성의 원천을 유아와 그 유아가 놓인 사회·문화적 환경과의 통합에서 찾았으며, 학습이 발달을 주도한다고 보았다. 그리고 유아의 학습에서 근접발달지역(Zone of proximal development)에서 비계설정(Scaffolding)을 해줄 수 있는 성인 또는 보다 유능한 또래의 역할을 강조한다.

마지막으로 가드너를 알아보기로 하겠다. 가드너는 인간의 지적 능력이란 개개인이 속한 문화 속에서 가치있게 인정되는 문제를 해결하거나 산물을 산출해 낼 수 있는 일반적 능력이라고 보았으며, 8가지 지능을 제시하였다. 즉 언어적 지능, 논리-수학적 지능, 공간적 지능, 음악적 지능, 신체-운동적 지능, 대인 관계 지능, 자아를 이해하는 데 관련된 지식과 그 지식을 기초로 적용하는 행위 능력 그리고 자신의 환경으로부터 최상의 것을 얻어내는 능력이다. 그는 발달초기인 유아기에 자유롭게 탐색하고 자신의 다중지능을 사용할 수 있는 기회를 많이 제공할 필요가 있음을 시사하고 있다.

위에서 살펴본 바와 같이 유아교육은 여러 학자들의 이론과 실천에 의해 발달해 왔으며, 현재 이루어지고 있는 많은 프로그램들은 이러한 여러 학자들의 주장에 근거를 두어 계속 개발되어지고 있다.

2. 유아교육 프로그램의 유형

1) 몬테소리 프로그램

(1) 몬테소리 프로그램의 배경

몬테소리 프로그램은 마리아 몬테소리(Maria Montessori)가 정립한 실제와 이론에 근거한 것이다. 몬테소리는 자신이 개발한 교육방법을 정신지체아동에게 적용하여 긍정적인 효과를 얻게 되자, 일반 유아에게도 적용하였다.

1900년대 초기에 몬테소리의 이론은 미국으로 건너가 유아교육에 많은 영향을 주었으나, 진보주의 교육운동에 의해 그 빛을 바랬다. 그러나 1960년대에 이르러 인지발달과 저소득층 유아에 대한 관심이 증대되면서 다시 관심을 받게 되었다.

(2) 몬테소리 프로그램의 기본 전제

① 발달관

첫째, 자발적 자아 구축이다. 몬테소리는 관찰을 한 결과 유아가 자신의 자아를 스스로 구축하고자 하는 강한 동기를 가지고 있다고 생각하였다. 자신의 발달을 완성하는 것이 유아의 궁극적인 인생 목표이며, 환경에 대해 이해하고자 자발적으로 노력함으로써 이 목표를 달성하고자 한다는 것이다.

둘째, 정신과 신체의 관련성이다. 몬테소리는 정신과 신체가 단일체로서 존재하기 때문에 정신능력의 완전한 발달은 신체활동 없이는 불가능하다고 주장하였다. 신체 움직임을 인간의 다른 기능과 분리하여 생각해서는 안 된다고 하였다.

셋째는 아동과 환경과의 관계이다. 몬테소리는 아동은 성숙한 개인으로 발달하고자 하는 의지가 있으며 이런 의지를 이끌어 주는 정신적 발달 패턴이 있지만, 자아 형성을 자동적으로 이루게 하는 내재적 기제는 없기 때문에 환경으로부터 획득해야만 한다고 보았다.

② 교육관

몬테소리 교육에서 가장 중요시하는 요소는 준비된 환경, 준비된 성인, 책임을 동반한 자유로 요약할 수 있다. 준비된 환경은 발달에 장애가 될 요소가 완전히 배제된 채 잘 정리되어 있고 아름다우며, 단순하고 유아의 활동과 집중에 도움이 되는 환경을 의미한다. 준비된 성인은 유아를 환경과 연결해 주는 안내자 역할을 한다. 또한 준비된 성인은 유아 개개인의 발달 상태와 내적 요구를 파악하기 위해 관찰하고 유아의 요구에 맞는 교구를 제시하는 역할을 한다. 유아는 성인이 소개해 준 교구를 가지고 독립적으로 활동하면서 스스로 학습하게 되는데, 이는 책임을 동반한 자유라고 할 수 있다.

(3) 몬테소리 프로그램의 교육과정

① 교육목표

몬테소리 프로그램을 이루는 가장 핵심적인 요소는 교구와 훈련을 포함하는 환경과 환경을 조성하는 교사이다. 몬테소리는 아동의 학습 요구를 충족시켜 주는 환경을 조성하는 것이 자신의 교육 프로그램에서 가장 중요하다고 보았다. 환경은 아동이 자아를 발달시켜 가고자 하는 요구를 충족시킬 수 있으며, 아동이 인성을 표현하고 성숙과정이 순조롭게 이루어질 수 있도록 계획되어야 한다.

② 교사의 역할

교사의 역할은 크게 3가지로 나누어진다.

첫째, 유아관찰자의 역할이다.

교사는 대부분의 시간을 아동의 활동을 관찰하는 데 보내면서 각 유아가 필요로 하는 것을 파악하고 아동이 새로운 과제를 시작할 만큼 준비가 되었는지 판단하는 것이 중요하다.

둘째, 환경제공자의 역할이다.

각 민감기에 유아가 필요로 하는 교재 교구를 갖춘 환경을 제공해 주어야 하며, 이런 조건이 충족되어 있으면 유아는 교사의 감독 없이 스스로 열정적으로 그 교구를 사용하여 학습한다. 따라서 유아가 그 민감기에 배워야 할 것을 배우는 과정에서 환경 조성을 통해 도와주는 것이 교사의 역할이다.

셋째, 안내자의 역할이다.

교사는 새로운 교구에 대해 분명하고 간단하게 소개해 주고는 뒤로 물러나 유아의 행동을 관찰한다. 교사는 유아가 집중하는 정도와 과제를 되풀이하여 수행하는 정도를 살펴본다. 만일 유아가 새로운 과제를 해 낼 준비가 아직 안 된 것으로 판단되면 그 과제는 다음 기회로 미룬다.

2) 프로젝트 접근법

(1) 프로젝트 접근법의 배경

프로젝트 접근법은 교사와 유아들이 학습할 가치가 있는 특정한 주제에 대해 깊이 있게 탐구하는 방법으로 유아들의 정신(mind) 계발을 목적으로 하여 학습의 전 영역, 즉 지식, 기능, 성향의 계발과 느낌의 발달을 통한 전체적인 아동 발달에 강조점을 두고 있다.

다시 말하면 프로젝트 접근법은 교사의 안내하에 학급의 모든 아동이나 소집단의 아동, 때로는 개별 아동이 학습할 가치가 있는 특정 주제를 능동적으로 탐구하는 교육 형태라고 할 수 있다. 프로젝트 학습은 유아들이 체계적 수업에서 얻은 지식을 극놀이, 구성하기, 색칠하기, 그리기 등과 같은 다양한 표현방법을 통해 응용할 수 있는 기회를 제공하여 내적인 동기부여, 학습과정의 의사결정에 직접 참여하는 기회를 제공해 준다. 프로젝트의 탐구 주제들은 교과서적인 자원을 통해서라기보다 유아들이 직접적으로 활동할 수 있는 실제적인 현상들을 주로 선정하고 있다.

(2) 프로젝트 접근법의 기본 전제

① 아동관

프로젝트 접근법에서 보는 아동이란 학습의 과정에 능동적이고 자발적으로 참여하는 존재이다. 또한 이 접근법에서는 바람직한 교육이란 유아가 주도적으로 활동을 수행하며, 능동적으로 새로운 지식을 구성할 수 있도록 방향을 제시해 주는 데 있음을 강조한다.

② 프로젝트 접근법의 특성

첫째, 아동중심 교육이다.

프로젝트 접근법에서는 교사가 주제를 선정하고 활동을 이끌어 가는 과거의 교육방식과 대조적으로 개별 아동 혹은 집단의 아동들이 자신의 관심과 흥미에 따라 원하는 주제를 자유롭게 선택하고, 준비된 환경 속에서 자신이 선택한 주제를 깊이 있게 탐구한다.

둘째, 통합된 경험의 제공이다. 프로젝트 접근법은 아동이 선택한 한 가지 주제에 대하여 깊이 있게 탐구하는 과정에서 다양한 영역의 활동이 통합되어 이루어진다.

한 가지 주제 아래 신체 · 언어 · 수학 · 과학 · 음률 · 미술영역 등이 의미 있게 연관된 활동들을 수행하며, 발달의 전 영역에 걸쳐 균형 잡힌 통합교육을 경험하게 된다.

셋째, 시 · 공간의 제약이 없는 연속적 학습이다. 프로젝트 접근법에서 아동은 시간의 제한 없이 활동을 지속한다. 프로젝트를 통한 학습은 실생활과 밀접하게 관련되어 있어 가정과 학교 및 학교 외부 등 아동이 존재하는 모든 공간에서 연속성을 가지고 이루어진다.

넷째, 공동체적 삶의 경험 제공이다. 프로젝트 접근법에서는 아동으로 하여금 교사 · 또래 · 학부모 · 지역사회와 긴밀한 상호관계를 맺고 같은 주제를 가지고 서로 상호작용하도록 함으로써 공동체적인 삶의 경험을 제공한다.

(3) 프로젝트 접근법의 실제

① 프로젝트 접근법의 목적과 목표

프로젝트 접근법의 주목적은 '아동의 정신(mind)을 계발'하는 것에 두었다.

캐츠와 차드(Katz & Chard, 1989)는 이를 구체적으로 다섯 가지로 나누었다.

첫째, 유아의 주변 세계에 대한 이해를 증진시키고, 긍정적인 학습 성향을 발전시킨다. 프로젝트 접근법은 유아들의 흥미와 관심을 주제와 부합시켜 주변 세계에 대한 이해와 관심도를 높이고 흥미를 유발할 수 있다.

둘째, 체계적인 교수나 자발적인 놀이를 통해 학습한 내용을 프로젝트 활동으로 보완하고 강화한다.

셋째, 학교에서의 학습과 유아의 삶이 분리되지 않도록 교육을 실제 생활과 연결시킨다. 즉 유아들의 생활 세계에 대한 이해를 증진시키고, 계속 학습하고자 하는 성향을 강하게 키워줄 수 있다.

넷째, 집단에 대한 소속감과 공동체 의식의 발달을 돕는다. 유아들은 또래와 활동하고 협력하는 가운데 자신감, 소속감, 유대감을 느낄 뿐만 아니라 협동의식이 생기고 하나의 공동체라는 의식이 길러지게 된다.

다섯째, 교사가 도전감을 가지고 자신의 일을 수행하도록 한다.

② 프로젝트 접근법의 절차

프로젝트 접근법의 진행은 준비 단계를 거쳐 시작 단계(1단계), 전개 단계(2단계), 마무리 단계(3단계)로 이루어지며 일정 기간이 정해져 있는 것이 아니라 유아들의 흥미와 관심에 따라 달라질 수 있는데, 짧게는 1-2주 혹은 길게는 한 달 이상 진행하기도 한다.

첫째, 준비 단계

주제를 선정하는 데 있어 몇 가지 방법이 있다. 교사가 유아와 기관의 여러 요건을 고려하여 선정하는 방법, 유아들이 흥미 있는 주제를 먼저 선정하고 교사의 흥미에 따라 선정하는 방법, 유아들의 과거 경험으로 도출하여 주제를 선정하는 방법 등이 있다.

준비 단계는 주제를 선정한 후 그 주제에 대한 예비 주제망을 구성하는 단계로 교사가 나름대로 주제에 대해 생각해 보고 조직해 보는 것을 말한다. 그러므로 프로젝트의 주제 선정은 유아들의 관심사를 반영하고, 교사의 판단과 결정으로 정해진다. 이러한 예비 주제망 구성은 유아들의 브레인스토밍 과정을 효과적으로 지원할 수 있으며 실제 프로젝트 활동이 이루어지기 전에 학습내용의 기본적인 윤곽이나 방향을 예상할 수 있게 된다.

예비 주제망은 교사들이 주제에 관한 지식과 개념을 생각나는 대로 적는 브레인스토밍 과정을 거친 후 제시된 단어들을 비슷한 개념끼리 분류하여 그룹을 짓는 유목화 과정을 통해 형성된다. 예비 주제망은 다른 교사들과 함께 협력하여 구성해 본다.

예비 주제망을 작성한 후 기본 어휘와 중심 개념을 선정하고 자원 목록 작성 및 필요한 자원 준비를 진행하면서 학부모님께 구체적으로 프로젝트 주제와 지원 목록 사항을 알리는 작업을 하게 된다. 이런 과정들이 준비 단계에 해당된다. 협의하는 과정을 통해 교사는 유아들의 지식, 경험 등을 미리 생각해 보게 되고 다양한 활동도 구체화할 수 있게 된다.

둘째, 프로젝트 시작 단계 – 1단계

프로젝트의 1단계인 시작 단계에서는 주제에 관한 사전 토론 및 사전경험 표현, 주제망 구성, 질문목록 만들기의 세 가지 활동을 하게 된다.

유아들이 주제에 대해 이전 경험을 이야기하거나 그림을 이용해서 표현해 보거나 조형 활동, 역할놀이 등으로 표현하게 된다. 이런 표현 활동을 다른 유아들과 서로 공유하는 과정에서 새로운 아이디어가 나오기도 하고, 보다 심화·확장된 활동으로 연결되기도 한다.

다음에는 교사와 유아가 공동 주제망을 구성하게 된다. 교사와 함께 대그룹으로 주제망을 작성해 보기도 하고 혹은 유아들끼리 조별로 주제망을 만들어 보기도 한다.

주제망을 만들어 놓은 다음에 유아들이 궁금해 하는 것으로 질문 목록을 만들어 조사 탐구 활동이 가능한 것을 적어 본다.

셋째, 프로젝트 전개 단계 – 2단계

이 단계에서는 유아들이 프로젝트 활동을 해 나가는 중에 주제와 관련하여 어떤 구체적인 목표를 세워 놓고 이를 달성하기 위해 활동하는 것으로, 진행 중에 질문거리가 생겨 조사 탐구 활동이 함께 이루어지기도 한다. 1단계에서 적은 질문에 대한 조사 활동으로 주제에 대해 자세히 관찰해 보고 책을 통해 궁금증을 해결하거나 주변 사람(부모님, 이웃 등)에게 물어 보기도 한다. 이런 과정에서 전문가가 초빙되어 유아들과 함께 활동에 참여하거나 유아들이 현장에 견학을 가서 주제와 관련된 조사 탐구 활동이 이루어진다. 현장에 다녀온 후에는 미술 활동, 언어적 활동, 수학 활동, 극화 활동 등의 표상 활동이 이루어진다.

아래에서는 전개 단계의 대표적 활동인 현장견학활동과 전문가 초빙에 대한 세부내용이 제시되어 있다.

– 현장견학활동

현장견학활동은 현장견학을 위한 준비활동, 현장견학활동, 현장견학 사후활동의 순서로 진행된다.

현장견학을 위한 준비 단계에서는 효율적인 현장활동이 되도록 하기 위해 현장에서 무엇을 보고, 조사할 것이며, 물어볼 것인지에 대해 미리 생각하고 토의하며 표상한다. 현장견학 단계에서는 현장활동을 통하여 주제와 관련이 깊은 대상이나 현상들을 직접 확인하고, 기록하도록 한다. 현장견학에서 기록하기에 어려움을 가지고 있는 어린 유아들을 위해 교사가 견학의 내용을 사진에 담아 두거나 실물을 얻어 교실에 가져오는 것을 현장견학활동 이후의 활동을 보다 생생하고 흥미롭게 하는 데 기여를 한다.

현장견학 사후활동 단계에서는 현장견학을 마치고 돌아온 결과에 대해 이야기 나누기를 하고 현장에서 무엇을 보고 듣고 왔는지를 그리기, 쓰기, 점토 만들기 등의 다양한 방법으로 표상한다.

– 전문가와의 면담

주제와 관련하여 직접적인 경험이 풍부한 사람을 교실에 초빙하여 영유아가 궁금해 하는 것에 대한 답을 듣고 주제와 관련된 다양한 이야기를 함께 나눈다.

전문가를 초빙하여 새롭게 알게 된 사실을 확인하기 위해 그림 그리기, 감사편지 쓰기 등의 활동을 실행할 수 있다.

넷째, 프로젝트의 마무리 단계 – 3단계

마무리 단계를 실시할 시기는 유아가 프로젝트 주제에 대해 흥미를 잃어가고 있고 새로운 주제에 관심을 보이거나 주제와 관련된 내용이 거의 다루어졌다고 판단되었을 때이다.

이 단계에서는 결과물을 교실 벽이나 선반에 전시하는 전시회, 발표회 혹은 이 둘을 조화시켜 함께 해 나가는 것으로 실시된다. 마무리하기에서는 유아들이 프로젝트 전 과정을 통해 이루어온 학습의 결과물, 즉 주제에 대해 조사한 내용과 표현활동의 산물들을 다른 교실의 유아들, 원장 선생님, 학부모 및 기타 사람들에게 보여주고 설명하는 전시회나 발표회 등의 기회를 가질 수 있다. 이러한 기회는 유아와 교사는 물론 학부모와 참여한 모든 사람들에게 바람직한 영향을 미칠 수 있다.

전시회나 발표회가 끝난 후에는 토의를 통해 활동에 대한 전반적인 평가가 이루어진다. 즉 프로젝트 활동을 하는 동안 부족하거나 아쉬웠던 점 그리고 좀 더 확장하고 싶었던 점 등을 얘기하면서 다음 프로젝트에 대해 생각해 볼 수도 있다.

③ 교사의 역할

교사와 유아가 함께 만들어 가는 프로젝트 접근법의 실행에 있어서 '민감한 관찰자와 안내자'로서의 교사 역할이 중요하다.

준비 단계에서 교사는 구체적으로 프로젝트의 주제 선정 지원하기, 주제에 관한 영역별 학습내용 및 활동 예상안 작성하기, 주제에 관한 유아의 관심과 흥미를 유발시킬 수 있는 환경 구성하기 등의 역할을 수행하며, 사전에 주제에 대해 충분히 준비해야 한다.

프로젝트 시작 단계에서는 주제에 관한 유아의 다양한 생각들을 격려하고 유아의 흥미와 호기심을 유도할 수 있는 다양한 활동을 지원하는 한편, 유아들이 탐구하고자 하는 내용의 큰 줄기를 잡아 주어야 한다.

전개 단계에서는 다양한 활동을 적극적으로 지원하기 위해 질문내용을 활동으로 연결해 주고, 적합한 자원을 조달하고, 활동결과물을 공유하는 시간을 통해 적합한 추후활동으로 연결해 줄 수 있다.

마무리 단계에서는 프로젝트의 활동과정에서 이루어진 여러 가지 학습 결과들을 유아들과 함께 검토하고 평가하면서 이후의 프로젝트가 더욱 풍부해질 수 있는 기반을 마련할 수 있다.

3) 레지오 에밀리아 접근법

(1) 레지오 에밀리아 접근법의 배경

레지오 접근법은 1945년 레지오 에밀리아에서 파스시트의 독재와 2차 세계 대전이 끝나던 때 시작되었다. 억압으로부터 벗어나 새로운 세계를 창조하고자 하는 변화에 대한 요구가 있었으며, 부모들은 자기 자녀들을 위한 학교를 자기들 손으로 짓기 위하여 힘을 모으려고 하던 시기였다.

레지오 에밀리아 접근법은 듀이의 교육 철학, 피아제와 비고츠키의 인식론뿐만 아니라 미첼(Mitchell)의 학습에 영향을 주는 지역 사회의 가치를 강조한 이론, 가드너의 다양한 상징 매체의 활용을 강조하는 다원적 지능(multiple intelligence)의 형성 이론, 브론펜브레너의 '발달의 생태학적 접근', 페리르(Ferrier), 브루너(Bruner), 호킨스(Hawkins)의 교육 사상 등에 영향을 받았다. 듀와즈(Doise)

와 뮤니(Mugny)를 비롯한 후기 피아제 학파의 대인간 인지적 구축의 이론, 케이(Kaye)의 개별 유아의 능력에 맞는 성인의 개별 교수적 지원 이론, 쉐퍼(Shaffer)의 언어와 사회적 상호 작용간의 관계 이론, 모스코비치(MosCovici)의 표상의 발생학 등 레지오 접근법의 기저를 이루는 이론은 다양하다.

그러나 말라구치(Malaguzzi)는 교육적 원리와 실제가 이미 공식화된 교육 모델이나 이론에 의해서만 도출되는 것은 아니라고 믿는다. 레지오 학교 설립 당시의 의미있는 시작의 역사와 양질의 교육을 위해 투쟁해 온 발전의 역사 그리고 정치적 · 사회적 · 문화적 배경 등을 중요하게 생각한다.

학교를 설립하게 된 역사와 복합적인 배경 등이 위에서 제시한 여러 과학적 이론들과 어우러져서 교육 원리를 이끌어냄으로써 이상과 실제의 상호 의존성을 강조한다. 레지오 교사들은 끊임없이 많은 교육, 철학, 심리학 문헌을 연구하고 그에 대한 새로운 이해를 바탕으로 현장 실제에 적용하여 실험하고 관찰하는 과정을 계속함으로써 교육 이론과 실제를 발전시켜 오고 있다.

(2) 레지오 에밀리아 접근법의 기본 전제

① 아동관

레지오 접근법에서는 아동에 대해 다음과 같이 생각하였다 .

첫째, 권리를 가진 아동이다. 레지오 접근법에서 아동은 누구에게 속한 종속물이 아니며, 자신의 존재 그 자체로 인정되며, 성인과 함께 의사결정을 하는 동등한 인격체로 인정한다. 그리고 아동을 단순히 욕구를 가진 존재로 보기보다는 권리를 가진 독특한 개체로 본다.

둘째, 유능하고 능동적인 아동이다. 즉 이 접근에서는 아동을 풍요롭고 강하게 보는 이미지를 가지고 있다. 모든 아동은 대단한 잠재력과 유능함을 갖고 태어나며, 독특한 존재이며, 자신을 성장의 주인공으로 보는 것이다. 아동은 수동적으로 경험하는 것이 아니라 자신의 사회화 과정에서 또래와 함께 적극적인 역할을 한다.

셋째, 아동은 성인과는 다르다는 것이다. 아동은 성인과 다른 절차를 사용하고 다른 원리를 선호하고, 다르게 추측하고 다른 발자국을 따라간다고 본다, 아동은 자신의 목적을 달성하는 과정에서 다양한 선택을 할 수 있음을 알게 되며 그렇게 하는 것이 자신을 자유롭게 하고 활기차게 한다는 것을 알게 된다.

넷째, 아동은 여러 가지 표현 방식을 가졌다고 본다.

레지오 접근법에서는 아동이 단순히 문자 언어만이 아니라 여러 가지 상징 즉 표현적, 대화적, 상징적, 인지적, 윤리적, 은유적, 상상적, 관계적 상징 그리고 수백 가지의 언어로 자신의 감정과 생각을 탐색하고 표현하도록 허용하는 것을 중요하게 여긴다.

다섯째, 의사소통 능력을 가진 아동이다.

아동은 교실, 지역사회, 문화와의 조화와 상호교류를 통해 자기 완성을 추구하는 활동적이고 유능한 주인공이다. 아동은 개인적・역사적・문화적 정체성(identity)과 의사소통자로서 능력과 권리를 가지고 있다.

② 레지오 에밀리아 접근법의 특성

레지오 접근법의 특성을 살펴보면 다음과 같다.

첫째, 발현적 교육 과정이다.

여기에서 교육 과정이란 유아들의 흥미로부터 유도되어야 하며 그들이 관심을 갖고 있는 주제나 대상에 대해 교사는 방향이 어떻게 전개될 것인가를 관찰하고 그런 가능성에 대하여 준비하고 계획한다(홍지연, 2002). 유아들은 심도 있게 주제를 탐색해 가는 가운데 궁금증을 유발하게 되고 문제에 직면했을 때 자연적으로 발현적 교육 과정이 일어난다.

발현적 교육 과정에서는 교사가 목표를 세워 놓고 있지만 각 프로젝트나 활동의 세부 목표는 미리 세우지 않으며, 과거의 경험과 유아에 대해 알고 있는 것을 기초로 주제를 정한다. 주제에 따라 유아의 욕구와 흥미에 맞는 융통성 있는 목표를 세워서 프로젝트를 진행하게 되는 것이다.

주제 선정은 유아의 흥미나 경험에 의해서 할 수도 있고, 교사와 유아 간의 상호 협상을 통해 선정될 수도 있다. 유아들이 주제를 제안할 수도 있지만 탐구활동이 잘 일어날 수 있는 주제라면 교사가 개입하는 것이 가능하다. 그리고 프로젝트 전개 과정에서 하위 주제가 나타나면 그것을 이용하여 하위 프로젝트 또한 운영될 수 있다.

둘째, 학습을 위한 그리기 활동이다. 유아들은 학습 과정에서 자신의 사고를 표현해 보고자 반성하는 그리기 활동을 한다. 이런 그리기 표상은 미술적인 측면만을 강조하여 그리기를 위한 학습이 아니라, '학습을 위한 그리기'의 의미를 갖는다. 유아들의 그리기 활동은 다음과 같은 장점이 있다. 유아의 이해 정도를 알 수 있으며, 학습 내용을 탐색하기 위해 그리기를 하는 것이며, 의사소통의 수단이 되고 학습과정을 반복적으로 재방문하여 반성할 기회를 갖게 된다.

셋째, 상징화의 주기 활동이 있다. 유아는 한 가지 주제에 대해 자신의 생각과 이론들을 표상하게 된다. 그것들을 표현하고자 다른 유아나 교사와 토의하고, 그림을 그리고, 조사하고 다시 그리고 탐색하고 수정하는 다양하고 상징적인 방법을 사용하게 된다. 그 과정에서 자신의 생각과 이론들을 재방문하여 재표상해 나가는 것을 상징화 주기라고 한다. 상징화 주기는 전형성이 있는 것이 아니라 주제마다 그 당시의 상황과 환경에 따라 달라진다. 이러한 상징화 과정을 통해 유아들은 다양한 형태의 표상을 표현하게 된다.

넷째, 의사소통 맥락을 통한 학습이다. 레지오에서는 '아뜰리에스타'라는 미술교사가 있어 유아들과 표상 활동을 하면서 경험을 공유하고, 유아들에게 표상 재료나 도구의 사용 방법을 가르친다. 이 때 아뜰리에스타는 미술적인 측면의 기술적인 면을 가르치는 것이 아니다. 그들은 유아와의 의사소통을 통해 표상을 격려하고 지원한다. 그리하여 유아의 표상활동은 의사소통 맥락으로 이해된다.

의사소통 맥락의 표상 활동은 타인의 사고를 이해하고 자신의 의견을 전달하는 과정에서 의미를 가장 잘 전달할 상징을 결정하게 되므로 유아들은 토론하며 사고할 수 있는 기회를 갖게 된다.

다섯째, 사회적 상호 작용이다. 유아들은 또래와 교사와의 인지적 갈등을 토의하고, 거기에서 얻어지는 문제 해결 능력을 새로운 학습 계기로 활용한다. 언어적 상호 작용 외에 상징적인 상호작용을 통해 서로 간의 유사점과 차이점을 발견하고, 협상해 가는 과정에서 자율성과 책임감 그리고 소속감을 기르게 된다. 주제에 대해 유아들이 어떻게 협력하고 공동체로서 어떤 형태로 진행될지에 대해 교사는 유아들의 언어적 소통, 공동 작업 등으로 지식의 공동 구축을 자극하고 촉진한다.

여섯째, 기록화 활동이다. 유아들의 작업 등의 활동이나 생활에 대해 체계적으로 기록하고, 기록한 것을 해석하고 연구하는 시간을 갖는 것은 성공적인 프로젝트를 위한 필수 조건이다.

기록은 자필 기록 외에 유아들의 작품, 관찰 내용, 녹음된 내용, 비디오, 사진을 이용한 기록이 모두 포함된다. 레지오에서 행하는 기록화는 활동의 결과만을 중시하는 입장이 아니라 활동하는 과정 자체에 중점을 두고 있다. 이러한 기록은 객관적인 평가가 되어 유아에 대한 이해를 돕고, 프로그램의 전반적인 평가를 통해 후속 프로젝트의 계기를 마련해 준다.

(3) 레지오 에밀리아 접근법의 실제

레지오 접근법은 교육의 목적을 분명하게 설정하지 않는다. 유아들이 표현하는 흥미는 수시로 변하므로 미리 체계적으로 계획하여 운영하는 것은 바람직하지 않으며, 유아가 표현한 흥미나 교사가 그로부터 유추한 내용을 중심으로 발현적 주제를 선정하여 교육이 전개되어진다. 아래에서는 레지오 접근법이 실제로 전개될 때의 교수-학습과정과 운영상의 요점을 요약하여 제시하였다.

① 레지오 접근법의 교수 – 학습과정

(가) 주제선정

레지오 접근법에서 주제선정은 유아의 흥미를 바탕으로 발현적으로 이루어진다. 예상하지 못했던 사건을 계기로 유아와 교사의 협상에 의해 결정되어지며, 부모가 주제를 제안할 수도 있다.

(나) 전개과정

유아들이 탐구할 주제가 선정되면 상징화 주기에 따라 주제 탐색이 이루어진다. 이러한 주제 탐색은 다양한 매체를 이용하여 유아의 현재 생각을 표상한 다음 현장 경험을 통해 재표상하는 것을 필요한 만큼 반복함으로써 주제에 대해 깊게 탐색하게 된다. 유아들은 이러한 재방문(recycling)을 통해 주제에 대한 자신의 생각을 심화시키게 된다.

② 지역 사회 중심의 운영

이탈리아에서는 20여 년간 지역 사회 중심의 운영이 영유아 센터와 유아 학교에 정착되어 있다. 1970년대부터 지역 사회가 교육에 참여하는 지역 사회 중심의 운영 체제(gestione sociale)가 공식화되었다.

지역 사회 중심의 운영은 부모, 교사, 시민, 지역 사회로 하여금 교육 기관의 운영에 필수적인 참여, 민주주의, 집단 책임감, 문제 해결, 의사 결정의 과정을 강조함으로써 유아 교육 기관을 지나친 관료주의의 위험에서 보호하고 교육의 개혁을 촉진하며, 교육자와 부모간의 협력을 공고히 한다.

각 영유아 센터와 유치원은 2년마다 부모, 교육자, 주민들 중에서 지역 사회 자문회(advisory council)의 위원을 선출한다. 32개의 기관에서 32개의 자문회가 구성된다. 1988년의 경우 시립 유아 교육 기관을 이용하는 2,215 가정 중 611명의 부모가 위원으로 선출되었다. 이는 세 가정 중 한 가정이 기관의 운영에 참여함을 의미한다. 75명의 유아가 다니는 한 유아 학교의 자문회는 부모 19명, 교육자 13명, 주민 7명으로 구성된다.

자문회에서는 부모들의 의견을 수렴하여 처리하며, 부모 참여 전략을 연구하여 부모 참여를 유도한다. 기관 내의 환경 구성과 일과에서 발생하는 문제를 해결하기 위해 모임을 주선하거나 조정하고 수렴된 의견을 학교에 적용하고 평가한다.

각 자문회에서 2~3명의 대표 이사를 뽑아 유아 교육 담당관, 교육 조종관 팀, 교육 담당 공무원, 그리고 시장과 함께 시의 유아 교육 위원회에서 가족과 교육자의 요구를 공개적으로 제기하며 유아 교육 관련 행정적·정책적 의사 결정에 참여한다.

③ 교육 조종관(pedagogista)팀에 의한 본질적 장학

교육 조종관은 교육학이나 심리학을 전공한 학위 소지자들이며, 4~5개의 학교나 센터를 맡아 지원하고 함께 일한다. 학교에는 원장이 없다. 학교는 교육 조종관 한 명의 도움을 받아 교사와 직원들이 팀으로 운영한다.

이 체제에서 교육 조종관은 본질적인 장학을 담당하며 다면적인 역할을 수행한다. 교육 조종관은 부모, 교사, 행정관과 연계하여 행정적 자문을 하고, 교사의 전문적 발달을 위해 교사 현직 교육을 계획하여 조직한다. 프로젝트와 교육 활동 수행을 조력하고 교사와 부모간의 문제를 조정할 뿐만 아니라 레지오 접근법을 외부에 알리고 외부와 상호 교환하는 일을 담당한다. 교육 조종관이 하는 역할의 중요한 목적은 교사를 위해 문제를 해결해 주기보다는 교사들의 자율성을 촉진함으로써 문제를 해결할 수 있도록 지원하는 데 있다.

④ 부모의 참여

유아들의 복지와 학습 경험을 위해 부모들은 능동적으로 참여하여 중요한 부분을 담당한다. 학교 운영 위원의 일원으로 일하기도 한다. 부모들은 교사나 행정가가 정해 주는 일을 하는 것이 아니라 전체 구성원이 참여하는 회의에서 의사소통을 통해 자신들이 할 일을 토의하여 계획하고, 협의된 과제에 대해서는 강한 열정과 동기를 가지고 유아 교육에 참여한다.

부모들은 개인적으로, 학급 활동을 통해, 그리고 학교 전체적인 모임을 통해 학

교에 참여한다. 경우에 따라 특정 과제나 프로젝트를 중심으로 소위원회를 통해 참여하기도 한다. 부모뿐만 아니라 교사 · 요리사 · 보조원 등 학교에서 일하는 모든 성인들이 유아 교육에 대한 책임을 공유하고 아이디어를 통합하기 위해 여러 가지 상호 작용의 기회를 갖는다.

⑤ 교사의 역할

레지오 에밀리아에서 가장 중요한 교사의 역할은 원형적인 관계를 형성하는 것이다. 교사, 부모 그리고 유아들 모두는 서로 분리되어 있는 것이 아니라 함께 모두가 주인공이 되어 학습에 참여한다. 즉 교사의 역할은 학습 내용을 전달하는 사람이 아니라 학습자로서의 공통의 커뮤니티를 형성하는 것이다. 이것이 의미하는 것은 유아들의 학습은 교사, 부모의 상호 연관성을 갖고 연결되어 의미를 형성하는 것을 말한다. 이러한 관계가 이해되어질 때, 교사의 다른 중요한 역할들은 분명해지며 결국에는 의사소통의 중요성이 더욱 부각되어진다. 유아들과 의사소통을 한다는 것은 그들의 생각에 대해 주의 깊게 듣는다는 것을 의미하며 그들의 활동 속에 참여하여 주의 깊게 유아를 관찰하는 것을 의미한다. 교사의 역할을 세부적으로 살펴보면 다음과 같다. 유아들과 대화하기, 지속적인 관심 제공하기, 프로젝트 진행하기, 유아의 활동을 기록하고 전시하기, 연구하기, 동료 교직원과 협동하기 그리고 정치적 활동에 참여하기 등이다.

4) 발도르프 교육

(1) 발도로프 교육의 배경

1818년 제1차 세계대전 이후 사람들은 사회적, 경제적, 정치적으로 어려운 문제에 도달하게 되었다. 이러한 현상을 잘못된 교육의 탓이라 여기던 에밀 몰트(Emil Molt)는 그가 경영하고 있던 담배 공장 사원들의 자녀에게 교육을 시켜주자고 슈타이너(Steiner)에게 제안했다. 이에 슈타이너는 1919년 9월 7일 발도르프-아스토리아 담배 공장의 이름을 그대로 인용하여 발도로프 자유학교를 설립하였다.

발도르프 학교가 설립된 이듬해인 1920년 슈타이너는 유치원의 유아들도 교육을 하였으면 좋겠다는 의견을 내놓았으며, 슈타이너 제자인 그루넬리우스

(Grunelius)를 중심으로 유치원 설립을 준비하였다. 그러나 자신의 과중한 업무와 경제적인 문제 등으로 슈타이너가 사망한 다음 해인 1926년 슈투트가르트에서 유아를 위한 발도르프 교육을 지향하며 최초로 발도르프 유치원이 설립되었으며, 이것이 전 세계적으로 널리 알려지고 세워지게 되었다.

(2) 발도르프 교육의 기본 전제

① 슈타이너의 인지학적 인간 이해

슈타이너는 인간을 물리적 신체, 생명체, 감정체, 자아체의 네 가지 구조로 성립된 구성체(김정임, 2006)로 보았다.

물리적 신체의 인간은 시간과 공간의 제한을 받으며 실질적으로 뼈, 근육, 장기, 살 등으로 이루어져 있어 이것이 하나로 통합되어 몸이라 불리우는 것을 말한다. 이는 정신을 뺀 나머지 육체를 말한다.

생명체라 함은 물리적 신체가 멈추지 않고 성장하며 변화한다는 것이다. 보이지 않는 힘의 지배를 받으면서 성장, 변화해 가는 것이다. 이런 측면에서 인간은 식물과 공통된 요소를 지니고 있다.

감정체 인간은 성장하면서 희로애락의 감정을 가지고 느낄 수 있게 되는 현상으로 감정체 구조는 동물과 공통점을 가지는 영역이다. 이는 외부 세계에 대한 형상만을 인식하는 것이 아니라 내부의 정신적인 세계도 경험할 수 있는 것을 의미한다.

자아체 인간은 생명체와 감정체를 연결하고 통제하는 역할을 하며 '나'를 인식할 수 있는 영역을 의미한다.

'나'라는 의식을 가질 수 있는 힘을 자아라고 표현한다. 자아체는 식물, 동물에서 발견할 수 없는 인간만의 독특한 본성이다. 이런 구조는 인간이 태어난 각각 다른 방법으로 다른 시기에 발달한다.

② 발도르프 유아교육의 원리

발도르프 유치원 교육은 머리, 마음, 손의 교육을 통해 전인적인 인간교육을 추구한다. 인지 중심의 교육에 반대하여 사랑, 경이로움, 감사, 책임감 등의 교육과 감정을 강조한다. 또한 유아의 자립적인 발달을 도와주고 인간의 가능성을 강조하며 놀이를 중요시한다. 이에 대한 구체적인 내용이 아래에 제시되어 있다.

(가) 발달특성을 고려하는 교육

슈타이너는 탄생에서 7세까지의 시기에 주목할 만한 발달특징으로 신체조직과 기관의 형성, 걷기로 대표되는 신체활동과 운동, 말하기와 사고하기, 도덕성의 형성을 들고 있으며 이 4가지를 만족시키는 것이 곧 유아교육의 목표가 된다고 하였다.

(나) 모방에 기초한 교육

모방은 성인들의 시범적인 행동을 따라 하는 것을 의미하는 것이 아니라 어른과 유아의 내적인 유대를 말한다. 유아의 모방능력은 유아의 내면에 있는 자유의 표현이며 이는 유아가 자기 주변의 인물들 속에서 비교될 수 있는 것을 인지한 경우에만 개발될 수 있는 능력이다

유아는 신체의 외면적인 행위나 몸짓을 모방하는 것만이 아닌 주변 사람이 생각하고 느끼고 있는 내면세계와 정신적인 세계까지 모방하게 되는 것이다.

(다) 상상력을 중시하는 교육

슈타이너는 유아란 상상력이 가득차 있는 존재로서, 7세까지 유아의 신체적인 성장에 있어 상상력이 큰 역할을 하며 상상력을 움직이는 것은 뇌를 활발하게 활동시키고 형태를 만들어 간다고 하였다. 따라서 발도르프 유치원에서는 실물과 같이 정교한 놀잇감이나 실물과 똑같은 인형은 유아의 상상력에 아무 도움도 주지 않는다고 하였다.

뇌의 건전한 발달을 위해서는 소박한 것이 유아 내면적 상상력을 자극하는 것이고 주로 자연물을 소재로 한 단순하면서 예술적인 느낌의 놀잇감이 필요하다.

유아의 상상력에 관한 또 다른 활동은 동화모임을 통해서이다. 슈타이너는 주위에 있는 식물·동물이 인간처럼 이야기하고 행동하고 사랑하는 이야기가 필요하다고 보고 이러한 이야기를 통해 상상력이 풍부해질 수 있도록 의인화시켜야 한다고 말했다.

(라) 리듬을 경험하는 교육

발도르프 교육은 유아들의 발달에 맞게 건강한 생활을 유지함으로써 창의적인 발달 과정을 겪을 수 있는 생활의 틀을 마련해 주는 것이다. 생활의 틀이라고 하는 것은 '질서'를 말하는 것이며, 질서 속에서 유아들은 주위의 사람들과 환경에 대하여 신뢰감을 가질 수 있는 것이다. 이 신뢰감을 바탕으로 안정감이 생겨나며 여기서 창의적인 재능이 스스로 형성된다.

(마) 예술적 요소를 활용하는 교육

슈타이너 교육은 예술성 있는 활동을 강조하고 있다. 예술적인 것은 인간의 의지 본성에 특별히 깊은 작용을 하여 우리의 마음을 풍부하게 만들기 때문에 예술을 통하여 주위세계를 이해해야 한다.

예술적인 방법의 하나로 조소적이고 조형적인 감각을 기르기 위해서 슈타이너는 유아들이 색채의 세계와 익숙하게 하는 것이 효과적이라고 하였다.

예술적인 방법의 또 다른 하나는 음악적인 활동이다. 음악적인 요소는 출생 때부터 인간 내부에 활동하고 있으므로 음악의 기본인 화음과 선율의 관념을 몸에 익혀야 한다.

(3) 발도로프 교육의 실제

슈타이너 교육의 목적은 원만한 인간관계의 형성과 한 인간으로 자신의 삶을 펼쳐 나갈 수 있는 능력을 개발하는 것이며 신체와 영혼과 정신이 조화를 이루어 발달하는 것이다.

발도로프 교육에서 강조하고 있는 교육 과정들과 교육내용을 살펴보기로 하겠다.

① 교육 과정

교육과정의 대표적인 예는 교육환경과 놀잇감, 리듬, 오이리트미, 스토리텔링 그리고 수채화 그리기 등이 있다.

첫째, 교육환경과 놀잇감이다. 학교의 건물은 각이 없으며 지붕, 교실, 복도가 곡선으로 이루어져 있다. 그리고 실내 교실이나 실외 놀이 환경은 나무로 되어 있고 놀잇감들은 전부 자연적인 소재로 만든 것이다. 유아들은 나무블록, 헝겊인형, 조개껍데기 장난감, 찰흙으로 빚은 그릇 등을 가지고 논다.

둘째, 리듬이다. 발도르프 교육에서 유아기는 리듬에 민감한 시기이므로 리듬과 규칙을 중요한 교육 방법으로 여긴다. 여기에서 말하는 리듬은 순환되는 자연의 법칙을 이야기하는 것으로 이런 것을 유아들이 깨우치지 못하면 성인이 되어서 스스로 삶의 리듬을 찾을 수 없다고 보고 있다. 리듬은 공간적 리듬, 하루 일과에서 보이는 것처럼 대집단 놀이 후 소집단 놀이, 다시 대집단 놀이로 진행되는 시간적 리듬, 인간과 인간의 유대관계를 위하여 담임교사가 3년 동안 바뀌지 않고 아침마다 만남의 시간을 갖는 정신적 리듬으로 나누어 설명한다.

셋째, 오이리트미이다. 이것은 그리스어로 아름다운 언어라는 의미로 인간의 동작을 통해 언어와 음악을 볼 수 있는 것을 말한다. 유아들이 자신의 신체를 이용해 그들의 정서적, 정신적인 느낌과 의미를 모두 표현하는 것으로 인간의 언어와 음악이 조화되는 경험을 할 수 있도록 한다.

넷째, 스토리텔링이다. 발도르프 교육에서는 유아들에게 전래동화, 짧은 시 등의 이야깃거리를 들려주고, 상상해 보게 한 다음 말이나 글로 표현하게 한다. 이 활동은 매일 실시되는데, 하나의 동화나 시가 일주일 내내 반복될 수 있다.

다섯째, 수채화 그리기이다. 이 활동은 도화지를 물에 담군 후 꺼내어 천으로 물기를 살살 닦아낸다. 다시 물에 젖은 붓에 물감을 찍어 도화지에 그린다. 그러면 물감이 서서히 스며들면서 선을 만들게 되는데 이때 경계가 생기지 않는다. 이는 발도르프 학교의 환경에서 곡선을 강조하는 원리와 같은 것이다.

② 교육내용

그루넬리우스가 최초의 발도르프 유치원을 설립하여 운영한 내용이 전세계 발도르프 유치원의 기본적인 하루 일과로 운영되고 있다. 그런데 슈타이너는 교육과정은 언제든지 새로 만들 수 있으며 정해진 프로그램은 없다고 하였다. 기본적인 원리가 유지된다면 큰 문제가 되지 않는다고 하였다.

요일별 활동은 일정하게 이루어지며, 경우에 따라 순서가 바뀔 수도 있다. 매일 반복되는 활동을 경험하며 유아는 의지력을 단련시키고 책임감과 결단력을 기른다.

발도르프 유치원에서는 유아들에게 가정에서 하는 활동에 참여할 기회를 제공하는데, 요리나 빵굽기, 청소, 씻기, 바느질, 다림질 그리고 정원 가꾸기 등이 주기적으로 이루어진다.

③ 교사의 역할

발도르프 교사는 자기 자신의 가치와 교사라는 직업적 전문성이 통합되어야 하며, 학급에서 아동들의 요구에 부응할 수 있는 자유로움을 지녀야 한다. 또한 예술, 동작, 음악에 대한 창조성을 개발할 수 있어야 하며 교과 과정에 대해 끊임없이 연구하고, 유아들의 성장을 지켜 주는 파트너가 되어야 하므로 이들은 항상 연구하고 노력해야 한다. 그러므로 이들에게 교사 교육과 재교육은 반드시 필요하다.

아래에서는 우리나라에서 발도르프 교육을 실천하고 있는 어린이집의 하루일과를 실제적으로 제시하였다(서남 발도르프 어린이집, 2009).

구분	활동내용(샛별반, 은하수반)	비고
08 : 00~09 : 00	등원 시작, 자유놀이 및 아침 간식 만들기	계절과 절기에 따라 음식종류변화
09 : 00~09 : 30	아침 간식 및 설거지	간식 후 정리정돈
09 : 30~10 : 20	자유놀이 및 그림 그리기(밀납 크레용)	교사의 예술작업 진행
10 : 20~11 : 00	정리 및 원모임-친구들과 인사, 노래, 손동작, 라이겐(윤무)	2~4주간 같은 라이겐을 반복
11 : 00~12 : 20	뒷산 나들이(화, 목) 실외 자유놀이 및 텃밭 가꾸기(월, 수, 금)	11:00~11:30(수, 금) 주 1회 각반(만 5세) 취학전 어린이집 문자교육
12 : 20~13 : 00	식사 준비 및 점심식사	
13 : 00~13 : 30	정리, 이야기 들려주기 (축제 또는 행사시 인형극 보여주기)	아름다운 싯구 암송
13 : 30~13 : 40	반일반 귀가	
13 : 30~15 : 30	낮잠	개인별 침구 제공
15 : 30~15 : 40	오후반 귀가	
15 : 30~16 : 30	자유놀이 후 요일별로 물감그림 그리기, 밀납으로 만들기, 전래놀이, 대청소 등 예술작업이 이루어짐	예술작업 : 바느질, 양모솜 벽화, 조각, 염색, 밀납으로 만들기 ,교실꾸미기(축제준비, 계절탁자, 잠자는 방) 등 만 5세 아이들 : 수직, 수놓기 등 장시간 집중할 수 있는 작업
16 : 30~17 : 00	정리 및 오후간식	
17 : 00~18 : 30	자유놀이 및 자유귀가	
18 : 30~19 : 00	합반하여 자유귀가	

출처 : 서남 발도르프 어린이집, 2009

5) 생태교육 프로그램

(1) 생태교육의 배경

현대사회는 빠르게 변화하는 산업발달로 인해 자연환경이 몸살을 앓고 있으며, 이로 인해 생태계가 무너지고 있다. 인간은 자신의 편리를 위해 산업과 기술을 발달시켰지만 이로 인한 피해를 입고 있으며, 피해의 속도는 가속화되어질 것으로 보인다.

생태학은 환경과 생물과의 상호작용을 연구하는 분야로, 이 관점에서 생태계는 모든 것이 연관되어 있어서 상호의존적이고, 순환의 원리를 통해서 재생되므로 공존의 관계라고 본다. 인간 역시 이를 구성하고 있는 한 요소로 자연 속에서 함께 공존하는 존재라고 본다. 생태학이 표면화되면서 인간과 자연의 관계에 대한 새로운 관점이 확산되었고, 환경문제를 포함한 사회문제의 해결책을 찾는 다양한 논의가 시작되었다.

이러한 배경하에 생태교육이 대두되었으며, 영유아기에 자연의 소중함을 알고 생명을 중시하려는 인식과 이에 대처하려는 실천적 능력을 길러주고자 한다.

위에서 살펴본 바와 같이 생태교육은 생태계 파괴에 대한 인식이 증대되면서 생명을 중시하려는 취지에서 관심을 갖게 되었다.

(2) 생태교육의 기본 전제

① 교육목적

생태교육의 목적은 생태주의 이론을 교육에 적용하여 자연의 소중함을 알고 자연과 공존하면서 살아갈 수 있는 지식과 태도를 익히도록 하는 것이다.

② 교육방법

생태교육에서 강조하는 교육방법은 자연친화적인 체험학습, 자연과 환경의 이해를 위한 통합적 접근방법, 자연을 학습의 장으로 변화시키는 것 그리고 실천적 능력의 배양이다. 이에 대해 좀더 자세히 살펴보기로 하겠다.

자연친화적인 체험학습은 직접적인 체험을 통해 생명의 가치를 인식하고 자연의 생명체와 유대감을 형성하며, 자연과 인간이 공존해야 함을 느끼도록 하는 것이다.

통합적 접근방법은 교사가 생태학적 인식을 하여 전체 교육과정에 포함되도록 하여 통합적으로 교육이 이루어지도록 하는 것이다.

그리고 실제로 존재하는 자연 속에서 학습이 일어나도록 학습의 장을 이동하는 것이다. 마지막으로 실천적 능력의 배양은 생태학에 관련된 지식의 습득에만 한정되는 것이 아니라 일상생활 속에서 실천되도록 하는 것이다.

(3) 생태교육의 실제

다른 나라에서 실시되고 있는 생태교육의 대표적인 예는 독일의 숲 유치원을 들 수 있으며, 우리나라의 경우에는 부산대학교 부설 어린이집의 생태 프로그램을 들 수 있다. 아래에서는 부산대학교 부설 어린이집의 생태 프로그램을 중심으로 살펴보고자 한다.

① 기본 방향

부산대학교 부설 어린이집의 생태 프로그램에서 교육과정 구성의 방향은 크게 세 가지로 나뉜다. 즉 생명 중심의 유아교육을 강조하며, 개인주의 보다는 공동체 중심의 유아교육을 지향하며 그리고 전인적 유아 교육을 추구한다. 이러한 전제 하에 유아의 주도성과 흥미를 고려한 활동, 자연과의 직접 체험, 실외놀이 활동, 신체활동 등이 주로 이루어진다.

② 교육내용

부산대학교 부설 어린이집의 생태 프로그램에서 주로 이루어지는 내용을 살펴보면 바깥놀이, 산책, 텃밭 가꾸기, 세시풍속, 손끝놀이 활동, 몸짓놀이 활동 그리고 노인-아동 상호작용 활동이다. 이러한 활동 중에서 세시풍속 활동은 조상들이 4계절과 24절기를 보내면서 모은 생활의 지혜를 익히는 것을 의미하며, 손끝놀이는 여러 곡식들과 먹을거리 등을 이용한 손끝을 여물게 하는 활동을 의미한다. 그리고 몸짓놀이는 붕어·달팽이·거북이·악어 등의 모양과 행동을 흉내내면서 신체훈련을 함과 동시에 표현력을 키우는 것을 말한다. 또한 노인-아동 상호작용 활동의 대표적인 예는 할머니가 들려주는 옛날이야기이다.

③ 교사의 역할

이 프로그램에서 교사는 스스로가 생태학적 인식을 하고 있어야 하며, 유아들이 자연에 대한 소중함을 알고 교류할 수 있도록 분위기와 여건을 만드는 것이 중요하다. 그리고 자연 속에서 자유롭게 생각하고 움직일 수 있도록 교육계획을 하고 실천하는 것이 중요하다고 하겠다.

6) 장애아 통합교육 프로그램

통합(integration)은 장애아와 비장애아 집단을 하나의 프로그램으로 체계적으로 결합하는 것을 말한다. 그리고 통합교육이란 다양한 교육적 요구와 능력을 지닌 유아들이 함께 생활하는 것으로 장애아와 비장애아가 교수활동이나 사회적 관계에서 의미있게 상호작용을 하는 것을 뜻한다. 아래에서는 이러한 통합교육에 대해 자세히 살펴보기로 하겠다.

(1) 장애아 통합교육의 배경

장애아 통합교육이 대두된 배경에는 정상화(normalization) 원리, 탈시설 수용화(deinstitutionalization)라는 사회적인 움직임 그리고 최소 제한 환경(least restrictive environment; LRE)의 의무화라는 법적 지원이 큰 역할을 담당하였다.

정상화란 문화적으로 정상적인 개인의 행동이나 특성을 형성하고 유지하기 위해서는 가능한 한 문화적으로 정상적인 수단을 사용해야 한다는 철학적 믿음이다.

그리고 탈시설 수용화는 1960년대에 많은 시설에 있는 장애인들에게 제공되는 양육과 교육이 적절하지 못하다는 인식에 따라 지역사회로 이동시키려는 움직임을 의미한다. 또한 최소제한환경이란 장애아를 일반 또래, 가정과 지역으로부터 최소한으로 분리시켜야 한다는 것이다. 이는 장애아의 자유를 최소한으로 침해하여 그들의 권리를 보장하려는 것이다.

이러한 요인 외에도 장애 유아와 비장애 유아 간에 접촉 경험을 많이 제공하는 것이 장애 유아의 사회적 통합을 성공적으로 이룰 수 있다는 연구결과들이 제시되고 있다.

(2) 장애아 통합교육의 개념과 기본 전제

① 개념

먼저 통합의 개념을 살펴보면 이것은 장애아가 비장애아 집단에 무조건 적응해야 한다기보다는 장애 유아와 비장애 유아 모두가 서로의 차이와 다양성을 인정하고 상대방의 존재를 존중하고 수용하는 것을 말한다. 이때 함께 교육 받는다는 것은 같은 장소에 배치하고, 같은 교육방법을 사용하거나 같은 교육과정을 적용하는 등의 교육적 배치나 방법론적 측면에서의 동일함만을 의미하는 것이 아니라 기본적으로 동일한 소속감을 지니고 동등한 가치를 인정받으며 동등한 선택의 자유를 누릴 수 있는 것을 의미한다.

따라서 장애아 통합교육이란 장애를 가진 유아를 다른 교육공간에 분리하여 교육을 받게 하는 것이 아니라 비장애아와 함께 같은 공간에서 생활하면서 동일한 교육과정을 적용받아 학급의 구성원으로서 성장발달을 이루어 나가는 것이라 할 수 있다.

② 기본전제

프로그램의 기본전제를 살펴보면 다음과 같다

첫째, 장애아의 발달특성을 이해해야 한다. 장애아도 정상적인 발달에 대한 욕구가 있으며 단지 발달속도가 느리고 세분화된 단계를 거치므로 장애아의 일반적이고도 기본적인 욕구를 이해해야 한다.

둘째, 장애아의 발달에 적합한 교육방법이 필요하다. 장애아들은 각자 매우 다양한 발달특성을 지니고 있으며, 가정환경과 같이 외부환경도 모두 달라진다. 따라서 개별 유아를 충분히 관찰하고 진단한 다음에 개인에 적합한 계획을 세우고 이를 실행하고 평가해야 한다.

셋째, 통합교육을 위한 준비과정이 있어야 한다. 학부모의 요구에 따라 거주지 주변에 시설을 마련하고 전문 인력과 연계 프로그램이 마련되어야 한다. 그리고 교사는 장애아에 대한 이론적 기초를 쌓아 통합교육에 대한 준비를 해야 한다.

(3) 장애아 통합교육의 실제

① 교육 과정

장애아 통합교육의 목표는 조기에 장애아에게 개입하여 보통의 환경 속에서 비장애 아동과의 상호작용을 통해 원활한 발달을 도모하고자 하는 것이다.

통합교육 계획을 세울 때 고려해야 할 원리는 연령 적합성, 개별 적합성 그리고 문화적 적합성이다. 즉 대상유아의 연령을 고려하여 교육내용과 활동을 계획하여야 하며 개인차를 고려하고, 유아의 가정이나 지역사회적인 환경을 고려하여 교육과정이 구성되어야 한다는 것이다.

② 교육내용

통합교육은 장애아와 비장애아 모두에게 바람직하도록 교육내용을 구성해야 한다. 교육활동은 보통 규칙적인 일과를 중심으로 하나 상황에 따라 융통성을 발휘하여 모두가 즐거워할 수 있도록 이루어져야 한다.

그리고 장애아에게 좋은 환경은 비장애 유아에게도 가장 좋은 환경이면서 동시에 장애아가 자유롭게 활동에 참여할 수 있는 환경이다. 장애아를 통합하기 위한 환경 설계 시에 고려해야 할 기본적인 사항은 다음과 같다.

첫째, 안전한 환경이어야 한다. 장애아들은 일반유아에 비해 사고의 위험이 높으므로 안전장치를 세심하게 설치해야 한다.

둘째, 접근 가능성이 용이해야 한다. 환경에 쉽게 다가갈 수 있을 때 독립성과 자신감이 커지며, 탐색욕구도 높아진다. 환경에 대한 접근 가능성은 실내와 실외를 모두 포함한다.

셋째, 충분한 공간을 마련해야 한다. 휠체어와 같은 보조도구의 사용이 충분하도록 공간이 넓어야 한다. 그리고 혼자 쉴 수 있는 장소를 준비하고, 자료를 충분히 배치하여 탐색활동이 잘 일어날 수 있도록 공간을 준비해야 한다.

③ 교사의 역할

교사는 같은 환경에서 생활하는 장애아와 비장애아의 행동을 전반적으로 지원하기 위해서 다음과 같은 점에 유의해야 한다. 먼저 장애 유아의 행동특성에 대한 이해를 높이는 것이 가장 중요하며 동료교사와 학부모 그리고 지역사회 기관과의 연계를 통해 교육이 이루어질 수 있도록 해야 한다.

장애아와 비장애아를 통합할 때 가장 효과적인 시기는 유아기이다. 또래와의 관계가 형성되는 시기에 같은 공간에서 함께 생활하며 자연스럽게 관계를 형성하기 때문이다. 따라서 이 시기에 함께 생활하고 교육받는 통합교육은 모두에게 바람직한 교육이라고 할 수 있다.

7) 다문화 교육과정

21세기는 다문화주의(multiculturalism) 시대로, 각 문화에 대한 다양성을 인정하고, 편견을 갖지 않으려는 움직임이 보편화되고 있다. 다문화 교육은 국가 간의 관계뿐 아니라 지역사회 내에 있는 서로 다른 문화적 배경을 인식하고 그것을 인정하는 시각으로 다양성에 대한 가치의 중요성을 강조하는 신념체계라 할 수 있다. 초기에는 민족과 국가라는 거시적 차원에서 시작되었으나 점차적으로 계층, 빈곤, 인종 그리고 여성 등 미시적 차원으로 확대되었다. 이러한 노력을 통해 선입견과 편견에서 벗어나 서로에 대해 이해하고자 하는 노력이다.

(1) 다문화 교육의 배경

다문화 교육이 등장하게 된 계기는 이민가족이나 혹은 소수민족 가정에서 성장하는 유아들의 효과적인 교육을 위해서였다. 즉 처음에는 다양한 연구물들을 제공하고, 부모와 가정을 연계하는 데 초점을 두었다. 이후에 인종을 비롯한 여러 가지 편견을 극복하고 다문화를 이해하는 연구들이 증가하게 되었다. 특히 발달적·문화적으로 적합한 실제는 다문화 교육을 더욱 확장시키게 되었다.

(2) 다문화 교육의 기본 전제

다문화 교육은 영유아기부터 시작되어야 한다. 유아는 2세경에 자기 정체성을 인식하고 다른 사람에 대한 이해가 시작된다고 한다. 또한 2세경에 성과 인종에 대한 차이점을 인식한다고 한다. 그리고 이러한 인식이 유아기에 형성되면 그것은 일생동안 유지된다고 알려져 왔다. 따라서 다양성에 대한 인식을 시작하는 영유아 시기에 다문화 교육이 시작된다면 교육의 효과는 더 클 것이다.

다문화 교육은 일정기간동안 교육하기보다는 전체 교육과정 속에 포함되어 다루는 것과 교육활동에서 뿐만 아니라 일상생활 속에서 자연스럽게 경험하는 것이 더 효과적이다.

아래의 표에서는 연령에 따른 다문화 개념의 발달에 관한 내용들을 제시하였다.

연 령	발 달 내 용
0-6개월	피부색의 차이에 주목한다.
6개월-2세	신체적 특징, 의복, 언어, 정치적 성향에 기초하여 사람들 사이의 차이점과 유사점을 인식하기 시작한다.
2-3세	성이나 신체적 장애, 인종적인 측면에서의 초보적인 편견이 나타나기 시작한다.
3-5세	성역할 고정화와 인종적인 편견, 자신과 다른 사람들에 대한 두려움이 나타나기 시작한다.

출처 : 안영진·이숙정(2008). 『새로운 교육과정에 따른 유아사회교육』. 양서원. p. 91.

(3) 다문화 교육의 실제

① 교육 과정

다양성에 대한 이해는 유아가 매우 어린 시기부터 영향을 주는 것으로 나타났다. 다양성, 존중, 수용성 등을 주요 개념으로 하는 다문화 교육은 사회적 고정관념과 편견을 인식하고 이에 적절하게 대응하는 힘을 기르고 다양성에 대한 이해력을 키우는 것을 목적으로 한다.

② 교육내용

많은 연구들에서 개인, 집단, 국가, 문화 간의 친밀한 관계와 이해를 증진시키기 위해 지식, 기술, 태도 측면으로 나누어 내용을 구성하여야 한다고 주장하였다. 또한 다문화 교육의 내용으로는 나이, 외모, 계층, 문화, 가족 구성, 인종 그리고 성별이 많이 제시된다.

그리고 다문화 교육의 영역은 상호의존, 유사성, 그리고 갈등해결의 범주로 구분할 수 있다. 상호의존은 세계 여러 나라 사람들이 서로 의존하면서 살아가고 있다는 것을 의미하는 것이며, 유사성은 유아들이 외모의 차이점에 주의를 기울이기보다는 집단을 구성하고, 규칙을 정하며, 언어를 사용하고, 기본적 욕구를 지니고 있는 유사한 존재임을 알려주는 것을 나타낸다. 마지막으로 갈등해결은 유아가 자신이 해결할 수 있는 능력을 넘어서는 문제에 직면하거나 잘못된 판단을 하거나 혹은 다른 사람과 다툼이 생길 때 감정을 표현하고 조절하는 능력을 기르도록 하는 것이다. 이러한 범주에 따라 여러 가지 활동을 구성할 수 있다.

③ 교사의 역할

다문화 교육을 하기 위해서는 먼저 교사 스스로가 다문화에 대한 이해가 이루어져야 한다. 교사 자신이 개별 유아의 차이점을 인식하고, 다양한 사람들의 다른 점에 대해 수용하여야 한다.

그리고 교사는 다문화 교육에 적합한 교육환경을 제공하는 역할을 해야 한다.

바람직한 환경 구성을 위해서 다양한 교육 자료와 교재·교구를 관리하고, 유아의 감각을 자극할 수 있는 시각적이고 심미적인 환경을 구성하며 질적으로 높은 상호작용을 위한 활동을 선정하여 필요한 자료를 제공할 수 있어야 한다.

마지막으로 교사는 인간관계에 관한 지식과 기술을 익혀서 이러한 내용들을 학부모와 유아에게 전달할 수 있도록 노력하여야 한다.

토의과제

-. 프로그램의 개념을 제시하고, 변천사를 20세기 이전과 이후로 나누어 설명하시오.

-. 프로젝트 접근법의 절차를 설명하시오.

-. 레지오 에밀리아 접근법의 특성을 제시하시오.

-. 다문화 교육과정을 성공적으로 이끌기 위한 교사의 역할에 대해 토의하시오.

제10장

유아 평가

본 장에서는 유아평가의 필요성과 평가방법에 대하여 알아보았다. 유아평가의 필수적 요소인 관찰의 중요성과 기록방법을 자세하게 다루었으며, 현장에서 많이 사용되는 포트폴리오 평가에 대하여 살펴보았다.

1. 유아 평가의 필요성

평가는 일반적으로 학습의 결과, 학습 목표를 어느 정도 달성했는가를 알아보기 위하여 성취도의 수준을 점수화하는 것을 의미한다. 이영석과 박재환·김경중(1985)의 정의에 따르면, 유아교육 평가는 유아들의 전인적 성장 발달을 조력하기 위한 교육 과정이나 프로그램이 어느 정도 실현되었고 달성되었는지를 알아보는 과정을 의미한다. 그러나 이러한 결과중심의 평가는 학습의 과정을 무시하는 경향이 있다. 따라서 요즘에는 결과뿐만 아니라 학습의 과정을 함께 중시하는 과정중심의 평가를 실시하고 있다. 특히 유아 평가에 있어서는 반드시 과정중심의 평가를 해야 하는데 그 이유는 다음과 같다.

첫째, 아직 발달의 과정 중에 있는 유아를 대상으로 발달 단계 중의 어느 시점에서의 성취도 자체는 무의미하기 때문이다. 왜냐하면 평가의 결과를 그 유아의 능력이라고 단정지을 수 없으며 앞으로의 유아의 발전에 대한 아무런 예고도 할 수 없기 때문이다.

둘째, 결과중심 평가는 상대 평가를 기본으로 하는데 발달의 과정 중의 유아를 대상으로 한 개인 간 평가는 무의미하기 때문이다. 왜냐하면 평가의 목적이 유아의 발전에 도움이 되고자 하는 것이라면 개인 간 평가가 아니라 개인 내 평가가 이루어져야 하기 때문이다.

교육인적자원부에서 고시한 유치원 교육과정 해설(1998)에 따르면, 유아평가는 유아의 전인적인 성장과 발달의 변화 수준을 점검하는 질적 평가를 기본 방향으로 하고 있으며, 유아를 평가할 때 유의해야 할 사항을 다음의 네 가지로 제시하였다.

첫째, 유아의 전인적 발달에 도움이 되었는지를 전체적으로 파악하기 위해서 유아의 건강, 기본 생활 습관, 정서적 안정감, 사회적 적응, 창의적 표현, 의사소통능력, 탐구심 등 생활 전발에 걸쳐 통합적으로 평가해야 한다.

둘째, 유아의 발달 수준을 객관적이고 효율적으로 평가하기 위하여 관찰을 통한 일화기록이나 행동목록 작성, 작품 분석, 면담 등의 다양한 방법을 체계적이고 장기적으로 사용해야 한다.

셋째, 유아를 상대적으로 비교 평가하여 서열화하거나 점수화해서는 안 되며 평가결과는 문장으로 서술하여야 한다. 결과중심의 평가가 아니라 유아의 자발성, 자아개념, 또래 관계, 표현력, 활동 상황, 활동 수행 능력 등의 태도에 중점을 두어 유아 개개인의 발달에서 진보된 부분과 지연된 부분의 발견에 초점을 두어야 한다.

넷째, 평가의 결과는 유아의 전인적 성장과 효율적인 교육과정의 운영, 부모 면담, 생활 기록부 작성을 위한 기초자료로 활용될 수 있어야 한다.

이러한 점들을 고려하여 유아의 성장과 발달을 평가하는 방법은 크게 관찰법과 검사법, 포트폴리오 평가로 나누어 설명할 수 있다.

2. 유아 평가방법

1) 관찰법

(1) 관찰의 정의 및 필요성

유아교육사전에서는 관찰이란 "사물의 상태나 현상을 기존의 지식을 사용해서 주의 깊게 자세히 탐색하고 기술하는 활동이다"라고 정의하였고, 전남련과 권경미·김덕일·이미순(2005)은 관찰이란 "일상생활에서 진행되는 자연스러운 인간의 행동을 연구하고 객관적인 자료를 수집하기 위하여 관찰 장면에 특별한 조작이나 제재를 가하지 않고 관찰자가 가지고 있는 기존의 지식을 사용하여 관찰대상의 행동을 있는 그대로 기술하는 활동이다"라고 하였다. 즉, 관찰법은 유아를 이해하기 위하여 유아들의 일상생활에서 보여지는 다양한 행동과 상황을 주의깊게 살펴보고, 기술하고 분석하는 평가방법을 말한다. 특히 유아를 대상으로 연구하는데 있어서 관찰을 많이 사용하는 이유는 다음과 같다.

첫째, 유아들은 발달특성에 있어서 언어를 통한 의사소통이 불완전하기 때문에 면접이나 질문지 검사를 통해 자신들의 생각과 느낌을 전달하는데 한계가 있다.

둘째, 유아들은 낯선 검사 상황에서 오랜 시간 동안 주의를 집중하여 자신의 능력을 발휘하는데 어려움이 있다.

셋째, 유아들은 관찰자의 존재를 크게 의식하지 않기 때문에 관찰대상 유아들의 자연스러운 행동을 상황 맥락적으로 이해할 수 있다.

(2) 관찰의 종류

관찰은 관찰자의 통제 여부에 따라 자연적 관찰과 통제적 관찰로 구분할 수 있고, 관찰자의 현장 참여 여부에 따라 참여 관찰과 비참여 관찰로 나눌 수 있다.

① 자연적 관찰과 통제적 관찰

자연적 관찰은 있는 그대로의 자연스러운 장면에서 일어나는 유아들의 행동과 사건, 상황을 관찰하는 방법이고, 통제적 관찰은 관찰 장면에 일종의 통제나 조작을 가한 의도된 환경에서 일어나는 유아들의 행동이나 사건을 관찰하는 방법이다. 대표적인 예로 할로우(Harlow)와 짐머만(Zimmerman)의 접촉위안 연구에서 통제된 조건 하에서 일어나는 침팬지의 행동유형에 관한 연구를 들 수 있다.

② 참여 관찰과 비참여 관찰

참여관찰은 관찰자가 연구대상 집단의 일원으로 현장에 들어가서 유아들과 함께 생활하면서 유아의 행동을 관찰하는 방법이다. 이 방법은 관찰대상 유아의 있는 그대로의 모습을 자연스런 상황에서 심층적으로 이해할 수 있는 장점이 있는 반면에 관찰자가 객관성을 유지하는데 어려움이 있을 수 있다.

비참여 관찰은 관찰자가 연구 현장에는 있으나 활동에는 전혀 개입하지 않고 관찰만 하는 방법이다. 대표적으로 일방경을 통한 관찰방법을 들 수 있는데, 관찰대상 유아의 행동에 영향을 미치지 않기 때문에 객관성을 확보할 수는 있지만 참여 관찰보다 관찰 정보가 제한되는 단점이 있다.

(3) 관찰 기록 방법

① 표본식 기술

표본식 기술은 관찰자가 관찰대상 유아, 관찰 장소, 관찰 시간 등을 미리 정해 놓고 그 장면에서 일어나는 유아의 모든 행동과 상황을 일어난 순서대로 자세하게 기술하는 것이다. 표본식 기술은 관찰 대상과 장면의 모든 상황을 자세하게 기록하기 때문에 유아의 흥미와 장단점, 관심, 발달특성과 같은 관찰대상에 대한 많은 정보를 얻을 수 있을 뿐만 아니라 유아의 특별한 행동이나 문제 행동의 의미를 맥락적으로 이해하는 데 도움이 된다. 그러나 기록하고 자료를 분석, 평가하는데 많은 시간이 소요되고 관찰자의 주관적인 판단이 개입될 수 있는 단점이 있다.

관찰 내용을 표본식 기술방법을 사용하여 기록할 때는 다음과 같은 사항에 유의해야 한다.

첫째, 관찰 날짜와 시간, 장소, 관찰 유아, 관찰자 이름을 반드시 기록한다.

둘째, 관찰자의 주관이나 해석은 배제하고 보고 들은 것을 있는 그대로 객관적으로 기술한다.

셋째, 유아의 대화는 현재형으로 쓰고, 직접화법을 이용하여 큰따옴표 속에 넣는다.

넷째, 사건이 일어난 순서대로 기록한다.

다섯째, 관찰 대상 유아뿐만 아니라 유아와 상호작용하고 있는 사람들의 행동과 말도 기록한다.

여섯째, 유아의 행동 지속시간이나 장면이 바뀔 때마다 시간을 표시해 유아의 흥미나 관심, 주의집중의 정도를 파악할 수 있도록 한다.

일곱째, 기록의 마지막 부분에는 발달 영역별로 간단하게 요약을 한다.

② 일화기록

일화기록은 기록할 만한 가치나 흥미가 있는 유아의 행동이나 사건을 간결하게 기록하는 방법이다. 따라서 일화기록은 한 가지 행동이나 사건을 누가, 언제, 어디서, 무엇을 어떻게 하였는지를 말해주는 방식으로 있는 그대로 기술한다.

일화기록은 특정한 시간과 사건에 구애받지 않고 유아의 발달과 성장을 이해하는데 도움을 줄 수 있는 행동이나 사건이라면 언제, 어디서든지 기록할 수 있기 때문에 다른 기록방법에 비해 간편하다. 또한 한 가지 사건과 관련된 유아의 말과 행동을 있는 그대로 기술하기 때문에 상황을 보다 명확하게 이해하는데 도움을 줄 수 있다. 그러나 관찰자가 관찰하기 원하는 행동을 표집하여 기록하므로 관찰자의 편견이 작용할 수 있고, 표본식 기술에 비해 상황묘사가 적고 한 가지 행동만을 기록하기 때문에 해석할 때 기록된 그 행동이 관찰대상 유아의 모든 것을 대표하는 것처럼 판단하는 오류를 범할 수 있다.

일화기록을 할 때는 행동의 전반적인 측면이나 주요 행동을 먼저 기술하고 그 다음에 세부적인 행동을 기술하고 마지막으로 행동의 진행 상황을 구체적으로 기술해야 한다. 일화기록은 다음과 같은 관찰 양식을 이용하여 기록할 수 있다.

<table>
<tr><td>관찰유아 : 김무현</td><td>성 별 : 남</td><td>생년월일 :</td><td>연령 :</td></tr>
<tr><td colspan="2">관찰시간 : 2시 20분~2시 30분(10분)</td><td colspan="2">관 찰 일 :</td></tr>
<tr><td colspan="2">관찰장면 : 실외 바깥놀이터의 모래놀이영역</td><td colspan="2">관 찰 자 :</td></tr>
<tr><td colspan="4">기 록 : 실외 바깥놀이 시간에 무현이는 모래놀이영역에서 소꿉놀이를 하고 있는 3명의 여자친구들에게 다가간다. 무현이는 여자친구들 옆에 다리를 펴고 앉아 오른손으로 모래를 쥐었다 폈다를 반복한다. 오른손으로 모래를 한줌 쥐어 자신의 바지 위에 뿌리기를 반복한다. 그리고 소꿉놀이를 하고 있는 여자친구들을 한참 쳐다본 후 그들이 가지고 놀던 그릇을 하나 가지고 온다. 유경이가 "안돼! 내꺼야"라고 말하고 윤자와 은숙이는 무현이에게 "야~!"하고 소리친다. 무현이는 벌떡 일어나 가지고 왔던 그릇을 여자친구들에게 던지고 미끄럼틀을 타러 간다.

교육과정영역 : 사회생활영역(공격성)</td></tr>
<tr><td colspan="4">해 석 : 무현이는 친구들이 가지고 놀고 있는 장난감을 말없이 가져와서 친구들의 놀이를 방해한다. 친구의 놀이를 의도적으로 방해한 것이라면 친구에게 사과해야한다는 것을 지도할 필요가 있다. 또한 여자친구들과 함께 놀이하고 싶은 마음의 표현이었다면 언어로 놀이를 제안하고 참여하는 적절한 표현하는 방법을 지도할 필요가 있다.</td></tr>
</table>

일화기록시 고려해야 할 사항은 다음과 같다.

첫째, 어떤 일화나 사건이 발생한 직후 언제, 어디서, 어떻게 일어났으며 그 상황에서 유아가 무슨 말을 하고 어떻게 행동했는지를 순서대로 객관적이고 사실적으로 기록한다.

둘째, 관찰 대상 유아가 한 말은 직접화법으로 큰따옴표 속에 넣는다.

셋째, 관찰 날짜와 시간, 장소, 장면, 관찰 유아의 이름, 생년월일, 관찰자 이름을 기록한다.

넷째, 여러 사건이나 여러 유아가 참여한 사건을 기록할 때는 한 번에 한 가지 사건만 다루어야 하며, 관찰 유아를 중심으로 기술하여야 한다.

③ 행동목록법

행동목록법은 평가하고자 하는 유아의 발달이나 행동 특성을 미리 목록으로 만들어 놓고 행동의 출현 유무를 예, 아니오의 형태로 체크 표시하는 방법으로 체크리스트라고도 한다. 행동목록법을 사용하여 유아를 평가하고자 할 때는 먼저, 행동목록을 만들어야 하는데 행동목록은 관찰 가능한 구체적인 행동을 나타내는 것이어야 한다. 즉, 유아의 내면적 특성은 관찰을 통해 알 수 없기 때문에 반드시 외현적 행동으로 기술되어야 한다는 것이다. 또한 행동목록의 한 문항은 한 가지 행동만을 담고 있어야 명확한 평가가 가능하다. 다음은 행동목록을 이용한 관찰

양식의 사례이다.

글에 대한 개념 발달 체크리스트			
관찰유아 :	성 별 :	생년월일 :	연령 :
관 찰 자 :		관 찰 일 :	
글에 대한 개념 발달		예	아니오
1. 글은 왼쪽에서 오른쪽으로 읽는다는 것을 안다.			
2. 말은 글로 쓰이고 읽힐 수 있음을 안다.			
3. 글자가 무엇인지 알고 페이지에서 글자를 지적할 수 있다.			
4. 단어가 무엇인지 알고 페이지에서 단어를 지적할 수 있다.			
5. 문장이 무엇인지 알고 페이지에서 문장을 지적할 수 있다.			
6. 단어 사이에는 띄어쓰기 공간이 있음을 안다.			
7. 단어에서 일부 글자를 안다.			
8. 단어에서 음소를 혼합하고 분절할 수 있다.			
9. 단어를 알기 위해서 맥락, 구문, 의미를 사용한다.			
10. 단어에서 음절을 셀 수 있다.			
11. 그림의 단어와 글에 주목하면서 읽기를 시도한다.			
12. 자모음에 의한 글자의 구성을 기초로 단어를 추측한다.			

④ 평정척도법

평정척도는 관찰된 유아의 행동이나 발달 특성의 질적 수준을 평가하기 위한 방법으로 연속성 있는 수준의 행동이나 발달 특성에 점수나 가치를 부여하는 것이다. 평정척도법은 행동목록법과 마찬가지로 평가가 이루어지기 전에 관찰 목록이 작성되어야 하지만, 행동목록법과는 달리 관찰 행동의 출현 유무뿐만 아니라 행동의 질적인 수준까지 파악할 수 있는 방법이다.

평정척도에서 사용하는 평정의 단계는 일반적으로 3단계에서 11단계 척도까지 다양하며, 단계가 적은 경우에는 평정자의 평정 기회를 제한하는 반면에 단계가 많을 경우에는 단계간의 구분이 명확하지 않아 평정에 어려움을 줄 수 있다. 또한 홀수형 단계를 사용할 경우에 평정자로 하여금 판단하기 힘든 문항에 '보통'을 표시하는 경향이 있기 때문에 연구자가 분명한 방향성을 요구하는 경우에는 짝수

형 단계를 사용할 수 있다.

평정척도는 관찰자 혹은 평정자가 관찰 행동의 질적인 수준을 평가할 때 개인적 편견이나 오류가 개입할 가능성이 있다. 평정의 과정에서 나타날 수 있는 오류를 구체적으로 살펴보면 다음과 같다(황해익 · 송연숙 · 정혜영, 2003).

첫째, 중심화의 오류이다. 관찰자가 긍정이나 부정적인 판단을 하기 곤란하거나 잘 모르는 특성일 경우에 척도의 중앙에 위치한 항목에 표시하는 것을 말한다.

둘째, 인상의 오류이다. 관찰 대상에 대한 다른 정보들로 인해서 현재 관찰하고자 하는 행동의 판단에 영향을 미치는 것으로 흔히 후광효과라고도 한다.

셋째, 논리의 오류이다. 전혀 다른 두 가지 행동 특성을 비슷한 것으로 잘못 판단하는 것을 말한다. 예를 들면 어휘력과 문장력은 다른 특성임에도 불구하고 관찰 대상의 어휘력이 풍부하다면 문장력도 뛰어날 것이라고 판단을 내리는 것이다.

넷째, 기준의 오류이다. 관찰자의 기준이 관대한지 엄격한지에 따라 동일한 행동이 다르게 평가되는 것을 말한다. 예를 들어 유아의 인사성에 대해 엄격한 기준을 가지고 있는 관찰자는 관대한 기준을 가진 관찰자보다 낮은 점수를 부여할 수 있다.

다섯째, 근접의 오류이다. 평정자들이 연속적으로 제시된 문항들을 평정할 때 떨어져 있는 문항보다 유사하게 판단하려는 경향을 나타내는 말이다.

여섯째, 대비의 오류이다. 이것은 관찰자가 가지고 있는 특성을 관찰대상에게도 있으면 낮게 평정하고 관찰자에게 없는 특성이 관찰대상에게서 나타나면 높게 판단하는 것이다.

평정척도법에는 관찰기록 양식에 따라 기술평정척도, 숫자평정척도, 도식평정척도가 있다.

첫째, 기술평정척도는 행동의 한 차원을 연속성 있는 몇 개의 단계로 나누어 행동의 특성을 문장으로 기술하는 방법이다. 예를 들어 유아의 공격성에 관한 기술평정척도는 다음과 같이 만들 수 있다.

(　　) 친구와 갈등이 생기면 항상 신체적 공격을 가한다.
(　　) 친구에게 신체적 공격을 가하는 일이 자주 있다.
(　　) 친구에게 신체적 공격을 가하는 일이 가끔 있다.
(　　) 친구에게 신체적 공격을 가하는 일은 거의 없다.
(　　) 친구와 갈등이 생기면 항상 말로 해결을 한다.

둘째, 숫자 평정척도는 평정하고자 하는 행동의 연속된 단계에 점수를 부여하는 방법이다. 숫자를 부여할 때 일반적으로 가장 긍정적인 척도치에 가장 높은 점수를 주는 것으로 5점 척도인 경우에는 5, 4, 3, 2, 1로 부여한다. 유아의 신체발달에 대한 숫자 평정척도의 예는 다음과 같다.

	아주 못함	못함	보통	잘함	아주 잘함
1. 앉을 때 자세가 바르다.	1	2	3	4	5
2. 한 발로 깡총 뛰기를 할 수 있다.	1	2	3	4	5
3. 공을 던지고 받을 수 있다.	1	2	3	4	5
4. 단추를 열고 잠글 수 있다.	1	2	3	4	5
5. 가위질을 할 수 있다.	1	2	3	4	5

셋째, 도식 평정척도는 관찰자의 평정을 돕기 위하여 평정하고자 하는 행동의 연속된 단계에 선을 부가적으로 사용하는 것을 말한다. 수평선을 이용한 도식 평정척도의 예는 다음과 같다.

주의를 기울여 다른 사람의 이야기를 듣는가?

⑤ 시간표집법

시간표집법은 관찰하고자 하는 행동이 정해진 시간 동안 얼마나 자주 일어나는가를 알아보기 위한 방법이다. 유아교육사전에서는 일정한 시간 간격을 두고 일정한 시간 단위씩 측정 또는 관찰함으로써 그 측정치를 통하여 과정 전체를 추정하려는 직접 관찰의 한 방법으로써 시간선택 관찰법이라고 정의하고 있다. 즉,

시간표집법은 정해진 시간 내에 일정한 시간 간격으로 관찰하고자 하는 행동의 출현 빈도를 표시하는 방법이다. 짧은 시간 내에 일정한 간격으로 관찰하기 때문에 관찰대상의 행동이 자주 일어나지 않으면 사용할 수 없는 방법이다. 알링톤(Arrington, 1943)에 따르면 시간표집법은 평균적으로 15분에 한 번 이상 발생하는 행동에 대해서 사용할 수 있는 방법이다.

다음은 유아의 친사회적 행동의 출현 정도를 알아보는 시간표집법의 예이다.

관찰유아 :	성별 :	생년월일 :	연령 :
관찰장소 :		관찰일시 :	
관찰행동:		관 찰 자 :	

※ 10분 동안 1회에 40초씩 관찰하고 20초 기록하라. 30초 동안 동일한 행동이 여러 번 나타나더라도 1번만 표시하라.

시간간격 / 관찰행동	1회	2회	3회	4회	......
친구에게 장난감을 나누어 준다.	V				
친구의 작업을 도와준다.	V	V			
친구를 대신해 정리정돈을 한다.				V	
친구에게 놀이의 차례를 양보한다.			V		
친구의 마음을 위로해 준다.					

⑥ 사건표집법

사건표집법은 어떤 행동의 출현 유무만을 관찰 기록하는 방법이 아니라 관찰하고자 하는 행동이나 사건이 발생하면 일어난 순서에 따라 자세하게 기록하는 방법이다. 즉 행동의 발생 자체에서 더 나아가 관찰 행동이 일어난 원인을 파악하는데 목적을 둔 평가방법이다.

대표적인 기록 방법은 ABC 서술식 사건표집법이다. 벨(Bell)과 로우(Low, 1977)가 고안한 방법으로 A(Antecedent Event)는 관찰하고자 하는 행동이나 사건이 일어나기 전의 상황을 말하고, B(Behavior)는 행동이나 사건 그 자체를, 그리고 C(Consequence)는 행동이나 사건이 일어난 후의 결과를 의미한다. 즉, ABC 서술식 사건표집법은 행동이나 사건이 일어난 순서대로 기록함으로써 행동이나 사건의 전후 맥락에 대한 이해와 행동의 원인을 파악할 수 있는 방법이다. ABC 서술식 사건표집법의 예는 다음과 같다.

<table>
<tr><td colspan="2">관찰유아 : 김무현</td><td>성별 :</td><td>생년월일 :</td><td>연령 :</td></tr>
<tr><td colspan="3">관 찰 자 :</td><td colspan="2">관찰장소 :</td></tr>
<tr><td colspan="3">관찰행동 : 자유선택활동 후 정리시간</td><td colspan="2">관 찰 일 :</td></tr>
<tr><th>시 간</th><th>사 건 전</th><th colspan="2">사 건</th><th>사 건 후</th></tr>
<tr><td>오전
10:30~10:35</td><td>자유선택활동시간이 끝나고 정리정돈시간을 알리는 노래가 나온다. 무현이와 함께 블록놀이를 하던 영준이가 일어나 블록을 정리한다.</td><td colspan="2">무현이는 자신이 쌓고 있던 블록을 영준이가 정리하기 위해 무너뜨리자 벌떡 일어나 "야~!" 하고 소리를 지르고 블록을 영준이에게 던진다. 영준이는 무현이가 던진 블록에 머리를 맞아 큰 소리로 운다.</td><td>영준이가 큰 소리로 울자 블록을 내버려 두고 화장실로 간다.</td></tr>
<tr><td colspan="5">요약 : 무현이는 영준이가 자신이 쌓은 블록을 무너뜨리자 화가나 소리를 지르면서 블록을 친구에게 던진다. 화나는 감정을 말로 표현할 수 있도록 지도할 필요가 있다.</td></tr>
</table>

2) 검사법

(1) 표준화 검사

표준화 검사는 검사도구의 신뢰도와 타당도가 검증된 것으로 검사의 목적, 내용, 대상, 실시 절차, 실시 조건, 채점 및 결과 해석이 표준화되어 있는 검사를 말한다. 대표적으로 K-ABC검사, WISC, 베일리 유아발달 척도와 같은 평가도구를 들 수 있다. 표준화 검사는 유아의 발달 수준과 특성, 성취 수준을 객관적으로 평가할 수 있는 장점이 있으나 검사 점수에 따라 유아를 서열화하거나 평가의 내용을 학습시키게 되는 부정적인 영향을 미칠 수 있기 때문에 세심한 주의가 필요하다.

(2) 교사 제작 검사

교사가 평가하고자 하는 내용에 적절한 표준화된 검사 도구가 없을 경우에 교사가 직접 제작하여 사용하는 도구를 말한다. 교사 제작 검사는 교육의 내용과 검사 문항 간의 연관성이 높기 때문에 유아의 발달 수준을 보다 실질적으로 평가할 수 있는 장점이 있다. 그러나 검사의 도구를 제작하는데 시간이 많이 소요되고 자료와 검사 결과 해석의 객관성과 타당도가 부족한 단점이 있다.

3) 포트폴리오 평가

포트폴리오 평가는 결과 중심의 전통적인 평가방법의 한계를 극복하고 유아의 학습과 발달의 과정과 결과를 모두 평가하기 위해 유아들의 작품을 체계적으로 수집하고 평가하는 방법이다. 또한 포트폴리오 평가는 개인 간의 상대적 평가가 아니라 개별 유아의 수준과 발달의 과정을 평가해 내는 개인 내 평가에 중점을 두고 있다. 포트폴리오 평가를 실시하는 목적은 크게 5가지로 요약할 수 있다(황해익 외 7인, 2001).

첫째, 유아의 진보 및 발전을 확인할 수 있다. 한 학기 또는 일 년 동안의 작품을 통해 유아의 능력이 진보되어 가는 과정을 살펴볼 수 있다.

둘째, 교수 계획을 위한 도구로 활용할 수 있다. 교사는 유아의 작품을 검토하고 유아의 행동을 관찰하면서 유아의 현재 발달 수준을 파악하고 이를 토대로 개별 유아에게 적절한 교수 계획을 수립할 수 있다.

셋째, 가족 및 행정가와의 의사소통을 위한 도구로 사용할 수 있다. 포트폴리오를 통하여 교사가 유아들에게 무엇을 하고 있고, 유아들은 어떻게 배우며, 유아들의 발달 과정이 어떻게 진행되고 있는지에 대한 정보를 부모나 동료교사, 행정가에게 제공할 수 있다.

넷째, 유아의 학습 동기 및 자율성 향상에 도움이 된다. 유아 스스로 포트폴리오를 구성해 보고, 자신의 목표가 성취되었는지를 교사와 유아가 함께 평가해 보는 과정을 통해 유아들의 학습의 동기가 유발되고 자율성이 신장될 수 있다.

다섯째, 연계성 있는 교육을 위한 정보를 제공해 준다. 포트폴리오는 학년이 바뀌거나 담임교사가 바뀔 경우 새로운 교사에게 개별 유아에 대한 많은 정보를 제공해 줌으로써 연계성 있는 교육이 이루어질 수 있다.

이러한 교육적 목적이 충족되기 위해서는 포트폴리오가 단순한 자료 모음집이나 학습의 결과물만을 모아 놓은 것이 되어서는 안 된다. 유아의 학습에 도움이 되는 포트폴리오가 되기 위해서는 다음과 같은 구성 요건을 갖추어야 한다.

첫째, 포트폴리오는 뚜렷한 목적을 가지고 일정한 기간 동안 체계적으로 모아

놓은 유아들의 작품들로 구성되어야 한다.

둘째, 단순히 작품을 아무렇게나 모아놓은 것이 아니라 유아의 작품이나 활동에 대한 교사의 의견이 제시되어야 한다. 유아의 작품이 이전과 달라진 점이나 특이한 사항을 기록해 두어야 한다.

셋째, 포트폴리오를 구성할 때 일화 기록이나 행동목록과 같은 유아의 행동에 대한 관찰 결과를 포함시킴으로써 유아에 대한 더 많은 이해를 도모할 수 있다.

넷째, 교사는 포트폴리오 목적과 활용에 대한 뚜렷한 인식이 있어야 한다. 그렇지 못할 경우에 구성된 포트폴리오는 단순히 보여주기 위한 작품모음집에 불과할 것이기 때문이다.

토의과제

-. 유아평가에서 관찰이 중요한 이유를 설명하시오.

-. 관찰기록의 방법과 장단점을 비교· 설명하시오.

-. 유아평가에서 가장 적합하다고 생각하는 평가방법에 대하여 토의하시오.

제 11 장

유아교육기관 운영관리

본 장은 '유아교육기관의 운영관리'에 대한 이해를 돕고자 유아교육기관 운영관리의 개념과 원리 및 운영관리의 영역 즉 교직원 관리, 학급운영관리, 장학, 교육과정의 계획과 관리, 시설설비 관리, 재정 및 사무관리, 가정 및 지역사회와의 관계 등을 다루고 있다.

1. 운영관리의 개념과 원리

유아교육기관의 활동은 교수·학습 활동과 운영관리 활동으로 양분화 할 수 있다. 이와 관련한 활동들을 살펴보면 다음과 같다.

첫째, 교수 학습활동은 유아교육 기관의 가장 핵심적인 활동으로 유아들의 전인적인 성장과 발달을 돕는 활동이며, 둘째, 운영관리 활동은 교수·학습 활동을 지원하고 유아교육의 목적 달성을 위한 제반 조건을 정비해 주는 활동이 포함된다.

이 두 가지 활동은 목적과 수단의 불가분의 관계를 유지하고 있으며 만약 어느 하나라도 그 기능을 제대로 발휘하지 않으면 교육목적을 달성할 수 없다. 따라서 유아교육 기관의 운영관리는 유아교육의 효율화를 기하는데 있으며 교수·학습활동이 목적이 되고, 운영관리 활동은 목적 달성의 수단이 된다. 유아교육 기관의 관리활동은 흔히 운영관리 등으로 표현하고 있다.

1) 운영관리의 개념

운영관리 개념에 대한 학자들의 견해를 살펴보면 다음과 같다.

(1) 김옥련(1993) : 시설의 목적과 목표를 효과적으로 달성하기 위한 인적(man), 물적(material), 재정적(money) 및 운영 방법적(management) 조건을 정비하고 운용하는 일

(2) 임재택(1999) : 기관의 목적을 달성하기 위하여 사람, 돈, 공간, 시간 등을 효율적으로 계획, 조직, 실행, 평가하는 일련의 과정

(3) Taylor(1979) : 어떤 기관이나 기구의 목적 달성을 위하여 사람(people), 자원(resources) 및 시간(time)을 효율적으로 조정, 운영하는 일인데, 여기서 자원은 돈(funds)과 공간(space)을 포함한다(임재택, 1999 재인용).

결론적으로 유아교육기관의 운영관리는 유아교육기관의 교육목표를 효율적으로 달성하기 위해 인적·물적·재정적인 조건을 계획, 조직, 실행, 평가하는 제반 활동을 의미한다.

2) 운영관리의 원리

유아교육 기관을 운영하는 원장 및 시설장은 유아들을 보다 잘 보호하고 교육하기 위하여 계획, 실행, 평가하는 등의 일련의 행정적 과정에 따라 그 기관을 보다 효율적으로 운영해야 한다. 유아교육기관의 원장은 원을 운영하는 데 있어 일반적으로 염두에 두어야 할 몇 가지 기본 원리가 있는데, 이를 살펴보면 다음과 같다(임재택, 1999).

(1) 타당성의 원리

이 원리는 어떤 기관에서 바람직한 교육계획을 세우고, 그것을 운영해 나가는 운영관리의 활동은 타당성이 있어야 한다는 것을 의미한다.

(2) 민주성의 원리

이 원리는 운영관리의 실천적 측면에서 주로 독단과 편견을 배제하고, 민주적

으로 이루어져야 한다는 것을 의미한다.

(3) 효율성의 원리

이 원리는 모든 운영관리활동에 있어서 최소한의 노력과 경비로 최대의 효과를 얻어야 함을 말한다. 여기서 중요한 것은 유아교육의 효과는 단기간에 나타나는 것이 아니므로 다른 원리들을 무시해 가면서 효율성의 원리만을 고집하는 것은 곤란하다.

(4) 적응성의 원리

이 원리는 기관의 운영관리는 그 기관이 처해 있는 현실적인 상황을 충분히 고려하여야 한다는 것을 의미한다.

(5) 안정성의 원리

이 원리는 어떤 면에서 적응성의 원리와 대응되는 원리라고 볼 수 있다. 즉 유아교육기관의 원장은 변화를 수용하고 현실에 적응하는 반면, 전통성이나 고유의 철학이나 가치관 등을 견지하여 긴 안목에서 장기적인 계획에 따라 기관을 운영하는 것이 필요하다.

2. 유아교육기관 운영관리의 영역

유아교육 기관 운영관리의 영역을 임재택(1999)의 『유아교육기관의 운영관리』와 『보육시설의 평가인증 지침서(2005)』, 고정곤과 최태식(2004)의 『유아교육 기관 교사를 위한 교육과정 및 교육평가』를 중심으로 제시하고자 한다.

〈표 11-1〉 유아교육 기관의 운영관리 영역

번호	영역	내용		구비되어야 요소
1	시설, 설비의 구성 및 관리	-시설에 대한 주요정보(시설의 보육방침, 보육시간, 연령별 집단 크기와 교사 수, 시설장 및 보육교사의 자격과 경력 등)제공 -건물, 교실, 놀이터, 시설·설비의 관리, 주변 환경 관리, 안전관리, 시설·설비의 구입, 수리, 유지·관리 등		-안내, 소책자, 팜플렛, 홈페이지, 유치원 달력 만들기 -시설의 안전점검 목록표, 교육환경 평가, 유치원 시설 관찰 목록표, 실외종합놀이시설 평가표, 활동실 안전 점검표, 실외시설 및 설비 안전 점검표, 비품대장, 소모품 대장
2	원아관리	입·퇴원, 반·집단 편성, 출결석, 가정환경 조사, 생활기록부 등		가정환경조사서, 유아기초조사서, 개인조사서, 생활기록부
3	교직원 인사관리	채용(전직·퇴직), 반담임, 업무분장, 복지, 직원회의, 교사연구, 근무평가, 장학지도 등		임용·해임과 관련한 서류, 업무분장표, 회의록, 교사의 자기평가 척도, 교사근무성적 평정표, 수업평가(상급자, 동료교사, 부모), 수업분석표(체크리스트)
4	유아교육 과정 운영	교육과정	교육과정의 운영, 연·월·주·일 교육계획 수립, 일과계획 및 운영	연간교육계획안, 월, 주, 일일 교육계획안, 유아교육프로그램 평가
		유아에 대한 이해	유아관찰 및 기록, 건강, 영양(급식, 간식), 안전, 위생 등	유아행동 관찰평가, 행동발달 관찰기록부, 친사회적 행동평가, 기본생활 습관평가, 유아들의 행동 관찰 기록지, 포트폴리오
		행사	행사계획 및 운영, 운동회, 소풍, 현장견학	각종 행사와 관련한 팜플릿 제작
5	교재·교구 관리	교재·교구의 구입 및 관리, 환경구성 및 관리, 흥미영역의 구성 및 관리, 시청각 교재 등		교재교구 대장, 교재교구 관리 대장, 도서대장, 도서관리 대장, 시청각 교재 대장, 시청각 교재 관리 대장
6	재정 관리	재정관리		예산 및 결산서 관리, 세입·세출 관리
7	가족 및 지역사회와의 협력	유아교육기관과 가정간의 의사소통, 부모개별면담, 부모교육 활동, 지역사회기관과의 협조체계		교육시설 운영에 관한 부모 만족도 조사, 학부모 참여 프로그램 안내장, 부모교육을 위한 강연회 및 워크숍 자료, 부모교육 참여 평가지

〈표 11-1〉에서 운영관리의 영역을 살펴보았는데 각 영역의 세부영역을 다시 유아교육기관 교직원의 조직 및 직무, 학급운영, 장학, 교육과정의 계획과 관리, 시설·설비의 관리, 재정 및 사무관리, 가정 및 지역사회와의 관계를 중심으로 제시하고자 한다.

1) 유아교육기관 교직원 조직 및 직무

유아교육기관에서 실무를 담당하는 교직원은 원장 및 시설장, 원감, 교사, 보조교사 등이다. 이들은 각각의 맡은 직위에 따라 다른 역할과 능력을 요구받으며, 직종에 따라 기대되는 자격 기준도 다르다.

(1) 교직원의 역할

① 원장 및 시설장

원장 및 시설장은 유아교육기관 전체를 조직하고 관리하고 감독하는 일을 맡을 뿐만 아니라 유아교육기관에서 일어나는 일에 대해 궁극적인 책임을 진다. 따라서 이들은 기관을 효과적으로 운영하기 위해서 전문적인 지식과 기술이 요구된다. 즉, 예산 편성, 인가 규정, 수입과 지출에 대한 지식, 고용, 세무, 해고 과정 등의 전문 지식과 아울러 건강과 안전, 소방 규정, 유아의 영양, 유아와 직원의 평가방법 등을 이해하고 있어야 한다.

② 원감

교육법 제75조에는 "원감은 원장의 명을 받아 원무를 정리하고 원아를 보육하며 원장 유고시는 원장을 대리한다"로 규정되어 있다. 평상시에는 원장을 보좌하며 원장의 교육 방침이 잘 이루어질 수 있도록 돕는 반면에, 교사들의 의견도 원장에게 원활하게 반영시키는 의사소통 내지 인간관계의 중재자 역할을 한다.

③ 교사

교사는 보육과 교육을 모두 제공하기 때문에 교사가 필수적으로 갖추어야 할 조건은 부모에 대한 신뢰, 교수 내용과 인간 발달에 대한 이해, 그리고 사회 현상에 대한 올바른 인식 등이다. 더욱이 유아에 대한 사랑과 인내심, 친절함, 따뜻함, 개방성, 안전의 중요성에 대한 이해 등을 가져야 한다. 그리고 학습 환경의 구성, 교육 목표의 선택과 개발, 교실 관리, 유치원과 부모의 중재자 역할, 적절한 교육 내용의 선정, 유아의 발달 평가, 적절한 책임자에게 유아의 특별한 요구를 보고하는 일, 직원 및 지도팀의 일원으로서의 업무 수행 등의 과업을 수행해야 한다.

④ 사무직원

사무직원은 각종 공문서 처리, 회계, 교직원과 유아들의 기록 유지 보관 등의 행정 사무의 임무를 담당한다. 소규모의 유아교육기관에서는 원장 혹은 교사가 업무를 담당하기도 한다.

⑤ 영양사와 조리사

점심과 간식을 제공하는 유아교육기관에서는 영양사가 유아들의 영양을 고려하여 균형 있는 식단을 마련하고 조리사를 두어 위생적인 식사를 제공한다.

⑥ 간호사

유아교육기관의 간호사는 유아들의 일상적인 건강과 응급시의 처치 등의 업무를 담당한다.

⑦ 운전기사

면허증을 소지한 사람이어야 하며 등원, 하원, 견학, 야외 행사시에 차량을 운행한다. 유아교육기관의 운전기사는 특별히 성격이 차분하고 안전 운행을 할 수 있는 사람이라야 한다.

⑧ 관리인

유아교육기관의 시설 보수, 관리, 경비 등의 업무를 수행한다. 또한 비품이나 교구의 운반, 실내외 공간의 관리 및 청소를 담당한다(이윤경 외, 2003).

2) 학급 운영 관리

'학급'이란 유아들의 활동이 이루어지는 가시적인 공간만을 의미하는 것이 아니라 조직화된 유아 집단을 의미한다. '학급'이라는 조직에는 물리적 차원인 시설·설비, 즉 활동실, 가구, 비품, 교재 등이 있고, 인적 차원에서의 학급담당 교사, 학급의 유아, 학부모, 보조 인사 등이 있다. 조직 안에서 이루어지는 내용은 크게 나누어 볼 때 유아들의 활동과 교사의 업무가 된다.

'학급'의 운영이라 함은 그 학급에 소속되어 있는 유아들의 활동이 교육적 측면, 정서적 측면에서 효과적이고 만족스럽게 이루어질 수 있도록 계획하고, 조직하고, 물리적·정서적으로 지원을 하고 조정하는 것을 말한다.

'학급'의 운영주체는 교사와 학급의 유아이다. 유아교육기관의 전체적인 운영자가 원장이었듯이 학급 운영의 책임자는 그 학급을 담당한 교사이다. 물론 학급의 운영은 교사 혼자만의 힘으로 되지 않는다. 학급의 운영이 순조롭게 잘 되기 위해서는 무엇보다도 유아교육기관의 전체적인 운영이 바람직하게 잘 되어 인력, 물리적, 재정적으로 학급을 뒷받침해 줄 수 있어야 하며, 체계적으로 운영할 수 있도록 조직화하여 주며, 원장과 원감, 동료교사의 지도・조언이 있어야 한다.

학급 운영시 가장 명심해야 할 점은 학급 유아들의 교육활동과 안전, 즐거움, 편리를 위한 운영이어야 한다는 점이다. 이러한 운영을 하는 가운데 교사의 만족과 편리함이 자연스럽게 이루어질 것이다.

(1) 학급 운영관과 운영지침

교사는 학급을 담당하기 전에 학급 운영철학을 확고히 해 두어야 한다. 학급 운영철학은 교사 교육시절 배웠던 교육철학이나 아동발달 이론과 교사라는 직업에 대한 소명의식이 기초가 된다. 또한 재직하고 있는 유아교육기관의 분위기와 원장, 동료 교사의 영향을 많이 받는다. 그러나 자신만의 운영지침이나 중점적으로 행해야 할 부분을 정리하여 인식해 두는 것이 학급을 운영하는데 도움이 된다.

교사가 자신의 학급을 운영하는데 꼭 가지고 있어야 할 학급 운영지침을 제시하면 다음과 같다(이대균・송정원, 2004).

① 유아의 생각과 의견을 적극적으로 수렴한다.
② 유아와 한 약속을 매우 중요하게 생각한다.
③ 유아들의 조화로운 발달을 돕는다.
④ 유아의 정서와 감정을 존중한다.
⑤ 학급의 규칙을 잘 지킬 수 있는 방법을 모색한다.
⑥ 풍부한 자료를 준비하여 적절한 시기에 알맞은 방법으로 제시한다.
⑦ 협동을 중요시하는 분위기를 조성한다.
⑧ 하루 일과계획을 순조롭고 역동적으로 운영한다.
⑨ 유아들과 함께 청결함을 유지할 수 있는 방법을 사용한다.
⑩ 이웃의 학급과 함께하는 활동을 마련한다.
⑪ 실내와 실외활동을 연결하여 운영한다.

⑫ 시각적으로 잘 보이기 위한 환경보다는 유아에게 편리하고 유익한 환경을 구성한다.

(2) 학급 운영관리의 내용

교사가 학급을 운영관리할 부분은 크게 유아관리, 공간관리, 교재 · 교구와 자료의 관리, 일과활동 관리, 생활습관 관리(청결 · 건강 · 예절 · 절약), 학부모 관리, 행사관리로 구분할 수 있다.

3) 장학

(1) 장학의 개념 및 기능

장학의 중요한 기능을 첫째, 교사의 전문적 성장을 돕는 일, 둘째, 교육과정 운영의 개선을 돕는 일, 셋째, 교수 학습 지도 개선을 돕는 일, 넷째, 교육 환경과 관리 개선을 돕는 일 등으로 제시하고 있다(조성일 · 장선철, 2000).

장학 업무의 효율적인 운영을 통하여 교수 · 학습 활동의 개선과 교육 발전의 향상, 그리고 교육 목표의 달성을 도모하기 위해서는 무엇보다 장학 지도의 민주화, 과학화, 전문화를 촉진하는 데 역점을 두어야 한다.

(2) 장학의 유형

① 수업 장학

수업 장학이란 교사의 교수 · 학습 방법의 개선 · 향상 및 실험 · 실습 교육의 효율화를 위한 전문적인 지도 조언을 목적으로 실시하는 장학 활동이다. 그러므로 수업 장학은 교사의 교수 행위에 직접적으로 영향을 주는 학교 내에서의 제반 지도 활동을 말한다.

② 임상 장학

임상 장학이란 학급 내에서 교사와 유아 사이에 이루어지는 교수 · 학습 활동의 상호 작용 과정에 초점을 두고 장학 담당자(장학사, 원장 등)와 교사간에 대면적 상호작용을 하는 장학을 말한다. 이 장학의 기본 자료는 학급 내에서 발생한 교사와 유아 사이의 상호 작용 과정을 기록한 것으로 교사의 지각, 신념, 태도,

지식을 분석하여 교사의 수업 활동을 개선하고 유아의 학습 효과를 향상시키려는 데 있기 때문에 임상 장학은 수업 장학의 한 방법이라고 할 수 있다.

③ 동료 장학

동료 장학은 같은 기관 내에 근무하는 동료 교사들이 쉽게 만나 수업 방법의 개선을 도모하고 상호 지도・조언해 줄 뿐만 아니라, 행정 계층에서 오는 위화감 없이 친근함을 갖는 분위기에서 할 수 있는 장학이다. 같은 교사의 입장이기 때문에 교사간의 교수 상황을 잘 이해할 수 있어 교수 활동의 효과성을 극대화할 수 있다는 장점을 가지고 있다.

④ 요청 장학

요청 장학은 일선 기관에서 교사에게 교수・학습방법에 관한 전문적 지도가 필요하다고 판단하여 장학사 혹은 전문가를 초청함으로써 이루어진다. 요청 장학은 교과영역 중심으로 장학 협의팀(원장, 원감, 대학 교수 등 참여)을 구성하고 장학 요원을 파견하여 집중적으로 실시한다.

(3) 장학 담당자의 자질

장학 담당자는 업무 수행 과정에서 최선의 방법을 발견하고 그 방법을 하나의 지침으로서 교사들에게 제공하게 되므로 이런 역할을 성공적으로 수행하기 위해서는 일반적으로 지도성, 융화 단결, 의사소통 능력, 결정 과정에의 참여 정신 등을 갖추어야 한다. 장학 담당자들이 공통적으로 지녀야 할 특수한 자질은 다음과 같다.

- 인간적, 전문적으로 우수한 교사의 자질을 갖추어야 한다.
- 다른 사람에게는 그다지 분명하지 않는 문제에도 민감한 태도를 가져야 한다. 특히 프로그램의 목적, 방법론, 교사-유아 상호관계의 영역에서 그러한 태도가 꼭 필요하다.
- 모든 교사의 문제점과 어려움을 수용할 수 있어야 한다.
- 뛰어난 의사소통 기술을 가지는 교수와 송환 기술을 연마해야 한다.
- 자기 평가의 중요성을 인식시켜 교사로 하여금 자기 자신에게 늘 비판적인 태도를 지니도록 고무한다.
- 교사의 입장에서보다는 유아를 보호해야 한다는 입장에서 일을 처리할 줄 알아야 한다.

4) 교육과정의 계획과 관리

(1) 유아교육과정의 계획 절차

유아교육기관을 경영하는 데 가장 중요한 것은 경영자가 유아 교육의 어떤 심리적·생태학적·철학적 견해를 가지고 프로그램의 방향을 설정하고 그 기초를 결정하는가이다. 이 결정에 따라 교육과정의 유형이 결정되고 행정적 요소와 교육적 요소도 구체적으로 결정되며 이들 모든 구성 요소들은 항상 상호 연결되면서 실행된다.

행정적·교육적 구성 요소에 대한 평가에 의해 전반적 프로그램의 평가가 이루어지고 프로그램의 평가에 근거하여 실천적 기초에 대한 재검토 및 수정·보안이 이루어진다.

(2) 교육과정의 계획과 운영

유아 교육 프로그램을 운영하기 위해서는 유아교육기관이 택한 기본 철학에 따라 교육과정이 일관성 있게 계획되고 운영되어야 한다. 한 유아교육기관 내에서도 연령과 운영 시간에 따라 교육과정의 계획 및 운영은 달라지며 유아가 학습과 발달을 이룰 수 있도록 교사가 수립하는 교육 계획은 연간, 월간, 주간, 일일 교육 계획 등이 있다. 유아들에게 적합하면서도 효율적인 프로그램을 계획하고 운영하기 위하여 고려하여야 할 점들은 다음과 같다.

- 프로그램이 지향하는 교육 목표를 설정하고, 이에 기초하여 계획을 수립한다.
- 교육 계획의 발달적 적합성을 고려한다.
- 교육 계획의 융통성을 고려한다.

다음 〈표 11-2〉, 〈표 11-3〉, 〈표 11-4〉는 유아교육기관의 일과 계획의 구성 예(이윤경 외, 2003 재인용)이고 〈표 11-5〉는 어린이집 영아반(삼성어린이집)하루 일과 예이다.

〈표 11-2〉 유아 교육 프로그램에서 사용되어지는 시간별 활동들

오전	오후
도착	점 심
자유 선택 놀이 활동(오전)	낮 잠(오후)
실외 활동(오전)	간 식(오후)
간 식(오전)	자유 선택 놀이 활동(오후)
휴 식(오전)	대·소집단 활동(오후)
대·소집단 활동(오전)	실외 활동(오후)
	귀 가

〈표 11-3〉 반일제 유치원 프로그램의 실제 사례

사례 1		사례 2	
8:45~9:00	도 착	8:45~9:00	도 착
9:00~10:25	자유 선택 활동	9:00~9:50	자유 선택 활동
10:25~10:35	정리 정돈	9:50~10:00	정리 정돈
10:35~10:50	대집단 활동 (이야기 나누기, 평가)	10:00~10:15	대집단 활동 (이야기 나누기, 평가)
10:50~11:15	간식 및 휴식	10:15~10:45	소집단 활동
11:15~11:45	실외놀이	10:45~11:10	간식
11:45~12:00	대집단 놀이 (동화, 게임, 귀가 지도)	11:10~11:25	대집단 활동 (동화, 게임, 음악 등)
		11:25~11:55	실외 놀이
		11:55~12:00	귀가

〈표 11-4〉 종일반 일일 활동의 예

시간	활동 내용
7:30~8:50	〈유아 등원 및 계획〉 비형식적으로 건강을 점검한다. 그림 맞추기, 조작놀이 미술, 쌓기 등을 가지고 제한된 영역에서 자유놀이를 한다. 실외놀이도 가능하면 허락한다. 각 개인 유아에게 주의를 기울일 수 있는 시간이다. 아침을 먹지 못한 유아에게 아침을 제공 할 수 있다.
8:50~10:00	〈활동 계획 및 자유 선택 활동〉 교사와 유아는 그날의 계획을 한다. 계획은 되도록 짧게 하고 각 개인 유아의 요구가 반영되도록 하며, 계획이 된 유아는 곧 활동을 하도록 한다. 수, 과학, 음률, 미술, 조작, 쌓기놀이 등을 교사와 함께 소집단으로 활동을 하거나 개인 유아가 스스로 활동을 하게 한다. 이 시간을 통해 유아는 기술의 습득, 개념 형성, 훈련의 기회를 가지게 된다.
10:00~10:15	〈정리정돈 시간 및 평가 시간〉 활동 시간을 정리하고 자신이 계획했던 활동에 대하여 평가해 본다.
10:15~10:40	〈간 식〉 간식 시간을 따로 설정할 수도 있고, 경우에 따라서는 활동 시간을 늘리고 그 안에 포함시킬 수도 있다.
10:40~11:00	〈집단활동〉 이야기 나누기, 게임, 음악 활동 등을 모여서 한다.
11:00~11:40	실외놀이
11:40~12:00	손씻기 및 점심 준비
12:00~1:00	점심 식사 및 이 닦기
1:00~2:10	〈휴식시간〉 유아 모두가 반드시 낮잠을 잘 필요는 없다. 그러나 자리에 누워서 휴식을 취하게 하며, 잠이 든 유아와 잠을 자지 않는 유아에 대하여 조용히 활동할 장소와 교구를 마련해 주고 항상 교사가 함께 있도록 한다.
2:10~2:30	· 화장실 가기, 옷입기, 책보기, 그림 맞추기 등을 하면서 모든 유아가 일어나도록 한다. · 개인에 따라 수면 시간을 더 연장할 수 있다.
2:30~2:50	오후 간식
2:50~3:20	노래, 신체 활동, 음악 감상, 게임, 동극 등의 대·소집단 활동
3:20~4:30	· 실·내외 자유 선택 활동이나 조형 활동, 과학 활동 등 특별한 활동을 계획할 수 있다. · 일찍 집에 귀가하는 유아는 이때 집으로 보낼 수 있다.
4:30~4:40	정리 정돈
4:40~4:50	동화·동시 감상, 하루 평가 및 다음날의 계획
5:00~	〈귀 가〉 이때 아직 귀가하지 않은 유아에 대해서는 개별 활동을 계획한다.

- 어린이집 일과에 따라 시간대 편성은 달라질 수 있음.
- 학기 초에는 개인 영아의 신체 리듬에 따라 융통성 있는 일과 운영이 필요함.

〈표 11-5〉 1세반의 하루 일과의 예

시간	활동내용	
7:30~9:00	등원 및 실내 활동	· 밝은 미소로 영아를 맞이하고 보호자에게 영아의 상태를 확인한다. · 영아의 건강 상태를 살피고 관찰한다. · 부모가 기록한 일일 보고서를 확인한다. · 영아와 놀잇감을 가지고 자유롭게 놀이한다.
9:00~9:20	대소변 가리기, 손 씻기	· 영아의 기저귀를 살피거나 변기를 사용하도록 한다. · 손을 씻겨 주거나 씻을 수 있도록 한다.
9:20~10:30	오전 간식 및 실내 자유놀이	· 포크나 수저를 사용하여 스스로 먹을 수 있도록 한다. · 먹고 난 후 정리 정돈을 하도록 한다. · 교사가 준비한 놀이 활동이나 자유롭게 탐색 활동을 할 수 있도록 한다. · 교사와 상호 작용, 또래와의 접촉, 혼자놀이 등의 활동을 한다.
10:30~10:50	정리 정돈 및 전이	· 교사가 정리하면서 영아도 제자리에 놓아 보도록 유도한다. · 다음 놀이 활동 장소를 알려주고 이동한다.
10:50~11:30	실외 자유놀이	· 교사가 준비한 실외 놀이 활동이나 대근육, 물, 모래놀이 등을 자유롭게 한다.
11:30~12:30	점심 준비, 점심 이닦이, 대소변가리기	· 식사 전 손을 씻고, 수저를 사용하여 스스로 먹을 수 있도록 한다. · 점심 식사 후 이 닦기를 도와준다. · 낮잠 자기 전에 기저귀를 갈거나 화장실을 다녀오도록 한다.
12:30~3:00	낮잠 준비, 낮잠	낮잠 준비를 하고 조용한 음악이나 자장가를 들려준다.
3:00~4:30	낮잠 깨기, 정리정돈, 화장실 가기, 손 씻기, 오후 간식	· 낮잠에서 깨어나면 잠자리를 정리한다. · 영아에 따라 기저귀를 갈거나 화장실을 다녀오도록 한다. · 손을 씻겨 주거나 손을 씻을 수 있도록 한다. · 포크나 수저를 이용하여 스스로 먹을 수 있도록 한다.
4:30~6:00	실내외 자유놀이	낮잠 후 오후 자유놀이는 과도한 자극을 줄이고 편안하게 오전에 계획된 활동을 반복하거나 교실의 다른 공간(놀이터, 유희실, 옥상 등)으로 장소를 이용하여 놀이를 통해 변화를 준다.
6:00~7:30	조용한 놀이 귀가 준비 및 귀가	〈귀가 준비 및 귀가〉 · 귀가 준비(소지품 챙기기, 씻기, 옷입기 등)하고 일일 보고서를 작성한 후 영아와 개별적으로 놀이한다. · 부모와 영아의 상태에 대해 이야기하고 귀가 인사를 한다.

5) 시설 · 설비의 관리

(1) 유아교육기관 시설 · 설비의 개념

유아 교육 시설은 유아들의 교육을 일정한 장소에서 계속적으로 운영할 수 있도록 하기 위하여 설치되어 있는 물리적 환경으로 건물 및 건물 속의 현관, 복도, 활동실과 유희실 등의 크기, 구조 등과 관련된 것을 의미하고, 설비는 책 · 걸상, 선반, 가구 등과 관련된 것으로 넓게는 교재 · 교구를 포함시킬 수 있다.

(2) 유아 교육 시설의 원리

유아교육기관의 시설은 유아들이 안정된 분위기에서 즐겁게 학습할 수 있도록 융통성, 실용성, 건강성, 아름다움, 또는 매력을 가지고 있어야 한다. 이러한 제 특성들을 고려하여 유아교육기관의 시설에서 중요시해야 할 사항은 다음과 같다(임재택, 2001).

- 유아 교육 시설은 유아 중심적이어야 한다.
- 유아들과 교직원들의 안전을 최대한 중요시해야 한다.
- 건물의 형태는 대상 유아들의 발달 수준이나 흥미 및 요구에 따라야 한다.
- 건물은 장애아들을 고려해서 계획하는 것이 중요하다.
- 공간과 교구의 배치를 변화시킴으로써 건물 사용의 효율성을 높일 수 있어야 한다.
- 시설이나 설비를 계획할 때는 융통성을 중요시해야 한다.
- 유아교육기관의 시설이나 설비를 계획할 때는 비용을 고려해야 한다.
- 유아교육기관을 설립하고자 할 때에는 시설의 위치를 중요시해야 한다.

(3) 유치원 시설의 위치 및 건물의 구조

① 시설의 위치 및 주변 환경

- 토지의 형태는 불규칙한 형태보다는 직사각형이나 정사각형이 좋으며 방위는 동서간의 길이가 긴 것이 바람직하다. 경사진 토지인 경우 북쪽보다 남쪽이 낮아야 한다. 또 높낮이의 차이가 있는 토지일 때, 기복이 심하지 않아 그

것을 잘 이용할 수 있다면 원지에 변화를 주므로 오히려 좋은 경우도 있다.

- 원지나 그 주위는 습기가 차지 않고 지반이 견고하여야 한다. 지면이 약간 볼록하고 주위보다 적당히 높은 지대일 때 자연적 배수가 되므로 좋다.
- 햇빛이 잘 들어오고 태풍, 돌풍, 강설 등 자연 재해의 위험성이 없어야 한다.
- 주위에 교통이 빈번한 도로나 철도 또는 위험한 강, 바다, 연못, 호수가 없어야 한다.
- 주변에 공장, 쓰레기장 등으로부터 유해 가스, 매연, 먼지, 소음, 병원균 등이 들어올 염려가 없어야 한다.
- 풍기가 문란하거나 소란스러움으로 유아에게 위해를 줄 염려가 없어야 한다.
- 수도, 전기, 가스, 전화, 공원 등의 지역사회 자원을 이용하기에 편리해야 한다.
- 지역 개발 계획상의 규제 사항을 조사하여 미래의 전망을 판단한다.

② 건물의 형태

유아교육기관의 건물은 단층이 좋으며 그 이유는 다음과 같다.

- 유아의 모든 활동이 한 층에서 이루어질 때 교사의 시간과 노력이 절약된다.
- 실내놀이와 실외놀이 간의 감독 및 의사소통이 용이하다.
- 교사를 포함한 어른들의 자원이 보다 능률적으로 활용될 수 있으며, 프로그램도 융통성 있게 활용될 수 있다.
- 유아가 실내와 실외를 쉽게 드나들 수 있으므로 활동이 바뀔 때 종종 발생하는 유아들 간의 갈등이 감소된다.

6) 유아교육기관의 재정 및 사무 관리

유아교육기관을 경영하기 위해서는 유아교육기관의 계획을 실천할 수 있는 재정 확보가 요구된다. 국·공립 유아교육기관의 경우 교원 인건비와 운영비가 지방 교육비 특별 회계 예산에서 결정되어 지원되므로 재정 확보의 어려움이 없으나 사립 유아교육기관의 경우 재정적 지원이 없으므로 교육비로 모든 재정 운영이 이루어져야 한다. 재정 확보가 이루어진 후에도 관리가 적절히 이루어져야 기관의 교육 목적에 부합한 예산 집행을 할 수 있다.

유아교육기관 재정은 다음과 같은 성격을 띠고 있다.

- 교육비의 확보 및 지출이라는 공경제의 성격을 띠며, 수입, 보관, 지출을 합법적 절차로 운영되어야 한다.
- 교육 목표 달성을 위한 유아교육기관 경영 관리 활동의 수단적인 성격을 띠고 있다.
- 유아 교육비에 대한 산출 효과는 장기적이다. 유아기에 투입되는 장기적이고 계속적인 교육비 효과는 장래에 더 큰 생산에 기여할 수 있는 인력을 개발한다.

그리고 유아교육기관의 사무 관리는 유아 교육 활동의 수행 과정에 수반되는 여러 기록과 장부의 작성 및 보관, 공문서의 수발 등 문서 관리를 집행하고 처리하는 업무를 의미한다.

(1) 예산 편성

유아교육기관의 예산 편성 업무는 다음과 같은 절차로 진행되는 것이 바람직하다(임재택, 2001 재인용).

- 다음 해의 교육 목표에 따른 교수 · 학습 활동 및 행사 계획을 위한 모든 경비 지불 항목을 열거한다.
- 각 항목별로 소요 경비를 산출한다.
- 수입이 될 재원을 정한다.
- 수입과 지출을 비교 · 검토해 본다(대부분의 경우 지출이 초과된다).
- 교직원 회의를 통하여 유아교육기관의 목표에 따라 우선적인 항목을 정한다.
- 수입과 지출의 균형을 맞춘다. 수입이 감소될 사항(예를 들면 원아 이동 등으로 인한 교육비 수입 감소)과 지출에서 빠질 사항에 대비하여 예비비 책정을 해둔다. 보통 예비비는 예산의 1/100 정도 책정한다.
- 예산 재평가, 예를 들어 실천성 없는 기금 모금 수입 등은 제외시킨다.
- 협의와 수정 절차를 걸쳐 확정한다.

(2) 유아교육기관의 예산 집행

재정 관리를 규모 있게 하기 위해서는 앞에서 고려한 교육비(보육료)책정에 근거하여 세입이 실행되며 세입에 따라 세출이 조정되어 실행되어야 한다.

① 세입 관리

유치원이나 어린이집의 수입은 유치원 입학금(어린이집 입소비), 교육비가 주된 수입 근원이며 국·공립 기관의 경우 보조금이 포함되는데 세입은 다음과 같다(이대균·송정원, 2004).

구 분	편 성 기 준
1. 사용료 및 수수료	·입학금 및 수업료 : 징수금액 계상 ·수수료 : 제증명 수수료 또는 입학요강 교부금 등 수입 예상액 계상
2. 전입금	·설립자가 부담하는 경비 - 교직원 연금부담금, 재해보상부담금 및 건강보험부담금 - 학교운영비 부족분
3. 원조보조금	·교육청에서 지원하는 금액 ·외부 단체에서 원조하는 금액, 기부금
4. 이월금	·전년도(2003년도) 예산을 가결산하여 이월 예상액 계상 *이월사업비는 전년도 사업 중 불가피한 사유로 완료치 못한 사업으로 예산에 계상하지 않고 예산 현액으로 별도 관리
5. 과년도수입	·과년도에 징수결정은 하였으나 미수입된 수업료, 전입금, 보조금, 원조금 등을 계상
6. 적립금	·관할청에 보고되어 적립 여부가 결정된 금액만 계상
7. 차입금	·관할청으로부터 사전 장기차입 승인을 얻은 차입금 계상
8. 학부모부담수입	·학부모가 부담하는 경비로 현장학습, 학생수련, 급식비, 특기적성교육활동비 등 계상
9. 잡수입	·물품매각대, 예금이자 등 계상

유치원의 입학금과 교육비, 어린이집의 입소비와 보육료는 서면으로 보호자에게 통지하여 체신관서 또는 금융기관을 통하여 수납·계리하도록 되어 있다. 일반적으로 입학금은 입학 시에 전액을 징수하지만 수업료는 1년을 4기로 나누고 균등하게 징수하고 있다. 교육비 또는 보육료에 의한 수입이나 기타 수입은 수입결의서로 결재한 후 원장과 세입대장(세입부), 교육비 수납부에 기입한다.

② 세출 관리

유아교육기관의 세출은 인건비, 관리운영비, 재산조성비, 수익자부담경비, 예비

비등으로 나눌 수 있는데 다음과 같다.

유아교육기관의 인건비 지출, 공과금 납부, 교재 교구 등 물품 구입의 경우 다음과 같은 방법과 절차를 거쳐 지출한다.

<table>
<tr><th>구 분</th><th>편 성 기 준</th></tr>
<tr><td>1. 인건비</td><td>
① 교원인건비
· 교원인원은 교육청에 임명 보고된 인원
· 봉급의 책정기준은 당해 유치원 보수규정에 의함
· 수당은 당해 유치원의 보수규정에 의거 계상
② 사무직 및 기타직원 인건비
· 보수 및 수당은 당해유치원 보수규정에 의거 계상
*(참고) 2004년 일용인부임 단가(1일 27,716원)
③ 복리후생비 과목에 정액급식비, 교통보조비, 명절휴가비, 가계지원비, 직급보조비 계상
④ 연금부담금, 건강보험부담금 및 재해보상부담금 계상
⑤ 퇴직금 : 비정규직 등이 퇴직하는 경우에는 근로기준법 제34조에 의하여 근로년수가 1년 이상인 경우에는 퇴직금을 지급하여야 하며 퇴직금 지급사유 발생 시에 재원이 부족하지 않도록 매 회계연도마다 퇴직금 산정공식에 의한 추가 소요액을 세출 예산에 계상하여야 한다.
· 퇴직적립금추가소요액 = 퇴직금총소요액 - 전회계년도까지 적립금
· 퇴직금소요액 = 월평균임금(30일분) × (근무년수 + 1년미만근무일수/365일)
· 월평균임금 = (퇴직전 3월간의 지급임금총액×1/퇴직전 3월간의 총일수)×30
· 퇴직전 3월간의 지급임금총액 : 퇴직전 3월간의 월정임금총액 + (퇴직전 1년간의 비월 정임금총액×3/12)
· 월정임금 : 본봉, 초과근무수당 정액분, 직급보조비, 정액급식비, 교통비 등 매월 월정액으로 지급되는 금액
· 비월정임금 : 기말수당, 정근수당, 가계지원비, 명절휴가비 등
단, 자녀학비보조수당, 연가보상비, 초과근무수당초과분은 제외
· 전 회계연도까지 누적된 퇴직적립금은 지출원 명의(○○유치원 ○○○)로 이율이 높은 금융 기관이나 체신관서에서 별도 관리
· 당해 회계연도의 세출예산에 계상된 퇴직적립금은 회계연도말에 지출하여 동일한 방식으로 관리
⑥ 부담금 : 설립자가 부담하여야 할 부담금 계상
<table>
<tr><th>종 류</th><th>대 상</th><th>개인부담금</th><th>학교(법인) 부담금</th><th>비 고</th></tr>
<tr><td>연 금 부담금</td><td>교원 및 사무 직원</td><td>· 보수월액의 85/1000</td><td>· 교원(개인부담금의 50/85)→보수월액의 50/1000
· 사무직원(개인부담금과동액)→보수월액의 85/1000</td><td>보수월액=봉급+기말수당+정근수당+정근수당가산금(추가분제외)</td></tr>
<tr><td>재해보상 부 담 금</td><td>교원 및 사무 직원</td><td></td><td>· 개인부담금의 2.5/55(보수월액의 85/1000) × 2.5/55</td><td></td></tr>
</table>
</td></tr>
</table>

건강보험 부 담 금	교원 및 사무 직원	·표준봉급 월액의 19.7/1000	· 개인부담금의 60/100(표준봉급월액의 19.7/1000)× 60/100	표준봉급월액=(연간총급여액-비과세소득) × 12
	임시직	〃	·개인부담금과 동액	〃
고용보험 부 담 금	임시직	·임금 총액의 5/1000	·임금총액의 9/1000	임금총액= 매년 1년간 근로자에게 지급할 총액
산재보험 부 담 금	임시직		·임금총액의 1.6/1000	임금총액= 매년 1년간 근로자에게 지급할 총액
국민연금	임시직	표준소득월액 × 연금보험료율 (45/1000)	표준소득월액 × 연금보험료율 (45×1000)	표준소득월액=근로자에게 지급되는 금품중 비과세근로소득을 제외한 소득월액

※ 회계 연도중 부담금 산정요율 변경시 관계법령에 따른다.

구분	내용
2. 관리 운영비	① 관리운영비는 유치원 실정에 맞도록 합리적으로 편성하되, 원아수업에 필요한 경비를 우선하여 계상하고 필수경비를 과소하게 책정하거나, 특정경비를 과다하게 책정함으로써 교과운영에 지장을 주는 일이 없도록 한다. ② 학생복리비 ·학생복리증진을 위한 복지비, 자치활동비, 장학금 등 계상 ③ 교수학습활동비 ·교수학습활동비 : 학사관리, 학습준비물구입, 학급행사, 학교행사 등 각종 교육행사비 기타 교육과정운영 및 교수학습활동에 필요한 경비 계상 ·교육기자재 구입 및 실험실습비 : 교수학습에 필요한 교육기자재 및 실험실습재료 구입비 계상 ④ 공통운영비 ·공공요금, 일반수용비, 출장여비, 연료비, 사무용품, 기타물품비, 물품수선비 및 유지보수비, 비품구입비 등 학교의 기본운영에 필요한 제 경비를 계상 ⑤ 업무추진비 ·교직원간담회, 교과협의회, 학부모회운영, 접대용품 및 기타 학교운영에 필요한 최소한의 경비를 계상 ⑥ 시설관리비 ·유치원의 교육활동에 필요한 시설물의 유지·보수에 필요한 제 경비 계상
3. 재산 조성비	학교교육에 직접 필요한 시설·설비를 위한 경비를 계상하되 교직원 인건비 및 학교운영비를 감안하여 학교운영에 지장이 없는 범위내로 계상
4. 수익자 부담 경비	① 세입 예산액과 동일하게 계상 ·원칙적으로 잔액이 발생해서는 안됨
5. 예비비	예측할 수 없는 예산외의 지출 또는 예산초과 지출에 충당하기 위하여 상당한 금액을 계상한다.

① 인건비 지출

• 사무 담당 직원은 학기 초에 내정한 교직원의 호봉 기준에 따라 매달 봉급

지급표를 작성하여 지출 결의서 서류를 갖추어 원감, 원장이 결재 후 교직원의 은행구좌로 입금한다. 아울러 세출부에 기입하여 둔다.

- 봉급 지급에 따라 오는 소득세는 사무직원이 소득 세액 징수표 양식에 기재하여 은행에 납부한다.
- 의료 보험과 연금의 경우 교직원 임용 시 각각을 관리하는 관리 공단에 신청하며 이에 따라 매월 관리 공단에서 보내오는 납부 청구서를 받아 지불하게 된다.

② 교재 · 교구 · 사무용품 등 물품 구입

- 교사 또는 사무직원이 필요한 물품의 품명, 규격, 수량, 단가, 금액, 용도 등을 명시한 물품 매입 품의 및 요구서를 제출한다.
- 회계 담당 사무직원 또는 교사는 해당 지출 항목의 잔액이 얼마나 남아 있는지를 확인한 후 물품 매입 요구서를 원감에게 제출한다.
- 원감은 그 물품의 구입 필요성 여부를 검토한 후 두 업체 이상 업자의 견적서를 첨부하여 서류를 원장에게 제출하여 결재를 받아 구입 절차를 밟는다. 가능하면 현품을 실제로 보고 검토한 후 구입 물품 및 구입 업자를 내정하고 청구서를 받고 물품을 납입받는다. 일상 용품의 경우 이런 절차를 밟지 않고 직접 구입한다.
- 원장, 원감과 사무직원이 물품을 확인한 후 사무직원은 장부에 기입하고 지출 결의서를 작성하여 결재 후 현금을 지불하고 영수증을 받는다. 영수증을 증빙대지에 붙인 후 지출 결의서와 함께 보관한다.

③ 시설 수리 보완

시설 수리 보완이 필요할 때 구체적으로 명시한 시설 수리 보완 요구 품의서를 사무직원이 원감에게 지출한다. 원감은 사무직원과 협의하여 두 업체 이상 업체로부터 견적서를 받아 원장의 결재 후 업체를 지정하고 시설 수리 보완을 요청한다. 시설 수리 보완이 끝나면 원장, 원감, 사무직원이 시설 수리 보완 사항을 확인한 후 업체의 청구서를 받아 사무직원이 지출 결의서를 작성한다. 원감, 원장의 결재를 얻어 시설 수리 보완비를 지불하고 영수증을 받아 증빙 대지에 붙여 철하여 둔다.

(3) 사무 관리

① 사무 처리의 조직

유아교육기관의 사무 처리는 그 종류와 양에 따라 조직적이고 능률적으로 수행해야 한다. 그리고 교직원의 자질, 능력, 희망, 고유 업무 등을 고려하여 분담하고 사무 분담은 원장이 일반적으로 결정, 지시하는 것보다 교직원들간의 합의에 의해 결정하는 것이 바람직하다. 다음은 유아교육기관 업무 분담과 사무처리 조직의 예이다(이영자 · 권영례, 1997).

〈표 11-6〉 유아교육기관 업무 분담과 사무 처리 조직

원장 및 시설장	지시, 지도, 결재	
원 감	원장 유고시 그 관리 사무를 대행, 직원의 분담 사무 전반에 관한 지도 · 감독, 시설 · 설비 점검, 시설 · 설비 · 도서 등의 보관 목록 작성, 결근 교사의 보충 계획, 공문서 발송, 교육 법규의 정리 보관, 일지 기입, 방문자 접대, 회계 사무 처리, 설립자와의 연락 등 기타	
교 사	유아 관리 업무	출석부 기입(入 · 불입 절차), 학급 관리 및 청소, 연락망 작성, 가정환경 조사, 사고 처리 · 보고, 졸업증서 대장의 기입, 증서 작성, 수업료 기타 징수
	지도 업무	교육과정 편성 프로그램 작성, 학급 경영 계획, 평가 기입, 가정 연락, 방문, 행사 계획 실시, 보건, 안전 관리, 환경 구성 기타 작품 게시, 사육 재배 계획, 관리 기록, 사진
	사무 업무	· 서무 관계 : 회의록, 우편물, 공문서 접수, 증명서 발행, 경리 관계, 교재비, 소품비, 사진 대금, 수입 지출 · 관재 : 시청각 교재 대장, 소모품 관리, 시설 · 설비 관리 · 보건 관계 : 보건 문서 접수, 보고, 통계, 기록, 진료 업무 기록, 청소 계획, 화장실 관리 · 섭외 업무 : PTA, 회계, 동창회 · 연수 관계 : 원내 연수, 원외 연수

② 문서의 종류와 처리

■ 문서의 종류

유아교육기관의 경영 관리에는 각종 대장, 문서, 기록들이 있다. 이러한 각종 문서의 종류는 유아교육기관 업무의 성격이나 세분화의 정도에 따라 상당히 차이가 있을 수 있고, 경영 방침에 따라 문서를 간소화할 수도 있고, 상세화할 수도 있다.

교육 행정 관리 규정 제7조의 별표 3에는 각급 학교에 필수적으로 갖추어야 할

장부를 비치하도록 규정하고 있는데, 그 중 유아교육기관에 해당하는 대장과 문서들을 간추려 보면 다음과 같다(이윤경 외, 2003 재인용).

▸법령, 공문서 : 유치원 관계 법규, 영달 문서, 공고문서
▸원칙 : 유치원 내부 규정철
▸교육 활동 계획
  • 교육 계획철(연간, 월, 주, 일 교육 계획 및 실행 결과 기록)
  • 행사 계획철(소풍, 운동회, 생일 축하, 현장 견학 등의 계획 및 실행 결과 기록)
▸지도 기록 : 가정 연락부, 증명서 교부 대장, 졸업 증서 대장
▸원아 출석 : 출석부, 출석 상황 일람철, 장기 결석자 조사철
▸직원 명부
  • 직원 명부, 직원 이력서철, 학급 담임 일람표
  • 직원 조직 일람철, 임용철, 구직원 이력서철
  • 인사 관계철, 증명서 교부 대장
▸유치원 일지
  • 유치원 일지, 학급 일지, 직원 회의록
  • 유치원 참관자 명부, 유치원 자원봉사자 명부
▸조사 통계 : 교육 통계철, 출석 통계철, 표준화 검사철, 유치원 연혁사
▸경영 관리
  • 사무 분담 기록부, 시설 설비 점검부, 관련 단체 연락부
  • 문서 발송철, 문서 접수철, 전화 팩스 송수신 대장
  • 타시설 참관 보고철, 원장회 기록부, 장학 지도 기록부
▸경리
  • 재산 대장, 예산서철, 경리부, 영수증철
  • 물품 구입 대장, 계약서철, 비품 대장, 소모품 대장
  • 교재 교구 목록철, 물품 인수부, 봉급 대장, 여비 청구서철
▸위원회 · 부모회 : 회의록철, 규약철, 사무 처리부 간부 일람표, 경리부

한편 영유아보육법 시행규칙 제22조 별표 8에는 다음의 장부 및 서류를 비치하도록 하고 있다(임재택, 2001). 다만 가정어린이집은 제4, 6, 10, 11호의 서류 및 장부를 비치하도록 규정하고 있다.

① 시설 연혁에 관한 기록부
② 재산 목록과 그 소유를 증명하는 서류(임차인 경우 임대차 계약서)
③ 시설 운영 일지
④ 시설의 장 및 직원의 인사 기록 카드(이력서 및 사진 포함)
⑤ 예산서 및 결산서
⑥ 총계 원장 및 수입·지출 보조부
⑦ 금전 및 물품 출납부와 그 증빙 서류
⑧ 보고서철 및 행정 기관과의 문서철
⑨ 소속 법인의 정관 및 관계 서류
⑩ 입소 신청자 명부 및 입소 아동 명부
⑪ 생활 기록부, 영유아 보육 일지 및 건강 진단 카드
⑫ 직원의 인사, 복무 및 시설 운영에 관한 규정
⑬ 기타 보육시설 운영에 필요한 서류

위에 제시된 열두 가지 문서나 대장 이외에 입소 신청서, 입소 포기서, 종사자 비상 연락망, 종사자 업무 분담표, 종사자 주소록, 종사자 초과 근무 명령서 및 초과 근무 일지, 영양사 업무 일지, 간호사 업무 일지, 약품 수출부, 투약 대장, 방문자 신청 접수부 및 방문자 기록부, 자원봉사자 접수부 및 활동 일지, 시설 안전 점검표, 보육료 불입 통지서, 급·간식 식단표, 부모 교육 출석부 등이 있다.

■ 문서의 보존

모든 공문서는 대통령령으로 된 공문서 보관·보존 규정 제4조에 따라 보존 기간을 '영구 보존'에서부터 '1년 보존'까지 7종으로 구분하고, 그 '보존 기간의 종별 책정 기준은 총리령으로 정한다.'라고 규정하고 있다.

공문서가 아니라도 유아교육기관에서 작성한 대장이나 문서 역시 그 보존 기간을 달리 보관해야 한다. 최근에는 이러한 기록을 전산화하여 플로피 디스켓으로 보관하기도 한다. 이와 같은 대장이나 문서는 문서철을 만들어 두면 다음에

매우 유용하게 활용할 수 있다.

7) 유아교육기관과 가정 및 지역사회와의 관계

(1) 유아교육기관과 가정의 연계

① 부모 교육과 부모 참여

부모 교육은 부모가 보다 효과적인 유아 교육 및 발달에 적극적으로 참여하기 위해 교육받는다는 수동적이고 소극적인 의미가 내포된 개념으로 부모 훈련과 같은 의미로 사용되고 있고, 부모 참여는 유아 교육 및 발달을 중심으로 가정과 유아교육기관, 부모와 교사가 동반자로서 상호 유대 관계를 가지고 보다 효율적인 유아 교육 및 유아의 발달을 위해 노력하는 과정을 의미하는 적극적인 의미로도 사용되고 있다.

최근에는 부모 교육이란 부모와 교사가 상호 보완하는 상호 작용의 관계로 점차 바뀌어 부모가 유아교육기관에 참여하는 것을 장려하며 부모와 교사가 서로 도와 가정과 기관에서 일관성 있는 교육을 도모한다는 의미의 확대된 교육개념으로 바뀌어 가고 있다.

그러므로 부모 교육 및 참여는 부모들이 자녀의 바람직한 양육과 가정교육에 필요한 지식이나 태도 그리고 기술을 습득할 수 있도록 도와주고 유아교육기관에서 교육의 효과를 높이기 위하여 유아 교육 활동과 운영에 부모를 참여하도록 하는 모든 교육적 활동이라 하겠다.

② 부모 참여의 형태

유아교육기관에서 실시할 수 있는 부모 참여는 정기적 또는 비정기적으로 가질 수 있는 부모회를 통해서 강연회, 좌담회, 토론회 등으로 할 수 있고 가정 방문, 가정 통신, 면담 등 소극적인 부모 참여와 수업 참관, 보조 교사 역할 등과 같은 적극적인 부모 참여가 있다. 그리고 보다 적극적인 형태로서 부모의 요구를 운영자나 교사가 존중하여 기관의 교육계획 과정에 부모가 참여할 수 있는 기회를 제공하는 것이 있다.

(2) 유아교육기관과 지역사회와의 연계

① 초등학교와의 연계

우리나라 교육과학기술부나 유아교육 현장 혹은 초등학교 측에서 유아교육기관과 초등학교 1학년 교육의 연계에 대해서 관심을 가진지 오래되었다.

그 한 가지 방법으로 유치원과 초등학교 교사가 서로 교육현장을 오고 가며 서로를 이해하고 학습의 내용이나 방법들을 연계하기 위해 노력하고 있으나 현실적으로 잘 되지 않고 있다. 유치원과 초등학교 1학년 아동은 발달의 특성상 같은 단계에 있으므로 두 교육 기관이 연계하고 협력하는 것은 반드시 필요하고 중요한 과제라 할 수 있다.

두 교육 기관이 연결되고 조화로운 연계 교육 프로그램을 구상하여 운영함으로써 교사 상호간의 이해를 높이고 유아들이 초등학교에 적응하는 데 도움을 받게 된다.

현장에서 이루어지고 있는 유치원과 초등학교의 연계 방침은 다음과 같다.

- 초등학교 교사와 유아교육기관의 교사가 상호 교류를 통해 상대 교육 기관의 교육을 올바르게 이해한다.
- 다양한 연계 교육 활동 계획을 수립하여 실천한다.
- 상호 수업 참관을 통해 교육과정 운영, 교수-학습 방법 측면에서 유치원 교육과 초등 교육을 접목시켜 나가도록 한다.

② 지역사회와의 연계

유아교육기관은 지역사회의 한 부분이므로 기관이 위치하는 지역사회와 원만한 관계를 유지하면서 지역사회의 특성과 요구를 파악하여 시설 경영에 적극 반영해야 한다. 그 구체적 내용에는 가족과 유아의 수, 연령, 가정의 사회 경제적 지위, 유아 교육기관이 위치한 지역사회의 주거 특성, 대상 가족이 원하는 경영 형태 등이 있다.

반면 유아교육기관은 그 규모가 영세하면서도 유아들을 위해 이용해야 할 대상 범위는 넓기 때문에 지역사회의 모든 자원을 연계 활동을 통해 활용할 수 있도록 노력해야 한다.

그 예로서 부모나 지역사회의 전문가들을 유아교육기관의 자원봉사자로 활용하는 것, 지역사회의 공공 기관, 각종 공장, 사회단체 등을 협력 관계를 통해 이용하거나 현장 견학을 하는 것 등이 있다.

또한 유아교육기관은 지역사회에 항상 개방되어 지역 주민들이 요구하는 프로그램을 제공하여 친근감을 가지고 관계를 가질 수 있는 센터 역할을 하여야 한다.

토의과제

-. 유아교육 기관 운영관리의 개념과 원리를 설명하시오.

-. 교직원의 역할 중 원장 및 시설장의 역할을 설명하시오.

-. 교사의 학급 운영관과 운영지침을 설명하시오.

참고문헌

강기수(2002). 『인간학적 교사론』. 세종출판사.
고문숙 · 임영심 · 황정숙(2007). 『어린이 놀이지도』. 양서원.
고정곤 · 최태식(2004). 『유아교육기관 교사를 위한 교육과정 및 교육평가』. 양서원.
교육부(1998). 『유치원 교육과정 해설』.
권건일 · 신재흡(2006). 『유아교사론』. 양서원.
김남성 · 김현철 · 박헌 · 양정호 · 유재봉 · 정덕희 · 진영은(2005). 『교사교육론』. 학지사.
김명희 · 신화식(2001). 다중지능에 의한 부모-교사의 유아 잠재능력 평가간의 인식 비교 연구. 한국아동학회지, 22(4), 33-50
김신옥 · 민혜영(2005). 『영유아발달』. 창지사.
김옥련(1993). 『유치원 경영관리』. 양서원.
______(2000). 『유아교육사』. 정민사.
김옥련 · 박찬옥(1990). 『유아교육개론』. 교육과학사.
김정임(2006). 『발도르프 유아교육에 대한 이해』. 학지사.
김정희 · 김현주 · 손은경 · 송연숙(2007). 『아동발달』. 동문사.
김종서 · 이영덕 · 정원식(2002). 『최신 교육학개론』. 교육과학사.
김진영 · 백혜리 · 최윤정(2007). 『유아를 위한 교수-학습방법론』. 양서원.
문교부(1974). 『문교법전』. 교학사.
문교부(1980). 『한국교육 30년』. 삼화서적.
박은혜(2006). 『유아교사론』. 창지사.
______(2007). 교사양성, 현직교육 측면에서의 유아교육 · 보육의 통합방안 모색. 한국열린유아교육학회. 2007 춘계학술대회. 51-69.
박진옥(1986). 모래놀이 물놀이가 인지 발달에 미치는 영향, 이화여대교육대학원.
보육시설평가인증사무국(2005). 『보육시설평가인증지침서(21인 이상 보육시설)』. 한학문학.
부산시사편찬위원회(1965). 『부산약사』. 부산: 영남인쇄.
서남발도르프 어린이집 하루일과. 서남재단 http://www.seonam.org/02__house/01__1__1.asp에서 2009. 1. 21 인출.
석은조(2002). 조선조 왕세자 양육에 대한 일고찰. 한국전통생활문화학회지, 5(2), 117-135.
쇼우지 마사코 편저, 팽영일 역(1995). 『유아교육 사상의 이해』. 창지사.
심성경 · 조순옥 · 이정숙 · 이춘자 · 이선경 · 이효숙(2004). 『개정 유아교육개론』. 창지사.
안경식(2000). 『한국전통 아동교육사상』. 학지사.
안영진 · 이숙정(2008). 『새로운 교육과정에 따른 유아사회교육』. 양서원
안창선 · 남경현 · 이욱범(2004). 교육과학사.
양승희 · 공병호 · 유지연 · 조현정(2006). 『보육과정』. 동문사.
여성가족부 (2005). '표준보육과정 연구' 연구보고서.
이기숙(1992). 『유아교육과정(개정판)』. 교문사.
이기숙 · 장영희 · 정미라 · 엄정애(2002). 『유아교육개론』. 양서원.

이대균 · 송정원(2004). 『유아교육기관의 운영관리』. 양서원.
이미화(2007). 교육과정, 보육과정 측면에서의 통합 방안 연구. 한국열린유아교육학회. 2007 춘계학술대회. 79-93.
이숙재(1990). 『유아를 위한 교수- 학습 방법론』. 양서원.
이영석(1998). 『유아교육론』. 형설출판사.
이영석 · 박재환 · 김경중(1985). 『유아교육개론』. 형설출판사.
이영석 · 임명희 · 이정화(2003). 『현대유아교육과정』. 형설출판사.
이영자 · 권영례(1997). 『유아교육기관의 운영관리』. 창지사.
이원영(1985). 『부모교육론』. 교문사.
______(2004). "유아교육법 제정가정과 그 의의". 유아교육학논집, 8(4), 5-32.
이윤경 · 김선영 · 김성희 · 김지은 · 나종혜 · 문혁준 · 신인숙 · 안선희 · 천희영 · 최은미 · 황혜신 · 황혜정(2003). 『유아교육개론』. 창지사.
이은화 · 배소연 · 조부경(2003). 『유아교사론』. 양서원.
이일주(2007). 법규 · 비용 측면에서의 통합방안 모색. 한국열린유아교육학회. 2007 춘계학술대회. 11-43.
임영심(2007). 교육과정 · 보육과정의 측면에서의 통합 방안 연구에 대한 토론, 한국열린유아교육학회. 2007 춘계학술대회. 95-101.
임재택(1999). 『유아교육기관의 운영관리』. 양서원.
______(2001). 『유아교육기관의 운영관리』. 양서원.
전남련 · 권경미 · 김덕일 · 이미순(2005). 『유아교육 현장적용을 위한 유아관찰평가의 이론과 실제』. 양서원.
정태희(1998). 다중지능이론에 기초한 교수-학습활동 개발 및 효과 분석: 개인적 지능을 중심으로, 한양대학교 대학원 박사학위논문.
조선총독부학무국(1942). 『현행 조선교육법규』. 조선행정학회.
조성일 · 장선철(2000). 『유아교육기관의 운영관리』. 동문사.
통계청(2001). 2000 인구주택총조사 전수집계결과(인구부문). 보도자료.
홍지연(2002). 『영유아 교육프로그램』. 창지사.
황해익 · 송연숙 · 정혜영(2003). 『유치원교육과정에 따른 유아행동 관찰법』. 정민사.
황해익 · 송연숙 · 최혜진 · 정혜영 · 이경철 · 민순영 · 박순호 · 손원경(2001). 『유아교육기관에서의 포트폴리오 평가』. 창지사.
Ainsworth, M. D. S.(1973). The development of infant-mother attachment. In B. M. Caldwell & H. N. Ricciuti(Eds.). *Review of child development research* (Vol. 3). Chicago : University of Chicago Press.
Arrington, R.(1943). Time sampling in studies of social behavior: A critical review of techniques and result with research suggestion., *Psychological Bulletin*, 40, 81-124.
Bell, D. R., & Low, R. M.(1977). *Methods of social research*. New York: The tree Press.
Berne(1961, 1964). Games People Play, N.Y.: Grove Press Inc.
Bredekamp, S. & Copple, C.(Eds.).(1997). *Developmentally Appropriate Practice in early childhood programs*(rev. ed.). Washington, DC: National Association for the Education of Young Children.

Brubacher, J. S.(1969). *Modern Philosophies of Education*. New York : McGraw-Hill DeHart, G. B., Sroufe, L. A., & Cooper, R. G.(2000). *Child Development*(4rd ed.). McGraw-Hill, Inc.

Bruner, J. S.(1986). Actual minds, posssible worlds. Cambridge, MA : Harvard University Press.

Dreikurs, R.(1958). The Challenge of parenthood(3rd ed.) New York : Duel Sloan & Pearce.

Galinsky, E.(1987). The Six stages of parenthood. "parent will recognize themselves again and again this book." Psychological Today, Addision-Wesley Publishing Co., Inc.

Garder, H.(1983). Frame of mind : The theory of multiple intelligence. 이경희 역(1993). 마음의 틀. 서울: 문음사.

Ginott, H.(1965). Between Parent and Child. New York : Macmillan

Gorden, T.(1975). P.E.T. (Parent Effectiveness Training), The tested new way to raise responsible children. A plume book. New American library. New York and scarborough, Ontario.

Hurlock, E. B.(1978). Child Development. New York : McGraw-Hill.

Isenberg, J., & Quisenberry, N.(1988). Play : A necessity for multicultural education, 64(3), 138-145.

Jersild, A. T.(1960). Child psychology. Hemel-Hempstead: Prentice-Hall.

__________.(1962). Child psychology. Englewood Cliffs, N.J. : Prentice Hall.

Katz, L. G. & Chard, S. C.(1989). *Engaging children's minds: The project approach*. Norwood, N. J. : Ablex Publishing Co.

NAEYC(1991). Guidelines for appropriate curriculum content and assessment in programs serving children ages 3 through 8. *Young Children*, 30, 21-38.

Parten, M. B.(1932). Social participation among preschool children. Journai of Abnormal and Social Psychology of relaxation. Boston : Houghton Mifflin.

Perlmutter, J., & Burrell, L.(1995). Learning through "play" as well as "work" in the primary grades. Young Children, 50(5), 4-21.

Piaget, (1962). Play, dreams, and imitation in childhood. New York : Norton.

Rubin, K. H., Fein, G. C., & Vandenberg, B.(1983). Play In P. H. Mussen(Ed.), Handbook of child psychology(6th ed.). New York : Wiley.

Schaefer, E. S., Bell, R. Q., & Bayley, N.(1959). Development of a Maternal Behavior : Research Instrument. The Journal of Genetic Psychology, Vol.95, pp.84-104.

Schickedanz, J. A., York, M. Z., Stewart, I, S., & White, D. A.(1990). *Strategies for Teaching Young Children*(3rd ed.). New Jersey: Prentice-Hall, Inc.

Smilansky, S., & Shefatya, L.(1990). Facilitatting play : A medium for promoting cognitive, socio-emotional, and academic development in young children. Gaithersburg, MD : Psyycholoy and Educational Publications.

Spodek, B.(1985). *Teaching in the Early Years*(3rd ed.). New Jersey: Prentice-Hall, Inc.

Symonds, P. M.(1949). The Dynamics of Parent-child Relationship, New York : Bureau of Publications, Teachers College, Columbia University.

찾아보기

[저자 소개]

• 김 수 향
대구대학교 사범대학 유아교육학과
부산대학교 대학원 유아교육전공 석사
동덕여자대학교 아동학과 유아교육전공(아동학 박사)
현재 위덕대학교 유아교육학부 교수

• 이 경 하
대구대학교 사범대학 유아교육학과
중앙대학교 대학원 유아교육학과 석사
중앙대학교 대학원 유아교육학과 박사
현재 경북대학교 아동복지학과 강사

• 이 용 주
대구대학교 사범대학 유아교육과
중앙대학교 대학원 유아교육학과 석사
중앙대학교 대학원 유아교육학과 박사
현재 경북전문대학 유아교육과 교수

• 이 위 환
영남대학교 사범대학 교육학과
영남대학교 대학원 교육학과 석사
계명대학교 대학원 교육학과 박사
현재 경북대학교 아동복지학과 교수

• 임 영 심
중앙대학교 사범대학 유아교육학과
중앙대학교 대학원 유아교육학과 석사
중앙대학교 대학원 유아교육학과 박사
현재 경북대학교 아동복지학과 교수

유아교육개론

2009년 2월 25일 초판인쇄
2009년 2월 28일 초판발행

저 자 김수향 · 이경하 · 이용주 · 이위환 · 임영심
발행인 유 성 렬
발행처 청목출판사
서울특별시 영등포구 신길동 233-96
전화 (02) 849-6157(代) · 2820
FAX (02) 849-0817
등록 제318-1994-000090호

파본은 바꾸어 드립니다. 값 15,000원

http : //www.chongmok.co.kr

ISBN 978-89-5565-287-1